室町期顕密寺院の研究

西尾知己著

吉川弘文館

目次

第二部　室町期東大寺寺僧集団の変容

序章　本書の問題意識と内容

はじめに

本書は中世の顕密寺院研究において重要な役割を果たしてきた東寺・東大寺の検討からその中世後期における特質を見極めようとするものである。そこで序章では、まず本書での検討の前提となる中世後期の東寺・東大寺に関する先行研究を整理し、その上で本書の問題意識と概要、そして研究の意義を示しておきたい。

第一節　中世後期の東寺・東大寺研究

戦前・戦後の寺院史研究を総括した久野修義氏は、荘園領主たる寺院を封建的・中世的な存在と捉えた戦前の寺院史の見方が、石母田正氏の『中世的世界の形成』(1)をきっかけとして、戦後には古代的な勢力、中世によって克服される勢力とする見方へと転換したため、寺院史は中世史の分析対象からはずれたと指摘した。その上でその古代的勢力としての寺院像をくつがえす次の段階として黒田俊雄氏による寺院史研究の意義を強調した(2)。ただ、東寺・東大寺の視点に立つ時、黒田氏の研究とは別に、あと二つの動向に注意する必要がある。まず第一に黒田氏と同じく石母田氏以後の研究を批判した網野善彦氏の東寺領荘園に関する研究である。(3) 氏の寺領荘園研究は稲葉伸道氏や細川涼一氏が指摘したように寺院史研究の動向に大きな転換点をもたらした。(4) そして第二に寺院組織や寺僧の教学に関わる史料の研究を開拓した永村眞氏の一連の研究(5)も見逃すことはできない。

そこで以下では、戦後における中世後期の東寺・東大寺史研究を、①網野氏に始まる荘園領主論、②黒田氏提唱以後の寺社勢力論と永村氏の寺院社会論、という二つの波で把握し、①の研究の意義を示した上で、②の側面の研究が①の研究をどのように批判し、さらに新しい研究動向を形成していったのか、という形で整理したい。

一　荘園領主論としての東寺・東大寺衆中の研究

網野氏は『中世東寺と東寺領荘園』の「序」で、石母田氏の研究を念頭に置きつつ、「荘園領主を古代的な、いわば反動的な支配者と規定した結果、公家・寺社をはじめ荘園支配者側の研究、公家の支配制度、寺院及び神社制度の研究は進められず、ときには、それ自体、悪しき「制度史的」傾向として批判・忌避する動きすらみられた」と批判した。その批判を出発点とした網野氏の東寺領荘園の研究は、「戦前からの内部構造派の寺領研究と寺院制度史・寺院法研究を継承するもの(6)」であり、「社会経済史の視角からの荘園研究と、制度史・仏教史の視覚からの寺院構造研究という、それまで別々の視角から行われてきた研究を、東寺の事例に即して、統一的に把握したこと(7)」に特徴を見出せる。そして検討の結果、鎌倉後期から南北朝期の東寺供僧・学衆が荘園支配の側面で幕府・朝廷に連なる貴種僧(本書では、煩雑さをさけるため、史料上では区別されている貴種僧・良家僧を区別せず、貴族子弟の僧全体を指す言葉として貴種僧の表記を用いる)からの自主性を増し、自治的な体制を確立させる過程を明らかにした。

一方、東大寺の研究でも、網野氏から若干遅れて稲葉伸道氏が新しい研究の方向性を示した。(8) 氏は従来の「「荘園制」研究」を「荘園領主の権力構造を直接扱ったものは意外に少ない」と評価する一方で、「寺院制度史の研究」も「いわゆる僧兵研究や寺院衆会の研究であった。それらは、いずれも荘園領主としての寺院という意識がないか、あるいは、その意識があっても荘園支配の組織と統一して把握することに成功していない」と評価し、両者を統一した寺院史研究の方向性を志向した。その結果、鎌倉期（特に鎌倉後期）の荘園支配において貴種僧就任の別当を中核とする政所から学侶衆議（衆中）を母体とする惣寺方への主導権の移行、という過程が見られることを示した。[9]

このように、網野氏・稲葉氏の検討は鎌倉中後期頃を境として貴種僧を中核に置いた組織から衆議（衆中）を中核とした組織へと寺領荘園の支配の主導権が移っていくことを明らかにした。このような主導権の移動はその後他寺でも確認され、[10]顕密寺院にある程度一般的に確認できる一つの傾向として認知されるようになっていった。

ただ中世後期の東寺・東大寺史への影響という点からすると、両氏の検討はもう一つ重要な点がある。それは南北朝後期以降における衆中の停滞・退廃という評価である。

網野氏は東寺供僧・学衆の自治について、その「最盛期」「発展期」を「南北朝前期」に置いたが、一方南北朝後期から室町期にかけては、「狭義の室町期の状況を、東寺と東寺領荘園の「安定期」とすることは、決して根拠のないことではない。しかしそこには一層深化した状態で潜在している矛盾を考えるならば、やはり停滞期といった方が適当であり、やがてその矛盾の本格的な噴出とともに、これらの荘園・所領は、洛中・山城の一部を除いてほとんど有名無実化、寺内組織も縮小・形式化し、中世東寺はその崩壊期を迎えるのである」[11]と見通した。また稲葉氏も東大寺の惣寺方の荘園支配について、鎌倉幕府崩壊後（南北朝期）を惣寺方の崩壊期と認識した。[12]この評価は、実際には見通しにとどまるものだったが、その後の東寺・東大寺研究の停滞に与えた影響が極めて大きかった点に注意したい。

たとえば今谷明氏は、中世後期における権門寺院研究の意義を認めつつも「わが国の中世史では、この五山・南都と並ぶ一大荘園領主の山門のことが語られず、むしろ東寺や高野山のようないわば二流の荘園がややもすれば過大に受け取られてきたきらいがある」[13]とし、権門寺院のなかでも最有力な寺院であった延暦寺・興福寺あるいは禅宗の五山の研究を重視する一方、東寺・東大寺を「二流」寺院とする見方を示した。また大石雅章氏は「権門寺院は自らの正統性の証である国家的法会さえもまともに実施できず、政治的にも社会的にも影響力を弱めつつあった。それは概していえば、単に「仏法」の弱体化だけではなく、仏法を支えるべき王家・室町幕府を含めた中世「王法」の弱体化でもある」として、中世後期について「権門寺院の衰退」という像を示した。そして一方で、「地域の一揆寺院」[14]を中世後期の時代の担い手として重視し、学侶僧の没落に対する在地勢力に基盤をもつ堂衆・行人・公人層の台頭をみて、後者を中世後期の地域的な寺院の担い手に据えた。これらの検討は、必ずしも全てが明示されているわけではないものの、網野氏・稲葉氏らが示した見通しにそった指摘であることは疑いない。このような見解が受け入れられるなかでは、強力な在地の基盤と軍事力をもつには至らなかった東寺・東大寺とその衆中に対する注目度は後退していかざるを得なかったのである。

二　荘園領主論・学侶衆中論の相対化

以上の網野・稲葉両氏の検討については、その後批判が提示された。批判はさまざまな観点から示されたが、おおむね共通しているのは社会集団としての寺院の全体像に検討が及んでいくなかで、網野氏・稲葉氏が重視した荘園領主としての東寺・東大寺像を相対化するという形をとっていた点である。その観点を切り開く起点となったのが黒田氏の寺社勢力論であり、永村眞氏の寺院社会論であった。その検討は当初こそ中世前期の動向に関する指摘が中心であったが、一九八〇年代後半に入るとしだいに中世後期を視野にいれた研究も現れるようになった。そこで次にそれらの研究動向を整理しよう。

(1) 下級僧侶・寺家被官人・聖論

第一の新しい視点は、①学侶より下級の僧侶とされる堂衆、②寺家被官人たる公人・神人、③寺家から一歩距離を置いた活動を展開した聖、に関する諸研究のなかに見出せよう。

東寺では、②の公人や門指などの寺家被官人、③の勧進聖の実態解明が進んだ。まず②については、寺内での役職とそれにともなう活動のほか[15]、荘園現地での代官としての活動[16]、領主と荘園の連絡役[17]、寺家への散在所領寄進の仲介[18]、蔵の管理のような寺家の経済活動全般に関わる活動など[19]、寺家運営を実務面で幅広く支える存在として寺家被官人層の活動が示された。またそれらの活動のなかで、自らの利益を拡大させるような動きも見せていたことが明らかにされた。③については、橋本初子氏・伊藤俊一氏・太田直之氏らにより、京都と地方で幅広く造営・勧進活動にたずさわる勧進聖の動向が明らかにされた[20]。

東大寺では①の堂衆、②の公人・神人、③の大勧進や造営修理に関わった油倉(律僧)などの検討が進んだ。①については、寺内における独自の活動や所領経営に関わる動向が明らかにされたほか[21]、戒律所作の修行に従事し、「真言」の器量を有し、荒神供・祈禱の勤修、持経者としての活動に従事した点が示され、さらに「大峰先達」としての側面も明らかにされた[22]。②については、寺家運営のなかで堂童子などの寺職に従事し、寺家の祭礼でもさまざまな役割を果たし、寺家領支配では未進催促の使者となったり、代官として荘務に従事したりして、寺家権力の一翼を担っていたことが明らかにされる一方、東大寺郷民として奈良の町で商業活動に従事する一面も明らかにされた[23]。③については、永村氏が大勧進職に関する検討を進めるなかで、南北朝期以降になるとそれまでの他寺僧侶ではなく寺内戒壇院の長老が職を独占したことを指摘した。[24]永村氏はその造営の実務を担う勧進所についても、当初の大勧進に付属する組織としての立場からしだいに寺家の意思を受ける機関に変貌し、鎌倉中・後期には油倉と一体化したことを示した。その上でこの油倉が中世後期には燈油興行や造営修理にとどまらず、貯蔵保管・年貢収納・財源経営・寺内流通・寺内金融など寺家運営のさまざまな側面に関わり、中世後期の惣寺財政を支える役割を果たしたことも示している。[25]このほか戦国期については、西尾知己・遠藤基郎が戒壇院の大勧進がみられなくなる一方で、再び寺外の「本願」「大勧進」による造営事業が活発化することを明らかにしている。[26]

以上の研究から、中世後期の寺家運営で下級僧侶・寺家被官人・聖といった人々が特に実務面で大きく貢献し、荘園や都市・近郊地域と寺院の接点となっていたことが明らかになった。これらの諸階層への注目は、貴種僧（貴族子弟の僧）・学侶（学問僧侶・寺僧）中心に進められてきた寺院史研究を相対化させるという視点を共有していた。

（2）　貴　種　僧　論

一方、以上のような下級僧侶論とは別に、寺社勢力論の進展は朝廷・幕府など中央政権と権門寺社の関係に関する研究の進展を促したが、そのなかで中世後期の中央政権に深く関わる貴種僧、彼らと寺院社会との関係に関する検討も進展した。

この点はまず、稲葉氏の東大寺惣寺に関する研究を批判する形で久野氏・永村氏が検討を加えた。このうち久野氏は、惣寺が鎌倉後期に「全寺僧による自治」を成し遂げたとする稲葉氏の指摘について「惣寺は決して下位集団の自律的あるいは門流原理を否定しさるものではなかったし、また政所・有力院家の存在が物語るように寺内の権威を独占するものでもなかった。したがって惣寺のもとにあっても、諸集団や院家・門流の個別の利害はさらに深まりを見せていた[27]」と批判した。さらに別当と惣寺の関係を検討するなかで、「惣寺の側に即していうならば、寺門の日常的・実際的な運営や、寺僧集団の構成という点について保持していた自律性であり、と同時に検断や会供料下行にうかがえたその非完結性であった。後者の点については別当の権限が卓越しており、寺外の政治勢力との関わりについては、別当の果たす役割は無視しえぬものがあった[28]」として、別当の多様な権限に注目した。また永村氏も別当の多様な役割に注意を喚起した上で、鎌倉後期以後の東大寺の寺家組織を「寺家別当を中核とする平安時代以来の寺務組織が、事実上は解体・再編され、組織的には寺家別当を頂点に置きながら、年預所が、別当配下にあった公文所・執行所を統括し、寺務遂行を掌握することにより、寺家経営が実現した[29]」とまとめた。また平澤悟氏は、公人の動員について惣寺を動員主体と捉えた稲葉氏の指摘に対して、別当もまた公人を駆使でき、公人は別当・惣寺双方の下知に従う存在であることを示した[30]。

このような批判は東寺でもみられた。富田正弘氏は中世東寺の寺院組織で東寺長者―政所系列の機能が供僧組織に完全には代行されず、中世後期にも一定度の権限を留保していたことを示している[31]。これらの検討は寺院の活動全般にまで視野を広げるなかで荘園支配の観点から認められた惣寺権力の伸張という動向を相対化したものといえよう。

また東寺については、上川通夫氏[32]が、朝廷の仏教政策の面から国制上の東寺の位置づけを試みるなかで、十二世紀前半に中世東寺の成立をみた。この上川氏の検討はその具体的な論証過程において批判を受けたが、真木隆行氏は真言宗の貫首である東寺長者に注目し、古代の権限を喪失する部分もある一方、御七日御修法や東寺結縁灌頂といった基幹儀礼の執行、東寺・末寺支配権の面で求心力を高める傾向もみられ、その長者の性格変化がみられる十一世紀末～十二世紀前半頃に中世東寺長者の成立をみて、この時期の画期性を再確認した[33]。これらの研究は、鎌倉後期から南北朝期の荘園支配における供僧・学衆自治の進展をもって「中世東寺」の成立とみる網野氏の見方を相対化した。またそれに続く形で朝廷に連なる真言宗貴種僧の検討がさらに進展すると、鎌倉中・後期以後の供僧・学衆の自治それ自体の評価にも異論が示されるようになった。

まず中世前期では、横内裕人氏・横山和弘氏が(34)「院権力の分身」として真言宗僧団に影響力をもった仁和寺御室について分析を加えた。その結果、御室の影響力は鎌倉中・後期の東寺供僧による荘園・寺辺地支配、あるいは東寺の人事権行使でも健在で、「鎌倉中・後期東寺の新生に基盤的役割を果たした供僧の自治的成長は、御室の関与と権威によって支えられていた」ことが明らかになった。また鎌倉後期に王家が持明院統と大覚寺統に分かれて対立を深めると、持明院統が仁和寺御室を独占したのに対抗して、大覚寺統では仁和寺御室を連想させる権限をもつ東寺座主職を設けた。この東寺座主は供僧も依存する場合があったように、東寺にも影響力をもった(35)。そして南北朝期以降も、室町幕府の政治に大きく関わった賢俊・満済を中心として醍醐寺三宝院門跡の活動の実態解明が進み、特に満済については、富田正弘氏・森茂暁氏らによって公武政権と東寺の間を幅広く仲介する活動が紹介された(36)。

なお以上の中央政権と関わる貴種僧の動き以外にも、各法流に関する基礎的な研究も進んだ。この分野の研究は、早くは櫛田良洪氏の研究(37)がみられたが、近年は三宝院流をはじめとした醍醐寺諸法流(38)・随心院流(39)・勧修寺流(40)・仁和寺流(41)・大覚寺門跡(42)など、中世後期の各法流に関する知見を共有しうるような成果が出ている。これらの研究は主に貴種僧をとりまく関係性を明確にしたが、特に門跡については聖教類の管理という面で寺院社会内部で優位な地位を保持していた点が明らかにされたほか、西弥生氏はこのような関係性を踏まえつつ真言宗の諸寺間での集団意識が高まり、「東寺」一門としての意識が生まれていく過程を示した(43)。

以上のような研究は、寺領荘園の支配という面でしだいに影響力を失ったとされる真言宗貴種僧が、祈禱や法会などの宗教活動、あるいは人事権などの面で、依然として東寺や東寺僧に対して影響力をもっていたことを明らかにした。それは網野氏による鎌倉後期から南北朝期を「中世寺院」の確立期とする見方や、荘園支配の面から導き出された供僧による自治発展という評価を相対化させることになった。

右のような多様な寺院の活動が明らかにされるなかで、学侶の動向についても荘園領主としての活動にとどまらない多様な観点からの検討が進められた。この点は特に東寺僧の活動において議論が深化したので、以下その点を整理しておこう。

（3）学侶論

まず宗教活動の面では、早い時期の研究として、前述の櫛田氏[44]による東寺の学衆や関東下向僧の活動に関する検討が知られていたが、その後は富田正弘氏が公武の臨時祈禱への従事の様子[45]、橋本初子氏が弘法大師忌日法会である灌頂院御影供への関与のあり方を明らかにした[46]。個人の追善・逆修を目的とする仏事についても、橋本氏・西谷正浩氏らがその対価として寄進された散在所領の全容を明らかにするなかで、具体相を明らかにしている[47]。また真言宗僧団全体のなかでの東寺僧団の位置づけについては、上島享氏が検討を加え、鎌倉中・後期以後の東寺における学衆組織の形成と教学面での急速な発展が、仁和寺での教相研究の蓄積と、高野山において発展した最新の教相研究の成果を吸収することによって可能となったことを明らかにした[48]。一方、僧団としての位置づけだけでなく、東寺僧個人の教学活動についても、橋本氏[49]や西氏[50]らが杲宝・賢宝、海老名尚氏[51]が義宝について検討を加えた。このほか教学活動にとどまらず寺僧個人の活動を総合的に論じたものとしては、室町期の観智院宗宝に関する富田氏[52]の検討、戦国期の宝菩提院亮恵に関する宮野純光氏[53]の検討がある。これらの研究も荘園支配とは別の側面から東寺学侶の存在を捉えることで東寺や東寺僧に対する真言宗他寺の影響力の強さを確認し、網野氏が示した東寺供僧学衆の自治・自立という評価を相対化させる意味をもった。

第二節　本書の内容

以上のように中世後期の東寺・東大寺に関する研究はしだいに進展していることは確かであるが、そこにはいまだ多くの課題が残されている。そこで次に本書で特に考察するべき課題に触れた上で、本書の内容とその検討の意義を示しておきたい。

一　本書の課題

（1）東寺・東大寺からの中世後期顕密寺院論

中世後期の顕密寺院については、都市・村落と強いつながりをもった延暦寺・興福寺・高野山のような寺院の研究が先行した。ただこれらの寺院に注目が集まるなか、東寺・東大寺のような、強力な武力を保持することなく、王権護持の性格を強くもつとされた寺院については室町幕府の崩壊とともに衰退する側面が強調され[54]、実態解明が遅れた。しかし、中世後期の顕密寺院を総体として見渡すと、在地に強い経済的・軍事的な基盤をもった寺院が必ずしも一般的とはいえない。にもかかわらず、少なからぬ顕密寺院が（堂舎の破壊などを経つつも）近世まで存続したという事実はやはり見逃せない。このことはこれまでの研究で注目された在地型の寺院の検討からだけでは、顕密寺院一般が近世へと展開していく過程を説明できないことを示している。よって、顕密寺院の近世への展開を総合的に跡づけるためには、在地に強い基盤をもたない寺院からの検討が必要である。その際に東寺・東大寺の検討は欠くことができない。それはいうまでもないことだが、両寺が豊富な史料に恵まれているからである。このことは、両寺が中世前期から中世後期、中世後期から近世へとどのように組織を組み替えていったのか、その組み替えがどのような政治・社会の状況に応じてなされたのか、といった点を総合的に検討することを可能にする。よって本書では、中世後期の東寺・東大寺の事例から当該期の顕密寺院像を追求する。

（2） 貴種僧・学侶衆中からの室町期顕密寺院像

では中世後期の東寺・東大寺に関する研究を進める上では、どのような視点が必要となるだろうか。それは一つは、下級僧侶に含まれない貴種僧・学侶の動向という視点であり、もう一つは、在地とは異なる中央政権、特に室町幕府との関係という視点であると考える。

まず貴種僧論は、近年室町幕府との接点を明確にしつつあるが、その幕府との関係が彼らの寺院社会における位置づけにどのような影響を与えたのか、この点はいまだ検討が不足している。学侶衆中が影響力を強めた鎌倉後期から南北朝期においても貴種僧は寺家運営に一定の影響力を保持したとされるが、右の検討はその影響力が室町期以後にどう展開したかを示すことになるだろう。

また学侶については、確かに僧侶の活動全般に関する理解は深まりをみせた。しかし、もう一度研究状況を吟味すると、網野氏・稲葉氏が検討した東寺の供僧・学衆組織や東大寺の惣寺方といった寺家運営の組織、それらの組織の母体である学侶の衆議・衆中・評議といった合議体（なお、以下衆中に統一する）そのものの中世後期の展開については、それほど実態解明が進んでいない(55)。そのことが南北朝以降の衆中を「停滞」「衰退」と見る網野氏の見通しを踏襲する大きな要因となっているのではないか。ゆえに本書では、網野氏・稲葉氏が検討した東寺・東大寺衆中の寺家運営に焦点を据え、その中世後期の展開を追うことで、網野氏の見通しを検証する。ただその際には、網野氏が焦点をあてた「自治」「自立」の視点だけでなく、室町幕府との関係性という視点も重視する。室町期の東寺では対外交渉費用を扱う五方[56]のような部門が生まれたように、当該期の顕密寺院の運営には室町幕府権力の確立という動向が大きな影響を与えたと考えられるからである。

以上の理由から、貴種僧・衆中の寺家運営との関わり、その寺家運営の体制と室町幕府との関係を検討する。なお以上の検討は、決して室町期の顕密寺院の担い手を貴種僧・学侶に求め、下級僧侶の活動に基づく在地基盤に根ざした寺院像を否定しようとするものではない。近年の研究では、政治体制でも「相互補完」が一つのキーワードとされ[57]、室町期の荘園制でも重層的な請負構造による支配のあり方が指摘されている[58]。このことは室町期の社会では明確な「時代の担い手」が設定しづらいことを示しており、それは寺社の組織も例外ではない。ゆえに室町期の寺院組織論が最終的に目指すところはその相互補完性・重層性をもった総合的な寺院像の解明になる。ただそのためには各階層の動向を慎重に検討する必要があり、貴種僧・学侶衆中それぞれの室町期寺院社会での位置づけが明確にされていない現状を踏まえると、その動向を地道に解明することがまずは重要なのである。

二　本書の構成

本書は第一部で東寺、第二部で東大寺について扱う。そこで以下では本書のこれまでの問題意識との関係性に触れつつ、各章の概要を示しておくことにしたい。

〔第一部　室町期東寺寺僧集団の変容〕

第一章　南北朝期から室町期の東寺長者と三宝院門跡

醍醐寺の三宝院門跡は、室町期の満済の時期に長者に就任していないにもかかわらず祈禱命令を下すなど東寺への関与を強めたとされる。しかし、満済がどのような立場で東寺に関わりをもったのかは明らかにされていない。これは、これまでの研究で三宝院門跡の公武政権下での祈禱政策における位置づけ、醍醐寺における位置づけが明らかにされた一方で、真言宗僧団での位置づけが示されていない点に起因している。そこで本章では、真言宗貴種僧が任命される東寺長者の顔ぶれの変遷を通観する作業を通じて、東寺と三宝院門跡の関係がどのように変化したのかを探ろうとしたものである。その結果、室町期の三宝院満済は、東寺長者を自身の存立基盤に置いた南北朝期の賢俊と異なり、武家との関係を背景として長者の推挙を託される存在となり、「院権力の分身」である仁和寺御室と並ぶ地位にあったこと、この並立の背景には足利義持の公武協調の政治状況が関係したことを明らかにした。

第二章　南北朝後期から室町期における東寺衆中の変容

先述のように、網野氏は南北朝期における供僧・学衆の自治体制確立をもって中世東寺の到達点とし、室町期以後はその停滞・衰退期と見通した。この見通しはその後も踏襲されたが、室町期以後の指摘は具体的な検証を経ていない。そこで本章は、東寺学侶のなかでも寺家への定住度が高い「常住僧」の動向に注目して、室町期以後における東寺衆中の特質を論じようとした。その結果、南北朝後期頃には在京を確立させた守護勢力との荘園支配をめぐる交渉に迅速に対応するため、学衆方において常住僧が他住僧（東寺に主たる拠点を置かない僧）を排除する傾向がみえたことを示した。その結果、鎌倉後期から南北朝期を通じて東寺の寺家運営はそれまでの常住僧・他住僧・貴種僧を含む真言宗僧団全体で運営する体制から、常住僧が主導する体制へと移り変わったこと、この体制が室町幕府権力の安定に即応した室町期的な体制として位置づけられることを明らかにした。

第三章　室町期東寺衆中における常住重視の進展と矛盾

本章は、前章で示した南北朝後期における荘園支配の面での常住僧中心の体制確立という事実をうけて、その体制の室町期における展開を、主に祈禱・法会といった宗教活動の側面から示そうとしたものである。そこではまず、公武の祈禱、灌頂院御影供で室町期に常住僧がこれまでにない関与をみせ、そのなかで寺内で優遇されていく様子を示した。その結果、常住僧中心の体制が室町期には公武祈禱や法会の運営においても機能するようになっていた点を示した。また、その室町期の常住重視の傾向は、これまでの真言宗僧団における東寺僧の教学活動に制約を加え、常住僧としての経済負担がかえって常住を困難にする状況を生む一面があったことを示した。そして、このような矛盾が中世的（室町期的）な寺家運営体制の崩壊、戦国期以後の新たな体制への転換を準備したことを指摘した。

第四章　室町期東寺衆中における宿老・若衆

東寺寺僧の宿老・若衆としての活動の性格を検討するなかで、室町期東寺衆中の特質の一端を明らかにしようとした。その結果、応永二十年代頃にはこれまでの供僧・学衆という枠組みとは別に、対幕府を中心とした対外関係については宿老、寺内秩序の維持については若衆という分業関係が生まれたこと、その分業関係に基づき五方・掃除方・論義方といった新しい組織・部門が廿一口供僧方から分化する形で生まれたこと、この宿老・若衆の分業が室町幕府の確立に対応する形で表裏一体に明確になってきたことを明らかにした。宿老・若衆の分業は室町期の衆中が幕府への依存と自治とを両立させるための工夫といえるのだが、それは、室町期衆中の中央政権に対するスタンスの取り方の複雑さをも象徴していたといえよう。

〔第二部　室町期東大寺寺僧集団の変容〕

第一章　東大寺衆中の本寺意識高揚と弘安徳政

本章は東大寺衆中が鎌倉後期に東密系諸寺院に対する本寺意識を高揚させていくなかで起こしたアクションが中世

後期の東大寺にどのような影響を与えたのか、という点を検討したものである。その結果、弘安徳政に対応する形で起こった本寺意識の高揚のなかで、東密系諸寺院の訴訟への介入、別当への東密系諸寺院僧の補任停止要求、という二つの動向がみられること、この二つの動向は、中世後期の東大寺に、東密系諸寺院との「義絶」、別当への「寺住」僧（東南院・尊勝院・西室・東室・普門院など東大寺諸院家とそれに準じるとされた勧修寺僧）補任の体制をもたらしたことを明らかにした。鎌倉後期の動向を扱う本章は、室町期顕密寺院の推移を示そうとする本書の課題からすると、やや異質の論文である。しかし、第二部の第二章から第四章を論じる上での前提となる指摘を多く含む点で本書で重要な位置を占めていると思われるので収載した。

第二章　室町期東大寺の寺家運営と学侶方

本章では、東大寺の学侶方という組織の基礎的な考察を通じて、室町期における東大寺寺家の運営体制の特質とその特質が生まれた背景を検討した。その結果、以下の三点を明らかにした。第一に、南北朝後期に東大寺では学侶の教学を統括・後援する組織として学侶方が生まれた。第二に、室町期には東大寺の運営全体を統括する惣寺方のもとで、教学面の業務は学侶方が、造営面の業務は油倉が請け負う体制が成立した。第三に、第二点目で示した体制は南北朝後期に成立したが、その背景には鎌倉後期から南北朝期に盛んに行われた朝廷・幕府に対する訴訟と神輿動座をともなう示威行動がこの時期には行われなくなる、という動向が大きく関係していた。以上の検討の結果、これまで中世における寺家運営体制の到達点とされた惣寺方による一元的支配の体制は、神輿動座が盛んだった鎌倉後期から南北朝期特有の体制で、室町期には新たな体制に移行しており、その一つの動向が学侶方の成立であったことが明らかになった。

第三章　室町期の足利氏・東大寺西室と南都

東大寺の西室という院家の動向を通じて、足利氏与党の貴種僧とその門徒が東大寺や南都寺院社会に与えた影響を検討した。その結果、足利義教と親密な関係にあった正親町三条家出身の西室公顕とその同宿見賢が永享年間に東大寺衆中や符坂油座などの与党勢力を形成して興福寺の南都支配を脅かしたこと、応仁・文明の乱では、西幕府の首班に据えられた足利義視と親密な関係にあった正親町三条西家出身の西室公恵が西軍方の東軍攪乱作戦の一環として東軍方与党勢力が保有する荘園の知行権を脅かしたこと、を明らかにした。室町幕府の南都政策は興福寺衆徒・国民を対象とした軍事政策に議論が集中していたが、本章ではそれとは別に貴種僧を通じた政略面での政策の実態を明らかにした点に意義がある。

第四章　室町・戦国期の東南院と九条家・東大寺衆中

室町期の安定が崩壊する転機となった応仁・文明の乱中における貴種僧と衆中の抗争を分析するなかで、東大寺の室町期的な体制からの転換のあり方を明らかにした。その結果、文明年間の東南院における門跡錯乱事件の背景に十五世紀半ば以降の東南院門主の家門九条家による所領再編とそれに対する門徒・衆中の反発という対立構図があり、それが双方の仲介者となっていた元大乗院門主経覚の死去にともない抗争として表面化したこと、応仁・文明の乱を契機として東大寺衆中は武家の抗争に肩入れする貴種僧を避け、抗争に中立的で朝廷に近い一条家・皇族・三条西家といった家出身の僧との関係を重視する傾向がみられるようになり、それが細川氏との関係性を重視する東南院門王とのさらなる対立を生む背景となったことを示した。室町幕府の混迷に対応して、東大寺でも諸階層が敏感に対応していたことが明らかになった。

終章　中世後期顕密寺社の構成と機能

本章は近年の中世後期の顕密寺社に関する研究動向を振り返るなかで、寺社勢力論を提唱した黒田俊雄氏の中世後期像を近年の諸研究がどのように塗り替えていったのか、という点を確認するとともに、現時点で残されている課題を本書で検討対象してきた東寺・東大寺のような京都・奈良に位置する「中央寺社」の観点から指摘した。またそのなかで、本書で検討してきた点を研究史のなかに位置づけるという作業も並行して行った。

三　本書の意義

最後に以上の検討のなかで示しえた成果を、先に示した本書の課題との関係を念頭に置きつつ、整理しておきたい。

（1）　南北朝内乱の終息と室町期的衆中の形成

中世の顕密寺院研究は、鎌倉後期から南北朝初期の衆中による寺家運営の掌握を到達点に据えたため、南北朝内乱期以後を挫折・停滞とする見通しを踏襲して具体的な検討が進まなかった。しかし本書では、東寺において、南北朝後期に衆中で常住重視の傾向がみられ、鎌倉後期から室町期にかけて寺家運営の体制が真言宗僧団による運営から東寺常住僧による運営へと移ったことを示した。一方、東大寺でも南北朝後期になると惣寺方の一元的な支配は崩壊したものの、その求心力は教学・教学支援組織である学侶方のもとで一定度引き継がれており、惣寺方・学侶方という二つの組織を総合して眺めるならば必ずしも衆中に対する寺家組織の求心性は減退していないことを示した。

高野山でも応永期になると、それまで最高意思決定機関とされた諸衆構成員全体が参加する大集会から特定の院家を構成員とする機能集団の小集会に権力が移行し、寺領からの年貢・料足の徴収や寺内の裁許・検断権を掌握したことが指摘されている(59)。顕密寺院の寺家組織は、集団の規模をコンパクトにしつつも、衆中に対する忠誠を強く求めて凝集性を強めるようになり、各構成員も個々が活発な活動を展開しつつも、機能的に寺家運営に参加する体制を築いていたといえるのではないか。

なお、このような体制が成立する背景については、東寺常住僧の場合には守護在京制の確立、東大寺の場合には室町幕府の強訴対策の変化というように、おおむね一三六〇年代頃～一三七〇年代の室町幕府権力の確立にともなう動向が関係していた。近年、室町幕府の権門寺社政策については、延暦寺・興福寺・石清水八幡宮寺といった例から、足利義満が執政を始めた一三八〇年代以後に積極的な施策が進められ、寺社側もその施策に応じて組織が変容していった点が明らかにされている[60]。しかし、東寺・東大寺の場合はすでに一三六〇年代には室町幕府への対応を進めている。この時期は観応の擾乱にともなう北朝側の混乱が終息に向かいつつあった時期であるが、東寺・東大寺はそのような情勢変化に延暦寺・興福寺といった寺院よりも敏感に対応していたことになる。この敏感な対応の理由は、王権護持の性格を強く持ち、在地に強い基盤をもたない東寺・東大寺の特殊性に求められるのかもしれないが、少なくとも幕府と顕密寺院の関係に画期を設ける上では一定の時間の幅を考慮する必要のあることがわかる。

（2） 室町幕府の安定と東寺・東大寺の対応

本書では室町期の足利義持期に形成された公武協調の政権運営を背景として、院権力の分身たる仁和寺御室と武家権力の分身たる三宝院門跡を頂点とする真言宗僧団の秩序が形成されたことを示した。それは長者に就任していない三宝院満済が東寺に影響力を行使する背景ともなった。また東大寺では、西室院主が武家八講を通じた室町殿との関係を基礎に、義持執政期の末期頃から東大寺別当にも就いた。さらに義教と親密な関係を築いた正親町三条家出身の院主や同宿の見賢のような僧が登場すると、その見賢の主導によって南都で東大寺衆中をはじめとした義教・西室の与党勢力が形成された。鎌倉後期から南北朝期には、東寺・東大寺のような寺院では貴種僧の影響力が低下していくとされる。確かに中世前期に比べて貴種僧が寺家運営に関わる場面は減少したのだから、この指摘は事実の一側面を捉えている。しかし、中世前期の後退をただちに東寺・東大寺に関わる貴種僧一般の没落と直結させることはできない。室町期には室町殿との関係を背景に寺院社会で影響力をもつ新たな貴種僧が登場したからである。貴種僧は中央政権を構成する武家・公家の権勢の動向によってその顔ぶれを変えつつ、依然として寺院運営に一定の影響力をもっていた。本書はその室町期のあり方を明らかにしたわけである。

また衆中も、東寺では義持・義教執政期に、公武の祈禱体制や法会開催に常住僧が対応した。また常住僧を構成員とした廿一口方からは、公武の対外交渉費の運用を担う五方、幕府の京都支配強化に対応する形で寺内秩序の安定を担った掃除方、幕府から下付された造営費用の運用に携わる造営方といった組織が分化した。また東大寺でも、衆中は室町殿の義教や西室との連携を深めて東大寺八幡宮の興隆事業を共同で推進した。これらの動向は「自立」「自治」の観点に立つならば、網野氏が指摘したように「停滞」を示す動向であるかもしれない。しかし、寺院の「維持」という観点に立つならば、相対的に安定の時期を迎えた幕府に依存する体制を構築することは合理的な対応であったといえよう。また東寺の宿老・若衆について論じるなかでみたように、この時期でも寺院の自治的な性格はたしかに息づいていたわけで、室町期は幕府の安定のもとで、権力との協調と自治とが調和を保ち、そして時にはせめぎあう時期だったといえよう。

なお、貴種僧は室町殿足利義満のもとで形成されてきた新しい祈禱体制のもとでしだいに編成されていったとされるが[61]、本書では、足利義持・義教の時期になると東大寺別当や東寺長者といった既存の寺職に対する関与もみえるようになる点を指摘した。また学侶衆中のレベルでも、南北朝後期にみられた第一の対応に続いて、義持・義教期には組織面での衆中側の対応が一層進んだことを示した。このように本書の成果は、室町殿の寺社支配という視点から捉え直すと、義持・義教期に顕密寺院に対する支配が一層浸透していったことを示したことに求められる。ただ、この点を踏まえた上で注目したいのは、その浸透が寺院のなかにさまざまな矛盾を生んだ点である。この点については、延暦寺と北野社、興福寺衆徒・国民間の矛盾といった例がこれまでにすでに指摘されていたが、本書ではさらに、東寺僧の宗海の活動にみた常住重視ゆえに生まれた真言宗僧団としての活動との間の矛盾、東大寺衆中の足利義教との接近によって生まれた興福寺の奈良支配との矛盾を示した。このように本書は義持期・義教期にみえる室町殿の寺社支配の浸透とそれにともなう新たな矛盾の生起という二つの側面をより鮮明にしたわけである。

（3）　応仁・文明の乱と東寺・東大寺

本書では、東寺の常住体制が変容する時期として応仁・文明の乱に注目した。常住体制が守護の在京という室町幕府による全国支配の体制確立に対応する動きであったことを想起すると、その放棄はその室町幕府との関係を相対化させる動きであったと評価できよう。また東大寺でも室町殿と寺家を媒介する東大寺西室の位置づけが応仁・文明の乱以後に変化したこと、学侶衆中も応仁・文明の乱以後は武家政権と距離を置くようになることを指摘した。

網野氏や大石氏は室町幕府の衰退とともに進む荘園制の崩壊という事態を受けて、王法と仏法（顕密系の権門寺院）がともに衰退するとの見通しを示した。西室公恵が室町幕府の動揺とともに困窮する姿からすると、その見通しは確かに事態の一側面を鋭くついていたといえる。しかしここで注意したいのは、そのなかでも顕密寺院は決して室町幕府の衰退に巻き込まれるだけの存在ではなく、特に学侶衆中は幕府の存在を相対化して次なる維持のための動きをみせ、終章で示したようにその動きが戦国期ひいては近世の東寺・東大寺を築いていく上で重要な意味をもつことになった点である。ここからは単に中世的な体制の崩壊というだけではなく、戦国期さらには近世顕密寺院への展開の起点として応仁・文明の乱が位置づけられることがわかる。このような近世顕密寺院への転生を論じる上での起点として室町期の顕密寺院像を示した点に本書の意義を求めることができる。

なお室町幕府と寺社の関係については、足利義満期に沈静化していった延暦寺・興福寺の強訴が嘉吉の乱後に再び頻発するようになったことが知られている(62)。このことは両寺のような有力寺社と幕府の合意形成が、嘉吉の乱をきっかけとして難しくなってきたことを示している。しかし、応仁・文明の乱の時期には東寺・東大寺のような室町幕府との関係を重視する寺院でも幕府の存在の相対化が進んでいた。つまり、室町幕府と寺社の関係は嘉吉の乱から応仁・文明の乱にかけて段階的に崩壊へと進んだのである。このような室町幕府と顕密寺院の関係に多様性を見出した点にも本書の検討の意義を認めることができよう。

このように本書は、東寺・東大寺の例から室町幕府権力の安定という動向に対応する形で、南北朝後期に形成の萌芽がみられ、足利義持期から義教期に確立し、応仁・文明の乱頃を境として変質する「室町期顕密寺院」とも呼べる顕密寺院のあり方について、その一例を提示した。この「室町期顕密寺院」像は、康暦の政変以後に室町幕府を受け入れ、嘉吉の乱後には幕府との間に懸隔が生まれてくる延暦寺・興福寺とはタイプの異なる「室町期顕密寺院」像である。そして、この室町期という時期は中世的な顕密寺院のあり方が崩壊する前段階というだけでなく、顕密寺院が戦国期そして近世へと展開していく萌芽が見出せる時期でもあった。

以上の検討を経た上でも顕密寺院論はいまだ多くの課題を抱えている。ただその点は終章第五節で触れることになる。よってここではその点については触れない。

なお本書では、多くの東大寺・東寺所蔵（旧蔵）の文書を利用することになる。その際、とりわけ多くの文書を利用する文書群については以下のような略称を用いる。

・東大寺図書館所蔵未成巻文書・薬師院文書

未成巻文書は「東図未」、薬師院文書は「東図薬師」と略記した上で東大寺図書館における整理番号を付した。

・東寺百合文書

「東百」と略記した上で函名と京都府立総合資料館編『東寺百合文書目録』に付された文書番号を付した。

また、書名・論文名の引用に際して副題は原則として省略した。

註

(1) 岩波書店　一九八五年、初版一九四六年。
(2) 久野修義「序説」(同『日本中世の寺院と社会』塙書房　一九九九年)。
(3) 網野善彦『中世東寺と東寺領荘園』(東京大学出版会　一九七八年)。
(4) 稲葉伸道「序」(同『中世寺院の権力構造』岩波書店　一九九七年)、細川涼一「網野善彦『中世東寺と東寺領荘園』」(『日本史研究』五九一　二〇一一年)。
(5) 永村眞『中世東大寺の組織と経営』(塙書房　一九八九年)、同『中世寺院史料論』(吉川弘文館　二〇〇〇年)など。
(6) 前掲註(4)稲葉論文。
(7) 前掲註(4)細川論文。
(8) 前掲註(4)稲葉著書。
(9) なお網野善彦「荘園公領制の形成とその盛衰―東大寺領茜部荘を中心に―」(同『日本中世土地制度史の研究』塙書房　一九九一年、初出一九八〇年)で、稲葉の示した図式に従いつつ、東大寺領茜部荘の歴史を叙述している。
(10) 高野山については、山陰加春夫『新編中世高野山史の研究』(清文堂出版　二〇一一年、初版一九九七年)、法隆寺については、井上聡「中世法隆寺における検断権の所在をめぐって」(勝俣鎮夫編『寺院・検断・徳政』山川出版社　二〇〇四年)、坂本亮太「鎌倉末・南北朝期法隆寺の構造」(『帝塚山大学大学院人文科学研究科紀要』八　二〇〇六年)参照。

(11)網野善彦「終章」(同『中世東寺と東寺領荘園』東京大学出版会　一九七八年)。
(12)稲葉伸道「東大寺寺院構造研究序説」(前掲註(4)稲葉著書、初出一九七六年)、同「鎌倉期の伊賀国黒田庄と惣寺」(同前、初出一九八二年)。
(13)今谷明「五山と北嶺」(同『戦国期の室町幕府』講談社　一九七五年)。
(14)大石雅章「寺院と中世社会」(同『日本中世社会と寺院』清文堂出版　二〇〇四年、初出一九九四年)。
(15)富田正弘「中世東寺の寺官組織について」(『資料館紀要』一三　一九八五年)。
(16)伊藤俊一「高井法眼祐尊の一生」(同『室町期荘園制の研究』塙書房　二〇一〇年、初出一九九二年)、同「「有徳人」明済法眼の半生」(同前、初出一九九九年)。
(17)辰田芳雄「中世東寺における門指の活動」(同『中世東寺領荘園の支配と在地』校倉書房　二〇〇三年、初出一九九六年)、酒井紀美『戦乱の中の情報伝達』(吉川弘文館　二〇一四年)。
(18)辰田芳雄「納所乗珎の寄進状」(前掲註(17)辰田著書、初出一九九八年)。
(19)阿諏訪青美『中世庶民信仰経済の研究』(校倉書房　二〇〇四年)。
(20)橋本初子「古文書からみた室町時代の勧進活動」(同『中世東寺と弘法大師信仰』思文閣出版　一九九〇年)、伊藤俊一「南北朝~室町時代における東寺修造勧進の変容」(前掲註(16)伊藤著書、初出一九九九年)、太田直之「中世後期東寺大勧進の再検討」(同『中世の社寺と信仰』弘文堂　二〇〇八年、初出二〇〇七年)、同「東寺大勧進の変質と終焉」(同前)。
(21)『南都寺院文書の世界』(思文閣出版　二〇〇七年)。
(22)関口真規子「東大寺堂衆と修験道」(同『修験道教団成立史』勉誠出版　二〇〇九年、初出二〇〇五年)。
(23)和田義昭「東大寺鎮守八幡宮手掻会について」(日本史研究会史料研究部会編『中世の権力と民衆』創元社　一九七〇年)、永島福太郎「東大寺七郷」(『南都仏教』四　一九七五年)、稲葉伸道「中世の公人」(前掲註(4)稲葉著書、初出一九八〇年)、平澤悟「中世公人に関する基礎的考察」(『歴史研究』二六　一九八九年)、武居由美子「中世における東大寺郷民の成長と祭礼」(『年報中世史研究』一六　一九九一年)、畠山聡「中世後期における東大寺と東大寺郷」(五味文彦・菊地大樹編『中世の寺院と都市・権力』山川出版社　二〇〇七年)など参照。
(24)永村眞「東大寺大勧進職の機能と性格」(前掲註(5)永村著書)。

(25)永村眞「東大寺勧進所の創設と諸活動」「東大寺油倉の成立とその経済諸活動」(前掲註(5)永村著書)。
(26)西尾知己・遠藤基郎「[史料紹介]東山御文庫勅封一八函一一四「東大寺文書」」(田島公編『日本目録学の基盤確立と古典学研究支援ツールの拡充』(田島公　二〇一七年)。
(27)久野修義「中世寺院の僧侶集団」(前掲註(2)著書、初出一九八八年)。
(28)久野修義「鎌倉末〜南北朝期における東大寺別当と惣寺」(前掲註(2)久野著書、初出一九八八年)。
(29)永村眞「寺内僧団の形成と年預五師」(前掲註(5)永村著書)。
(30)前掲註(23)平澤論文。
(31)富田正弘「中世東寺の寺院組織と文書授受の構造」(『資料館紀要』八　一九八〇年)、上島有・富田正弘「網野善彦著『中世東寺と東寺領荘園』」(『史学雑誌』九一―七　一九八二年)。
(32)上川通夫「平安中後期の東寺」(同『日本中世仏教形成史論』校倉書房　二〇〇七年、初出一九八五年)。
(33)真木隆行「中世東寺長者の成立」(『ヒストリア』一七四　二〇〇一年)。
(34)横内裕人「仁和寺御室考」(同『日本中世の仏教と東アジア』塙書房　二〇〇八年、初出一九九六年)、横山和弘「鎌倉中・後期の東寺供僧と仁和寺御室」(『年報中世史研究』二六　二〇〇一年)。
(35)真木隆行「東寺座主構想の歴史的変遷」(『仏教史学研究』四一―二　一九九八年)、横内裕人「仁和寺と大覚寺」(前掲註(34)横内著書、初出一九九八年)。
(36)富田正弘「中世東寺の祈禱文書について」(『古文書研究』一一　一九七七年)、同「室町時代における祈禱と公武統一政権」(日本史研究会史料研究部会編『中世日本の歴史像』創元社　一九七八年)、森茂暁『満済』(ミネルヴァ書房　二〇〇四年)。
(37)櫛田良洪『続真言密教成立過程の研究』(山喜房仏書林　一九七九年)。
(38)永村眞『中世寺院史料論』(吉川弘文館　二〇〇〇年)、同編『醍醐寺の歴史と文化財』(勉誠出版　二〇一一年)、藤井雅子『中世醍醐寺と真言密教』(勉誠出版　二〇〇八年)、石田浩子「南北朝初期における地蔵院親玄流と武家護持」(『日本史研究』五四三　二〇〇七年)、同「室町期における「都鄙」間交流」(『人民の歴史学』一八二　二〇〇九年)など。『醍醐寺文化財研究所紀要』所収の論文もある。このほか代々の三宝院門跡とそれをとりまく僧の動向に関する近年の研究動向については、藤井雅子「中世における三宝院門跡の確立と存続」(永村眞編『中世の門跡と公武権力』戎光祥出版　二〇一七年)で整理が加えられている。

(39)『小野随心院所蔵の密教文献・図像調査を基盤とする相関的・総合的研究とその探求』(大阪大学大学院文学研究科荒木浩研究室　二〇〇五年)、科学研究費報告書(研究代表者水本邦彦)『随心院門跡を中心とした京都門跡寺院の社会的機能と歴史的変遷に関する研究』(二〇〇六年)、同(研究代表者荒木浩)『小野随心院所蔵の文献・図像調査を基盤とする相関的・総合的研究とその展開』一～三(二〇〇六～二〇〇八年)、随心院聖教研究会『随心院聖教と寺院ネットワーク』一～三(二〇〇四～二〇〇七年)など参照。

(40)勧修寺聖教文書調査団『勧修寺論輯』(二〇〇四年～)など参照。

(41)阿部泰郎・山崎誠編『守覚法親王と仁和寺御流の文献学的研究　論文編』(勉誠社　一九九八年)、横内裕人『日本中世の仏教と東アジア』(塙書房　二〇〇八年)、同「仁和寺御室論をめぐる覚書」(前掲註(38)『中世の門跡と公武権力』)など。

(42)大田壮一郎「大覚寺門跡と室町幕府」(同『室町幕府の政治と宗教』塙書房　二〇一四年、初出一九九九年)、同「大覚寺門跡領の形成と展開」(前掲註(38)『中世の門跡と公武権力』)、坂口太郎「鎌倉後期・建武政権期の大覚寺統と大覚寺門跡」(『史学雑誌』一二二—四　二〇一三年)。このほか史料紹介としては、大覚寺聖教・文書研究会「大覚寺聖教・文書」(『古文書研究』四〇　一九九五年)、同「大覚寺聖教函伝来文書」(『古文書研究』四一・四二　一九九五年)、『室町時代史研究』三「小特集　大覚寺の文書と聖教」(二〇一一年)参照。

(43)西弥生「醍醐寺勝賢と「東寺」意識」(『古文書研究』二八　二〇一四年)。

(44)前掲註(37)櫛田著書。

(45)前掲註(36)富田論文、同「室町殿と天皇」(『日本史研究』三一九　一九八九年)。

(46)橋本初子「灌頂院御影供と僧綱の勅役」(前掲註(20)橋本著書)。

(47)前掲註(20)橋本著書、西谷正浩「中世東寺の散在所領の集積をめぐって」(『福岡大学人文論叢』二八—二　一九九六年)、同「中世東寺の散在所領について」(1)～(6)(『福岡大学人文論叢』三〇—一～四、三一—一、二　一九九八～一九九九年)。

(48)上島享「真言密教の日本的変遷」(『洛北史学』創刊号　一九九九年)。

(49) 橋本初子「杲宝と賢宝」(『中世寺院史の研究』下　法蔵館　一九八八年)。
(50) 西弥生「描かれた東寺の灌頂」(遠藤基郎編『年中行事・神事・仏事』(竹林舎　二〇一三年)、同「観智院杲宝・賢宝の教相修学と「大日経疏」」(『寺院史研究』一四　二〇一三年)、同「東寺蔵「弘法大師行状絵」の詞書」(『仏教史学研究』五七―二　二〇一五年)。
(51) 海老名尚「「賜綱所」・「惣法務」に関する省察」(『史流』四一　二〇〇四年)。
(52) 富田正弘「観智院宗宝の生涯にみる教学と寺役」(中世寺院史研究会『中世寺院史の研究　下』法蔵館　一九八八年)。
(53) 宮野純光「戦国期における真言僧関東下向の一考察」(『大正大学大学院研究論集』二八　二〇〇四年)、同「中世末真言宗における法会執行と寺僧の活動」(佐藤成順博士古稀記念論文集刊行会編『東洋の歴史と文化』山喜房仏書林　二〇〇四年)、同「東寺宝菩提院三密蔵聖教の成立過程」(五味文彦・菊地大樹編『中世の寺院と都市・権力』山川出版社　二〇〇七年)。
(54) 前掲註(3)網野著書、前掲註(14)大石論文。
(55) もちろん全くないわけではなく、特に東寺では網野氏の見解に対して批判を加える研究もみられる。たとえば、寺僧の僧団への加入・制裁については伊藤俊一氏(「南北朝～室町時代における東寺「寺僧」集団の変容」前掲註(20)伊藤著書、初出一九八八年)、寺家の造営に関わる造営方については金子拓氏(「室町期東寺造営方の活動とその変質」(『史学雑誌』一一三―九　二〇〇四年)など参照。
(56) 佐々木銀弥「荘園領主経済の諸段階」(同『中世商品流通史の研究』法政大学出版局　一九七二年、初出一九六九年)、岡田智行「東寺五方について」(『年報中世史研究』七　一九八二年)、田中浩司「中世後期における『礼銭』『礼物』の授受について」(『中央大学』経済学論纂』三五―四　一九九四年)。
(57) 川岡勉『室町幕府と守護権力』(吉川弘文館　二〇〇二年)。
(58) 清水克行「室町社会と荘園制」(『歴史学研究』七九四　二〇〇四年)。
(59) 本郷和人「中世寺院の社会的機能についての一考察」(『史学雑誌』九五―四　一九八六年)、中村直人「中世後期金剛峯寺の権力構造」(『ヒストリア』一七三　二〇〇一年)。
(60) 三枝暁子「室町幕府の京都支配」(同『比叡山と室町幕府』東京大学出版会　二〇一一年、初出二〇〇九年)、大田壮一郎

「室町殿と宗教」（前掲註（42）大田著書、初出二〇一二年）。
（61）　大田壮一郎「室町殿の宗教構想と武家祈禱」（前掲註（42）大田著書、初出二〇〇四年）。
（62）　延暦寺については、下坂守『京を支配する山法師たち』（吉川弘文館　二〇一一年）参照。興福寺については、上野麻彩子ほか「「神木御動座度々大乱類聚」の翻刻と紹介」（『早稲田大学高等研究所紀要』三　二〇一一年）、本書第二部第三章参照。

第一部　室町期東寺寺僧集団の変容

第一章　南北朝期から室町期の東寺長者と三宝院門跡

はじめに

真言宗の僧団は、古代には東寺長者と東寺を軸とする同心円的求心構造をなしていたのに対して、中世になると仁和寺・醍醐寺など有力寺院の内外に分立する有力門主群を上層に擁する多極的かつ門閥的重層構造をとるようになった点に特徴を見出すことができる。この点を指摘した真木隆行氏は、その中世における門閥の階層秩序として、①東寺長者には就任せずこれを超越する仁和寺御室、②東寺長者に就任し得る仁和寺・醍醐寺・勧修寺などに拠点を構える有力門主群、③東寺長者に就任し得ない門主群や一般僧侶、に分類した。そしてその秩序形成の背景としては、①・②に含まれる有力門主と院権力との密着や中世的院家の展開という点を重視した(1)。

この階層秩序はその枠組み自体は基本的にその後も維持された。しかし、特に①・②の有力門主層は中央政権と癒着する存在であったがゆえに、その中央政権の変容とともにメンバー構成を変えていった。すなわち、鎌倉中期頃に朝廷で鎌倉幕府の存在感が増すと、幕府の推挙を受けた関東の真言僧が長者に補任されるようになって②の階層に加わり(2)、鎌倉後期には後宇多上皇に伝法灌頂を授けた禅助が①の仁和寺御室に匹敵する権限を有する東寺座主に補任されたのである(3)。ただし、それらの変化についての検討は鎌倉期までにとどまり、南北朝期以降については具体的な検討が進んでいない。近年では、大田壮一郎氏らにより南北朝期から室町期の武家政権による顕密寺院政策の実態解明が進められ、武家による新たな顕密寺院勢力の編成の実態が明らかにされているが[4]、その新たな秩序の形成が既存の僧団秩序に与えた影響という点にまでは十分に検討が及んでおらず、課題として残されている。南北朝期以降の真言宗僧団における階層秩序の変容過程の解明は、右のような課題を解決する上でも有効性をもつことであろう。

そこで本章では、主に有力門主層に注目して、南北朝期以降の真言宗僧団における階層秩序の変遷を明らかにしたいのだが、その際以下の二点に注目する。

まず第一に注目したいのは三宝院門跡である。三宝院門跡は鎌倉期に分裂した三宝院流諸流のうち定済方の法流に属した[5]。鎌倉期の定済方は賢助（賢俊の師）が東寺一長者を務めたように前述の階層秩序でいえば②に属したが、南北朝期には内乱で北朝とそれを支える足利氏を積極的に支持した賢俊、室町期には幕府の政治顧問的な役割を果たした満済が現れ、彼らはその武家との関係を背景に顕密寺院社会で卓越した影響力をもつようになった[6]。ここから三宝院門跡が南北朝期以降の真言宗の階層秩序を論じる上でも一つの核となることは間違いないが、その位置づけについて具体的な検討は進んでいない。検討に際して注意すべきなのは、中世後期の醍醐寺内における三宝院門跡の位置づけの変化を論じた藤井雅子氏の指摘、そして武家祈禱体制における三宝院門跡の位置づけの変化を論じた大田氏の指摘である[7]。両氏によると、建武動乱以後の三宝院賢俊は足利氏の支持を得たものの、醍醐寺内では三宝院流の正嫡や醍醐寺座主職をめぐって報恩院流や地蔵院流ら対抗勢力との抗争を抱えており、武家護持僧のなかでも当時の主流は関東真言僧で賢俊は非主流派であった。しかし、観応の擾乱後にはしだいに醍醐寺での覇権を確立し、武家祈禱体制下でも卓越した地位を確立させていった。以上の指摘は三宝院門跡の真言宗僧団における位置づけを考える際にも、その立場の時系列的な変遷を考慮すべきこと、醍醐寺内での立場や武家祈禱体制下での立場との関連性を考慮しなければならないことを示唆するものといえる。

もう一つ注目したいのは東寺長者である。東寺長者は先述のように有力門主層のなかから天皇が任命した真言宗の貫首であり、臈次に従い一～四長者の最大四名が補任され、一長者は寺務、他の長者は加任と呼ばれた。彼らは、後七日御修法（毎年正月八日から十四日に宮中真言院で玉体安穏・鎮護国家のために行われた密教修法）の大阿闍梨、東寺灌頂院御影供（毎年三月二十一日に行われた空海の忌日法要）の供養法導師、結縁灌頂の大阿闍梨など真言宗の基幹儀礼を主導した。また院政期に入ると一長者はさらに天皇護持僧を兼ね、真言宗本寺の東寺や地方末寺の高野山・珍皇寺・弘福寺の人事や所領支配にも関与するようになった(8)。中世後期になると、東寺や地方末寺の所領支配に関する権限は、諸寺の自治的運営能力の向上を背景として後退したが(9)、依然としてそれら諸寺の別当職の任命権は掌握し、基幹儀礼の主導的立場や天皇護持僧としての地位も保持していた(10)。このことは中世前期の長者の権威が中世後期まである程度維持されたことを示しており、実際に鎌倉後期でも長者の地位は有力門主層にとって「渇望すべき立場(11)」であり、「最高の地位と格式(12)」をもち、室町期でも長者の補任は「門下繁栄(13)」と認識され、競望の対象となっていた。よって中世後期においても真言宗の階層秩序を考察する上で長者の顔ぶれを探るという手法が一定の有効性をもつと考えられる。これが東寺長者に注目する第一の理由である。

そして東寺長者に注目するもう一つの理由は、その分析が先に注目点としてあげた真言宗内における三宝院門跡の位置づけとその変化を考える上でも有効性をもつ点にある。このように考えるのは、森茂暁氏が次のような示唆に富む指摘をしているからである。すなわち、氏は「後七日御修法は国家の祈禱として重要視されていた。その修法を主導する阿闍梨の役を約十年にわたって賢俊が勤めたことの意味は極めて大きい」と、賢俊が後七日御修法（以下、後七日法と略す）の大阿闍梨を長期にわたって勤仕した事実を重視し、一方で満済があまりそれに関与しなかった点にも触れ、御七日法における賢俊と満済の関わり方の差に注意を促しているのである。(14) 後七日法大阿闍梨は原則として長者が勤仕したので、この指摘は賢俊と満済で長者との関わり方に差があったことをも示している。ここから真言宗内での三宝院門跡の位置づけの変容という問題を考える上で東寺長者という題材が有効性をもつことがわかる。ただし森氏はこの長者との関わり方の違いの背景にある賢俊・満済の真言宗内で占めた立場の違いにまでは踏み込んでおらず、本章の課題を解決するためにはこの点を明らかにする必要がある。

そこで以下では、第一節で中世後期の長者の顔ぶれを検討し、長者レベルの有力門主層の動向の変遷を確認し、第二節でその長者と三宝院門跡の関係を検討し、中世後期の真言宗における三宝院門跡の位置づけの変遷を明らかにする。そして以上の検討により、中世後期の真言宗における階層秩序の変遷についてその一端を明らかにし、その階層秩序を規定した中央政治の状況、特に室町殿による顕密寺院政策との関連性に触れたい。

第一節　長者補任状況の変遷にみる有力門主層の動向

表1は、鎌倉後期から室町期の東寺長者に関して、当該年初の長者在任者の人数、一長者の拠点寺院・院家と僧名、後七日法大阿闍梨の勤仕者に注目して整理したものである。本節ではこの表1を参照しつつ、建武政権期以降の長者補任の傾向の変遷を追うことで、中世後期の真言宗における有力門主層の動向の変遷を明らかにしたい。なおその際、上皇・天皇・足利氏（室町殿）、そして仁和寺御室の動向にも注意する。これは上皇・天皇・足利氏が長者の実質的な補任権をもち、仁和寺御室も長者の推挙権を有しており、(15) それぞれ長者の補任に影響力をもったからである。よって以下では、一　建武政権期、足利尊氏・義詮執政期、二　足利義満執政期、三　足利義持執政期以降の三段階に分け、

（表1つづき）

	文安 2(1445)	4				大	金剛乗院定意	①
	文安 3(1446)	4				大	金剛乗院定意	①
	文安 4(1447)	4				大	金剛乗院定意	①
	文安 5(1448)	4				大	金剛乗院定意	①
足利義政執政期	宝徳元(1449)	3	12/18	仁	菩提院守遍	仁	菩提院守遍	①
	宝徳 2(1450)	4				仁	菩提院守遍	①
	宝徳 3(1451)	2	12/18	大	覚勝院了助	大	覚勝院了助	①
	享徳元(1452)	2				大	覚勝院了助	①
	享徳 2(1453)	1				大	覚勝院了助	①
	享徳 3(1454)	2	8/ 9	醍	観心院賢性	醍	理性院宗済	②
	康正元(1455)	2				なし		
	康正 2(1456)	2						
	長禄元(1457)	2						
	長禄 2(1458)	3	10/16	仁	真光院禅信(3)			
	長禄 3(1459)	4						
	寛正元(1460)	3	12/ 9 4/19	 仁	未補 真光院禅信(4)	仁	真光院禅信	—
	寛正 2(1461)	3	7/ 8	醍	理性院宗済	なし		
	寛正 3(1462)	3						
	寛正 4(1463)	3						
	寛正 5(1464)	3	10/29	醍	三宝院義賢(2)			
	寛正 6(1465)	3						
	文正元(1466)	2	8/28	勧	慈尊院定昭			
	応仁元(1467)	1	4/11	随	随心院厳宝			

註1　本表は，『続々群書類従　史伝部』所収「東寺長者補任」，科学研究費報告書『東寺における寺院統括組織に関する史料の収集とその総合的研究』所収「東寺長者補任」，『成田山仏教研究所紀要』22所収「東寺長者補任」を参考にして作成した．なお諸本の性格は高橋敏子「「東寺長者補任」の類型とその性格」（東寺文書研究会編『東寺文書と中世の諸相』思文閣出版　2011年）参照．

註2　僧の所属寺院・院家については，註1の「東寺長者補任」のほか，「仁和寺諸院家記」（『群書類従』補任部所収）・『醍醐寺新要録』，あるいは諸寺・諸法流に関する先行研究の諸成果を参考にして付した．

註3　寺院略称は以下の通り…「勧」＝勧修寺，「随」＝随心院，「安」＝安祥寺，「仁」＝仁和寺，「醍」＝醍醐寺，「東」＝東大寺東南院，「毘」＝毘沙門谷，「大」＝大覚寺，「定」＝東寺定額僧，「？」＝不明

註4　一長者欄でゴシックの者は建武政権期・南朝の京都占領期の一長者，下線の記された者は後宇多上皇の弟子・孫弟子であることを示す．

（表１つづき）

	応永23(1416)	4	9/22 10/ 9	醍 醍	妙法院超済 三宝院満済(2)	随	随心院祐厳	①
	応永24(1417)	4				醍	三宝院満済	①
	応永25(1418)	4				醍	釈迦院隆寛	④
	応永26(1419)	4				醍	妙法院光超	③
	応永27(1420)	4				醍	大慈院成基	③
	応永28(1421)	3	1/ 5 4/10 8/頃	醍 仁 大	妙法院光超 真乗院房教(1) 大覚寺義昭(1)	醍	妙法院光超	①
	応永29(1422)	4				大	大覚寺義昭	①
	応永30(1423)	4	12/26	勧	慈尊院実順	勧	慈尊院実順	①
	応永31(1424)	4	6/ 2	仁	真乗院房教(2)	勧	浄土院興継	③
	応永32(1425)	4				仁	真乗院房教	①
	応永33(1426)	4	12/ 5	醍	宝池院義賢(1)	醍	宝池院義賢	①
	応永34(1427)	3	12/18 3/20	仁 大	真光院禅信(1) 大覚寺義昭(2)	仁	真光院禅信	①
足利義教執政期	正長元(1428)	3	5/ 6	随	随心院祐厳(2)	大	金剛乗院定意	③
	永享元(1429)	3				随	随心院祐厳	①
	永享 2(1430)	3				醍	妙法院賢長	③
	永享 3(1431)	3	12/17	醍	大慈院成基	醍	大慈院成基	①
	永享 4(1432)	3	12/ 8	醍	理性院宗観	大	金剛乗院定意	③
	永享 5(1433)	3	12/18	醍	地蔵院持円	醍	地蔵院持円	①
	永享 6(1434)	3	12/29	仁	真光院禅信(2)	仁	真光院禅信	①
	永享 7(1435)	3	12/11	勧	慈尊院弘継	勧	慈尊院弘継	①
	永享 8(1436)	3				勧	慈尊院弘継	①
	永享 9(1437)	3	5/13	醍	金剛王院房仲	勧	慈尊院弘継	①
	永享10(1438)	2				醍	金剛王院房仲	①
	永享11(1439)	2	11/12	醍	中性院成淳	醍	中性院成淳	①
	永享12(1440)	3				醍	中性院成淳	①
	嘉吉元(1441)	3	12/13 10/11	随 大	随心院祐厳(3) 金剛乗院定意	随	随心院祐厳	①
	嘉吉 2(1442)	1				大	金剛乗院定意	①
	嘉吉 3(1443)	4				大	金剛乗院定意	①
	文安元(1444)	4				大	金剛乗院定意	①

（表１つづき）

至徳元(1384)	4				醍	三宝院光助	④
至徳 2(1385)	4	12/25	醍	地蔵院道快	醍	地蔵院道快	①
至徳 3(1386)	4				醍	無量寿院通賢	④
嘉慶元(1387)	4				醍	地蔵院道快	①
嘉慶 2(1388)	4				醍	三宝院光助	③
康応元(1389)	4				醍	報恩院隆源	④
明徳元(1390)	3				大	金剛乗院俊尊	②
明徳 2(1391)	3	12/30	醍	理性院宗助(2)	醍	理性院宗助	①
明徳 3(1392)	4				醍	三宝院定忠	④
明徳 4(1393)	4				醍	理性院宗助	①
応永元(1394)	4				醍	三宝院定忠	④
応永 2(1395)	4				醍	報恩院隆源	③
応永 3(1396)	4	12/30	大	金剛乗院俊尊	大	金剛乗院俊尊	①
応永 4(1397)	4				大	金剛乗院俊尊	①
応永 5(1398)	4				醍	金剛王院光海	—
応永 6(1399)	2				醍	金剛王院光海	—
応永 7(1400)	2				大	金剛乗院俊尊	①
応永 8(1401)	2				醍	報恩院隆源	②
応永 9(1402)	4				醍	金剛王院光海	—
応永10(1403)	3				醍	妙法院超済	③
応永11(1404)	3				醍	妙法院超済	③
応永12(1405)	3				大	金剛乗院俊尊	①
応永13(1406)	3				醍	妙法院超済	③
応永14(1407)	3				大	金剛乗院俊尊	①
応永15(1408)	3				醍	報恩院隆源	②
応永16(1409)	4				大	金剛乗院俊尊	①
応永17(1410)	4	7/26	醍	三宝院満済(1)	醍	三宝院満済	①
応永18(1411)	4	4/ 5	仁	菩提院守融(1)	醍	報恩院隆源	②
応永19(1412)	4	2/ 8	醍	報恩院隆源	仁	菩提院守融	①
応永20(1413)	4	6/11	仁	菩提院守融(2)	醍	報恩院隆源	①
応永21(1414)	4	5/11	仁	真光院禅守	仁	菩提院守融	①
応永22(1415)	4	2/10	随	随心院祐厳(1)	勧	慈尊院実順	③

足利義持執政期

（表１つづき）

			9/頃	—	未補			
	文和 3(1354)	2	9/28	東	東南院聖珍(1)	醍	妙法院定憲	②
	文和 4(1355)	4	1/頃	**仁**	**護持院頼意(1)**	醍	三宝院光済	④
			3/頃	東	東南院聖珍(2)			
	延文元(1356)	4	6/28	醍	妙法院定憲(1)	醍	三宝院光済	④
	延文 2(1357)	3				醍	三宝院光済	③
足利義詮執政期	延文 3(1358)	3				醍	三宝院光済	③
足利義詮執政期	延文 4(1359)	3				醍	三宝院光済	②
足利義詮執政期	延文 5(1360)	2	4/12	醍	地蔵院覚雄	醍	地蔵院覚雄	①
			12/ 8	**仁**	**護持院頼意(2)**			
足利義詮執政期	康安元(1361)	1	12/29	醍	三宝院光済(1)	醍	三宝院光済	①
足利義詮執政期	貞治元(1362)	2				醍	三宝院光済	①
足利義詮執政期	貞治 2(1363)	3				醍	三宝院光済	①
足利義詮執政期	貞治 3(1364)	3				醍	三宝院光済	①
足利義詮執政期	貞治 4(1365)	3				醍	三宝院光済	①
足利義詮執政期	貞治 5(1366)	2				?	西南院弘賢	②
足利義詮執政期	貞治 6(1367)	1	1/14	醍	妙法院定憲(2)	醍	妙法院定憲	①
足利義満執政期	応安元(1368)	1				醍	妙法院定憲	①
足利義満執政期	応安 2(1369)	1	12/	醍	三宝院光済(2)	醍	三宝院光済	①
足利義満執政期	応安 3(1370)	2				醍	理性院宗助	②
足利義満執政期	応安 4(1371)	2				醍	理性院宗助	②
足利義満執政期	応安 5(1372)	2				醍	理性院宗助	②
足利義満執政期	応安 6(1373)	2				醍	理性院宗助	②
足利義満執政期	応安 7(1374)	4	4/	醍	妙法院定憲(3)	醍	理性院宗助	④
足利義満執政期	永和元(1375)	4	11/頃	醍	三宝院光済(3)	醍	理性院宗助	④
足利義満執政期	永和 2(1376)	4				醍	理性院宗助	④
足利義満執政期	永和 3(1377)	4				醍	報恩院隆源	④
足利義満執政期	永和 4(1378)	4				醍	報恩院隆源	④
足利義満執政期	康暦元(1379)	4	閏 4/22	醍	理性院宗助(1)	醍	報恩院隆源	④
足利義満執政期	康暦 2(1380)	3				醍	地蔵院道快	②
足利義満執政期	永徳元(1381)	2				醍	理性院宗助	①
足利義満執政期	永徳 2(1382)	4				醍	三宝院光助	④
足利義満執政期	永徳 3(1383)	4				醍	三宝院光助	④

（表１つづき）

			8/29	勧	勧修寺教寛			
	嘉暦 2(1327)	4	10/23	東	東南院聖尋(1)	仁	真乗院顕助	④
	嘉暦 3(1328)	4				東	東南院聖尋	①
	元徳元(1329)	3	12/30	醍	宝池院賢助	醍	宝池院賢助	①
	元徳 2(1330)	4	3/ 8	東	東南院聖尋(2)	仁	真光院成助	③
			閏 6/29	随	随心院経厳(1)			
	元弘元(1331)	4	12/27	仁	勝宝院道意(2)	勧	慈尊院栄海	③
	元弘 2(1332)	2	1/ 2	仁	成就院益守(1)	仁	成就院益守	①
	元弘 3(1333)	4	12/23	仁	真光院成助(1)	定	宝菩提院亮禅	②
建武政権期	建武元(1334)	3	？	**仁**	**勝宝院道意(3)**	**仁**	**勝宝院道意**	①
	建武 2(1335)	4	12/30	**仁**	**成就院益守(2)**	**仁**	**成就院益守**	①
			3/15	**醍**	**弘真(文観)(1)**			
足利尊氏執政期	建武 3(1336)	4				**醍**	**弘真(文観)**	①
	建武 4(1337)	3	9/16	仁	真光院成助(2)	醍	三宝院賢俊	—
	暦応元(1338)	3				醍	三宝院賢俊	③
	暦応 2(1339)	4				醍	三宝院賢俊	③
	暦応 3(1340)	2	3/ 4	仁	理智院有助(2)	醍	三宝院賢俊	②
	暦応 4(1341)	2	12/26	醍	三宝院賢俊(1)	醍	三宝院賢俊	①
	康永元(1342)	2				仁	菩提院寛恵	②
	康永 2(1343)	1	2/12	随	随心院経厳(2)	醍	三宝院賢俊	①
			3/19	醍	三宝院賢俊(2)			
	康永 3(1344)	3				醍	三宝院賢俊	①
	貞和元(1345)	3	1/ 4	勧	慈尊院栄海	勧	慈尊院栄海	①
	貞和 2(1346)	3	11/29	醍	三宝院賢俊(3)	醍	三宝院賢俊	①
	貞和 3(1347)	3				醍	三宝院賢俊	①
	貞和 4(1348)	3				醍	三宝院賢俊	①
	貞和 5(1349)	3				醍	無量寿院賢季	③
	観応元(1350)	2				醍	報恩院隆舜	②
	観応 2(1351)	3	11/28	醍	報恩院隆舜	安	安祥寺隆雅	③
	文和元(1352)	3	12/頃	**醍**	**弘真(文観)(2)**	**醍**	**弘真(文観)**	②
	文和 2(1353)	1	3/頃	—	未補	醍	無量寿院賢季	②
			6/頃	**仁**	**勝宝院道意(4)**			

表１　鎌倉後期〜室町期の東寺長者数・東寺一長者・後七日法大阿闍梨一覧

時期区分	年(西暦)	長者数	一長者(寺務) (　)内の数字は補任度数			後七日法大阿闍梨 「○」数字は長者序列 「—」は非長者		
			任月日	寺	僧　名	寺	僧　名	位
鎌倉時代後期	正安 3(1301)	4	10/28	勧	勧修寺信忠	?	宝満院有信	②
	乾元元(1302)	4				勧	勧修寺信忠	①
	嘉元元(1303)	4				随	随心院厳家	②
	嘉元 2(1304)	4				安	安祥寺成恵	②
	嘉元 3(1305)	4				仁	威徳寺実苭	④
	徳治元(1306)	4	2/24 8/20	隋 仁	随心院厳家 慈尊院教助	醍	無量寿院公紹	④
	徳治 2(1307)	4	11/18	醍	地蔵院親玄	東	東南院聖忠	②
	延慶元(1308)	4	12/ 3	仁	真乗院禅助(1)	仁	菩提院能助	④
	延慶 2(1309)	3	3/21	東	東南院聖忠	東	東南院聖忠	①
	延慶 3(1310)	3				仁	尊勝院定助	②
	応長元(1311)	4	7/15	安	安祥寺成恵	安	安祥寺成恵	①
	正和元(1312)	4	12/10	仁	尊勝院定助	毘	毘沙門谷観高	③
	正和 2(1313)	3	1/ 6	仁	菩提院能助	仁	菩提院能助	①
	正和 3(1314)	4				仁	五智院実海	②
	正和 4(1315)	4				仁	宝持院顕誉	④
	正和 5(1316)	4	10/	仁	五智院実海	醍	宝池院賢助	②
	文保元(1317)	4				仁	理智院有助	③
	文保 2(1318)	4	4/ 3	仁	宝持院顕誉	仁	威徳寺実弘	④
	元応元(1319)	4	12/29	醍	無量寿院公紹	醍	報恩院道順	②
	元応 2(1320)	4	8/19	仁	真乗院禅助(2)	仁	花厳院弘舜	④
	元亨元(1321)	4	7/22	醍	報恩院道順	仁	成就院益守	④
	元亨 2(1322)	3	12/25	仁	威徳寺実弘	仁	威徳寺実弘	①
	元亨 3(1323)	4	12/29	仁	花厳院弘舜	仁	花厳院弘舜	①
	正中元(1324)	3	11/30	勧	勧修寺教寛	勧	勧修寺教寛	①
	正中 2(1325)	3	8/23	安	安祥寺光誉	安	安祥寺光誉	②
	嘉暦元(1326)	4	11/25 2/ 9	仁 仁	理智院有助(1) 勝宝院道意(1)	仁	理智院有助	①

各時期の補任権者や仁和寺御室の動向との関係を見極めながら長者をめぐる有力門主層の動向を検討したい。

なお先行研究では、鎌倉中期以降に関東に縁をもつ真言僧の長者補任がみられ、そのなかに幕府の意向が働く場合もあったこと、南北朝期にも鎌倉府の推挙による関東の僧の補任がみられたものの、その数は激減し、室町期には消滅することが指摘されている[16]。以上の関東の状況も中世後期の長者の変遷史において一つの重要な特徴ではあるが、本章ではこれ以上に特に付け加える点がないので、以下の分析では立ち入らないことにする。

一　建武政権期、足利尊氏・義詮執政期

まず表1より、建武政権期以後の前提となる鎌倉時代後期の長者補任の傾向をみると、長者数はおおむね四人で安定しており、一長者の顔ぶれは広沢流（仁和寺僧）と小野流諸寺僧がほぼ拮抗している点を確認できる。これに対して建武政権期から足利義詮執政期までの傾向を列挙すると、(ア)長者数が減少する、(イ)北朝が京都を押さえている時には一長者や後七日法大阿闍梨に醍醐寺三宝院門跡とその門人が多くみられるようになるが、建武政権期や南朝の京都占領期（表中のゴシック）には後宇多法皇の弟子や孫弟子[17]（表中の下線）が多い、(ウ)勧修寺慈尊院として初めて長者に補任された栄海、皇族として初めて一長者となった東南院聖珍のように新儀の補任が目立つ、(エ)仁和寺僧の一長者・後七日法大阿闍梨がしだいにみられなくなっていく、といった点を確認できる。実はこれらの傾向は、有力門主層のなかに（1）当該期の一長者に就任しようとする、（2）長者を忌避する、という二つの動向があったことと深く関係している。そこで以下では、この有力門主における（1）・（2）の動向それぞれについて長者補任の状況にみえる(ア)〜(エ)の傾向との関係を確認していくことにしよう。

（1）　一長者に就任する僧たち

この動向は(イ)の傾向よりうかがえる。まず北朝のもとでは足利氏と親密な関係にある三宝院賢俊・光済が康永年間頃から一長者に長期間留任している。また後七日法大阿闍梨も三宝院賢俊・光済とその門人無量寿院賢季・妙法院定憲が占めている。[18]鎌倉後期までは醍醐寺僧の占める割合が低かったことを考えると大きな変化であろう。三宝院門跡の抜擢は笠松宏至氏が指摘したように両朝分裂当初より北朝や幕府に貢献したことに対する恩賞と理解できる。[19]一方、建武政権期や南朝方の京都占領時には、後宇多法皇やその弟子から付法を受けた後宇多院法流の流れに属す道意・弘真（文観）・頼意が確認できる（なお、益守は後宇多の師である禅助の弟子である）。このうち弘真や頼意は特に南朝方に忠実な立場をとったことで知られ、南朝方の京都没落の際にも一貫して行動をともにした。また山口紘加氏によると頼意は京都没落後も南朝勢力の影響が強く及んだ河内観心寺や金剛寺、そして紀伊高野山に対して東寺長者として働きかけをしていたという。[20]弘真・頼意は北朝の三宝院門跡と相対する関係にあり、ともに積極的に内乱に関わりをもった僧といえる。彼らの長者への補任の場合も、南朝に貢献した恩賞としての意味合いが強かったのではないか。

このように南北両朝の並立は一長者の並立を生んだが、長者に就任した僧のうち多くは北朝や南朝に忠実な立場をとっていた。当該期の一長者に両朝の腹心ともいえる僧が就任したのは、南北の両天皇が正統性を主張するなか、長者がその護持に関わりをもったためであろう。その意味で南北両朝からすると、長者の補任は単なる恩賞付与のみならず、さらなる忠節の期待という意味もあったといえよう。ともあれここからは当該期の一長者就任が北朝や南朝への帰属を明確にさせる意味あいをもっていたことがわかる。[21]

（2）長者を忌避する僧たち

一方、有力門主のなかには長者を忌避する僧もいた。それは次の史料からうかがえる。

〔史料1〕

貞和六庚寅記記者文海法印云、　報恩院僧正隆〔舜〕

傾年之間天下騒乱之間、後七日御修法加任長者大略以故障、仍去建武戊子以来、一長者前大僧正賢俊連年被二奉仕一畢、然間、去々年貞和四年十月十八日被レ補二任報恩院前権僧正於東寺長者一于時二長者、則可下令レ奉二仕彼御修法一給上之由、依下令レ蒙二　綸言一給上被レ申二領状一畢、(22)

〔史料2〕

賢俊僧正辞二申東寺々務一候之上、加任長者当時無二其人一候之間、後七日法阿闍梨及二闕如一候、栄海僧正若所望之志候哉、可レ為二其器用一候歟之間、内々尋申入之由、以二便宜一可レ被レ申二勧修寺殿一候哉、若さりぬへく候ハヽ、忩奉レ存可二申入一候、恐々謹言、

（康永三年）十二月廿一日　　　　（柳原）資明(23)

〔史料1〕は後七日法に関する諸記録の記事を集成した「秘密勘録抄」の一節であり、観応元年（貞和六〔一三五〇〕）に報恩院隆舜が一長者に就任した時の凡僧別当（東寺一寺における一長者の代官）文海が記した記事である。文海は後七日法大阿闍梨について三宝院賢俊が連年勤仕した理由として、加任長者が「故障」として修法の勤仕に応じなかった点をあげている。なお観応二年の後七日法では「後七日法事、器用之仁可レ被二計申一之由、雖レ被レ申二御室（法守法親王）一、無二其仁一之旨被レ申候云々」(24)とあり、御室に下問しても大阿闍梨を推挙できない状態にあったことがわかる。

〔史料2〕は勧修寺慈尊院主として初めて一長者に補任された栄海の補任過程で発給された文書である。栄海は両

朝分裂後は北朝の祈禱に従事しており[25]、異例の補任もその実績を評価されたものと思われるが、一方で史料より、補任の背景には加任長者に適当な人材がおらず、後七日法大阿闍梨を欠きかねない状況にあったことも関係したことがわかる。なお「三宝院賢俊僧正日記」貞和二年正月十六日条では「近年小野広沢輩連々堅辞二長者一、日月蝕御祈等闕如」[26]とあり、長者の人材難の背景にも後七日法と同じくそれを忌避する僧の存在があった。

これらの史料は、南北朝期の長者補任における(イ)・(ウ)の傾向が、長者や後七日法大阿闍梨の欠如に起因していたことを示している。そして、この人材の欠如を生む前提には、後七日法大阿闍梨や長者を忌避する有力門主の存在があり、これが(ア)の長者数の減少をもたらしたものと思われる。そして人材の欠如や長者の忌避は、小野・広沢両流にみられたのは確かであるが、実際の補任状況をみるならば、特に補任者の減少傾向が看取される(エ)の仁和寺僧に顕著な動向であった、と考えるのが自然であろう。

つまり南北朝内乱期には、先に示した長者に就任した僧とは別に、仁和寺僧を中心として長者や後七日法大阿闍梨を忌避する僧も現れたため、長者の人数が減少し、後七日法を勤める人材も欠如し、仁和寺御室の推挙も機能しない状況に陥っていた。その結果、三宝院賢俊が連年それらの役割を果たし続け、新儀の長者補任をも許容せざるを得ない状況に陥っていたのである。冒頭で述べたように鎌倉後期までの長者は有力門主層の競望の対象となっていたが、南北朝期にはその長者の求心性が大きく後退していたのである。

彼らはなぜ長者の地位を避けたのだろうか。仁和寺僧も所領の安堵を北朝や幕府に求めることはあり[27]、全く没交渉だったわけではない。この点からすると特に長者のみを忌避したことになるのだが、それはなぜなのか。その際想起したいのが、当該期の一長者就任が北朝や南朝への帰属を明確にする意味をもっていたという点である。この点からすると、彼らは一長者就任にともなう政治的な立場の表明を避けたのではないだろうか。南北朝内乱期に京都の公家社会では、南朝・北朝への支持を鮮明にする者がいる一方で、家の存立を重視し、政治情勢の変化に対応して両朝との関係を保つ者も少なくなかったという(28)。真言宗の有力門主もこの傾向に変わりはなく、それは特に仁和寺僧に顕著にみられたのではないか。

以上のようにこの時期の有力門主層には、北朝方から長者に補任された三宝院門跡と門人、南朝方から補任された後宇多院法流の僧のほか、長者とその職務を避ける僧（主に仁和寺僧）が存在し、長者の求心性が低下していた点に特徴を見出せる。この点を中央政権側から捉え直すと、北朝による三宝院門跡やその門人、南朝による後宇多院法流の僧の起用には、それぞれの腹心に対する恩賞としての側面とともに、長者を忌避する僧が多数存在するなかでのやむを得ない選択、という側面もあったということになる。南北朝期には内乱の帰趨が不透明な状況を反映して、両政権は有力門主全てをその影響下に取り込めていなかったのである。

二　足利義満執政期

足利義満は康暦元年の細川頼之失脚をきっかけとして為政者としての自立を遂げ、以後将軍職を義持に譲った後も死去する応永十五年（一四〇八）まで実権を掌握した。ただ本章では便宜上、義詮死去直後の応安・永和年間も含めて義満執政期としたい。

この時期の傾向としては、まず長者数がしだいに増加していく点を指摘できる。また一長者と後七日法大阿闍梨をみると、三宝院門跡やその門人の占める割合がこの時期を通じてしだいに低下し、かわりに三宝院流の一派ながら三宝院門跡の門下に取り込まれず独自の活動をみせた地蔵院の道快(29)、後宇多院法流と広沢流の両流を相承した大覚寺金剛乗院の俊尊(30)の補任がみられるようになっている。特に後者の俊尊は大覚寺僧として初めて一長者となったが、大覚寺からはこののち室町期にも義昭・定意・了助らが一長者に補任されており、一長者を輩出する寺院として定着していった。以上の傾向は北朝側で一長者の求心性が回復の兆しをみせていたことを示している。先に求心性が後退した背景を内乱状況による政治情勢の不安定に求めたが、それを前提にすると、求心性の回復は内乱状況の収束、特に京都における南朝方の脅威の減退という状況と表裏の関係にあったといえよう。

しかし一方、この時期の一長者のうち光済・定憲・宗助・道快は武家主催の五壇法に頻繁に参仕した人物で[31]、俊尊も足利義満の執奏で長者に就任し、北野社で義満のために連年参籠や祈禱に従事した人物であり[32]、依然として武家と親密な僧が長期在任し続ける傾向は続いた。また仁和寺僧の一長者がいない状況にも変化はなく、補任者の不足という状況も完全には解消されていなかった。当該期には、武家が新しい祈禱体制を築き、京都の諸門跡もまたその体制のなかに取り込まれていった[33]が、一方で東寺長者や後七日法大阿闍梨のような既存の役職では有力門主層を取り込むような体制作りが十分ではなかったといえる。この点は次の義持期にさらなる変化がみられる。有力門主層と長者の関係性において義満期は南北朝期の状況から室町期の状況へと移る過渡期であった、といえよう。

三　足利義持執政期以降

足利義持執政期には、長者数の増加傾向にみられるように義満期以来の傾向を引き継ぐ側面もみられる。しかし、特に義持期の特徴として注目されるのは、仁和寺僧の一長者が復活し、長者の顔ぶれが諸流諸寺の拮抗した鎌倉後期の状況に近づいた点にある。本章冒頭で鎌倉後期同様に室町期も一長者の補任を「門下繁栄」と思う意識があったことを示したが、南北朝期以降に低下した長者の求心性は義持期にある程度回復したといえよう。

この諸流諸寺拮抗の復活という傾向が生まれたのは、むろん義満期以来の内乱の収束という動向も関係したであろうが、もう一つ特に義持期にこの傾向がみられるようになった理由として、仁和寺僧の補任を後押しした上皇と仁和寺御室の動向も無視できない。それは〔史料3〕応永三十一年の房教、〔史料4〕同三十四年の禅信の補任事例からうかがえる。

〔史料3〕

真乗院房教僧正寺務再任、先年雖二任補一不レ遂二拝堂一、後七日等不レ及二参懃一改替、大覚寺(義昭)被二新補一了、仍連々懇望、自二仙洞(後小松上皇)一彼僧正再任事頻御申云々、[34]

〔史料4〕

後七日法事、真光院禅信僧正洞院実信卿息旧冬任二一長者一年廿七、位権僧正、超二越数輩上首一之間、末長者悉以辞退、仍一長者計現任歟、抑此僧正補任事、去年十一月五日歟、前寺務(義賢)被二辞職一後、自二仙洞(後小松上皇)一有レ勅二問御室(永助法親王)一、其子細ハ御門下ニ一長者器用候哉、可レ被二注申一云々、仍禅信僧正由被二申入一也、其後為二仙洞一被二仰出一処、[35]（後略）

〔史料3〕では後小松上皇が房教の再任を求め、〔史料4〕では仁和寺御室永助の推挙により後小松上皇が禅信の補任を命じたことがわかる。義持期には南北朝期に機能しなかった御室の推挙が機能し、上皇の意向も尊重されるようになっていたのである。なお、房教と禅信は主に仙洞や禁裏で祈禱に従事する僧だった。房教は、森茂暁氏の五壇法一覧表[36]によると、武家の五壇法に参仕した例はなく、禁裏の五壇法にのみ参加している。また禅信も、森氏表では武家の五壇法に参仕した形跡がない一方で、「綸旨・院宣幷請文（禅信僧正記）[37]」によると、特に一長者に就任した応永三十四年以降、頻繁に禁裏・仙洞の祈禱に従事している（表2）。上皇や御室による仁和寺僧の長者への抜擢は、禁裏・仙洞の祈禱に従事する僧の優遇を意味し、彼らに箔を付けるというような意味をもった、といえよう。

このように義持期には、上皇・御室の意向が尊重されるようになり、禁裏や仙洞の祈禱に従事し、武家祈禱に縁の薄い仁和寺僧が一長者に補任されるようになったのである。
ただ、この事実から一長者に対する足利氏（室町殿）の影響力が弱まったと単純に評価できない点には注意しておきたい。なぜなら義教期になると義教自身も仁和寺僧の一長者補任に関わっている事例がみられるからである。それは次にあげる、禅信の二度目の一長者補任に関する「禅信僧正後七日修法記」(38)の記事の一節よりわかる。

〔史料5〕

今度地蔵院《持円》僧正辞退之刻、従二武家一理運之仁躰被レ尋二聞一召准后《満済》一之由有二其沙汰一、就レ其予《禅信》再任之事自二准后一被二執申一之歟、寺務事禅信理運之上者、可レ被二恩補一之由、自二武家一有二御執奏一云々、

〔史料5〕より禅信の一長者補任が武家の執奏により実現している点が確認できる（なお、満済の関与については後述）。この禅信の事例は、禁裏や仙洞の祈禱に従事し、武家との関係が薄い僧の長者補任を室町殿も推進する側面があったことを示している。

このような傾向が生まれた背景には、義持期以降の公武関係の変化が関係したものと思われる。当該期の公武関係は、上皇の存在を棚上げして自らが院政を敷くがごとき様相を呈した義満期とは異なっていた。義

表2　禅信祈禱勤仕事例一覧

開始年月			場所	修法	文書形式
年	西暦	月			
応永30	1423	11	—	一字金輪法	綸旨
応永34	1427	11	仙洞	薬師法	院宣
正長元	1428	6	禁裏	「御修法一壇」	綸旨
永享元	1429	11	仙洞	「御修法一壇」	院宣
永享 4	1432	5	—	不動法	綸旨
永享 4	1432	12	仙洞	一字金輪法	院宣
永享 6	1434		—	後七日法	—
永享 7	1435	11	—	—	—
永享10	1438	5	禁中	一字金輪法	綸旨
永享12	1440	3	—	一字金輪法	綸旨
嘉吉元	1441	5	—	不動法	綸旨
嘉吉 2	1442	1	—	不動法	綸旨
嘉吉 2	1442	12	—	不動法	綸旨
嘉吉 3	1443	8	—	五大虚空蔵法	綸旨
嘉吉 4	1444	1	—	不動法	綸旨
文安元	1444	7	—	仏眼法	綸旨
文安 3	1446	5	—	不動法	綸旨
文安 4	1447	12	禁中	一字金輪法	—
宝徳 3	1451	9	—	不動法	綸旨
享徳 3	1454	5	—	不動法	綸旨
康正元	1455	9	—	八字文殊法	綸旨
長禄元	1457	12	本坊	不動法	綸旨
長禄 2	1458	12	内裏	一字金輪法	綸旨
長禄 3	1459	10	—	一字金輪法	—
長禄 4	1460	3	禁中	後七日法	—

持期における公武関係について検討を加えた石原比伊呂氏は、義持は上皇の執事として補佐し、支える姿勢が顕著であったと指摘している。(39)一長者の補任で上皇の意向が尊重される傾向は、このような室町殿が上皇に対して従の立場に立つ関係が反映されたものといえる。また大田氏は石原氏の指摘も踏まえた上で、義持期の宗教政策の基調が天皇・院・室町殿の三者を一体の政権構成者とする点にあったことを指摘し、そのなかで義持が王朝儀礼の復興に尽力した点にも言及している。(40)室町殿が禁裏や仙洞の側近ともいえる仁和寺僧の一長者補任を推進した事実は王朝復興を人材面から推進しようとしたものと理解できよう。

つまり義持期以降には、長者の求心性の回復という動向に加え、公武協調体制のなかで進んだ王朝復興の気運を背景として禁裏や仙洞で祈禱に従事する僧の優遇あるいは箔づけを推進しようとした上皇・御室・室町殿の意向で仁和寺僧の一長者補任が増加した。その結果、南北朝期のような武家と親密な僧が一長者を独占する状況は解消され、鎌倉後期のような諸流諸寺が拮抗するような状況が復活したのである。

第二節　東寺長者と三宝院門跡

前節の検討では、中央政権の推移に連動して南北朝期と室町期で長者の補任状況に変化がみられたことを指摘したが、三宝院門跡に焦点を当てると、その長者との関係も大きく変化したことがわかる。たとえば一長者をみると、賢俊・光済は門人とともにほぼ独占したのに対して、光助・定忠は就任せず、満済・義賢はそれぞれ二度就任したものの、これも同時期の他の長者と比べて補任期間が特に突出しているわけではない。後七日法大阿闍梨も、賢俊の時期には賢俊と彼の門人がほぼ独占したが、光済の頃からしだいに門跡本人が勤仕することは少なくなり、応永年間以降になると門人以外の勤仕も頻繁になった。森氏が指摘した後七日法への関わり方における賢俊と満済の違いは、このような長期間にわたるゆるやかな変化の結果生じていたのである。この長者との関係が変化した背景には三宝院門跡の真言宗僧団内における立場の変化が関係したと思われるが、本節ではその変化の内実を検討したい。

なおその際注意したいのは、中世後期の醍醐寺内あるいは武家祈禱体制における三宝院門跡の位置づけとの関係である。「はじめに」でも述べたように、観応の擾乱を境として三宝院門跡は醍醐寺内での覇権を確立させ、武家祈禱体制でも突出した地位を確立させたが、森氏の指摘や右の検討結果を前提にするならば、この変化は真言宗僧団内での立場の変化とも無関係ではなかっただろう。よって以下でも、その点を意識しつつ検討を加えることにしたい。

一　南北朝期の東寺長者と三宝院門跡

先に述べたように、賢俊の長者補任については、笠松氏が北朝と尊氏に賭けて長者という栄誉を得たとの評価を示している。[41] 確かに賢俊は長者に三度就任したことについて「三般之寺務者、希代之　朝奨也」[42] と述べているから、この指摘は補任の理由としては妥当性をもつ。ただ他方で、前節で示したように南北朝期の長者は他の僧から忌避される側面もあったから、その状況のなか賢俊が長期にわたって長者の地位に留まり続けたことを単純に栄誉のみに引きつけて考えることができるのか、という疑問も残る。そこで賢俊が長者の地位、後七日法大阿闍梨の勤仕に執着した背景を考察しよう。

その際、まず注意したいのが、先述の「秘密勘録抄」文海記にある次の記事である。

〔史料6〕

公家御訪用途事

建武以来天下騒乱之後、諸国済物削レ跡、諸寮所課如レ無、御修法用途依レ無二其足一、武家公事用途十万疋之内以二
二万疋一、被レ付二後七日御修法料足一畢、而両三年以降、一長者(賢俊)前大僧正、号二殊私忠一、被レ減二一万疋一令二勤行一
云々、其後修法軌則大略有名無実歟、（後略）[43]

〔史料6〕で文海は、建武以来の後七日法で武家がその費用を負担したことに触れ、賢俊がその費用について元来二万疋（二〇〇貫文）のところを「私忠」として一万疋（一〇〇貫文）減額して勤行したため、先例に沿った修法が維持できず有名無実になっていたことを嘆いている。

文海の嘆きはともかく、ここでは賢俊が後七日法の場を北朝や幕府に対する「忠」を示す場と捉えていた点に注目したい。本史料では武家の財政が逼迫するなか支出削減に協力するという形で「忠」を示しているが、そもそも後七日法大阿闍梨の人材が不足するなか連年勤めたこと自体も「忠」であったといえよう。賢俊にとって後七日法大阿闍梨や長者の地位への執着は、尊氏に賭けた結果としての栄誉というより、尊氏に賭けることそのものであり、引き続き北朝や幕府に対する忠誠を示し続けることを意味していた。

賢俊が後七日法を通じて北朝や幕府に奉仕し続けたのは、一つには北朝や幕府の存続が賢俊の地位の存続とリンクしていたからであろう。南朝方には醍醐寺座主職をめぐって争う弘真がおり、北朝が南朝に敗れることは賢俊の醍醐寺内での地位が弘真に奪われることを意味した[44]。いまだ内乱の帰趨が不透明ななかで、北朝や幕府と一心同体であった賢俊がその財政を困窮に追い込むことは、彼にとって自殺行為であったといえよう。ゆえに後七日法の規模を縮小してでも、北朝と幕府の財政に寄与する方を選択したのである。

また、当時の武家祈禱体制のなかで賢俊が卓越した地位になかったことも長者として「忠」を尽くし続けることと無関係ではなかったと思われる。なぜならこのことは、武家祈禱僧としての宗教的な奉仕が武家との親密な関係をア

ピールする上で十分な場となり得ていなかったことを示しているからである。実際、武家護持僧のなかには同じ醍醐寺僧の地蔵院覚雄もおり、彼も足利氏との関係から関東諸寺の別当に補任されていた(45)。このように醍醐寺僧に限定しても賢俊は武家祈禱僧のなかで突出していたわけではなかったのである。そのような状況下で長者として行う後七日法の勤仕を通じて北朝護持の意識を武家と共有することは武家祈禱僧として満たし得ない武家との親密性をアピールする上で少なからぬ意味をもっただろう。

つまり、賢俊にとっての長者と後七日法大阿闍梨の地位は、北朝の存続に貢献することで、武家との親密な関係を培い、醍醐寺内での自らの地位を維持するために他に替え難い重要な地位であり場であった。ゆえに長期間居座る必要があったのである。

二　室町期の東寺長者と三宝院門跡

このように賢俊・光済の時代には東寺一長者と後七日法大阿闍梨をほぼ独占した三宝院門跡であったが、先述のように貞治末年から康暦年間頃の間にしだいにその独占状況は変化していった。この期間は三宝院門跡にとってどのような時期だったのだろうか。まず貞治年間は、南朝の延命を助けた有力武将の反幕府活動がほぼ終息し、南朝の脅威が大きく後退した時期にあたり、それと同時に南朝方東寺長者の活動もほとんど確認できなくなる(46)。このことは三宝院門跡にとって南朝を背景とする寺内の対抗勢力に対する勝利を意味していた。また武家との関係に目を向けると、観応の擾乱後からは賢俊が祈禱方奉行として武家祈禱を統括する立場に立った。さらに康暦元年（一三七九）九月には光助が武家の護持僧管領に任命され、臈次や僧位の如何によらず護持僧を統括する権限が三宝院門跡に付与された。この事実は当該期の三宝院門跡と武家の結びつきが確固としたものになり、武家祈禱体制における卓越した地位が確立したことを意味していた。そしてこれらの状況は醍醐寺内での覇権の確立をも意味しており、実際この頃から三宝院門跡とその門人が座主職を独占するようになったのである[47]。これらの状況変化は、一長者や後七日法大阿闍梨を媒介として北朝や武家との関係を確認し続ける必然性が失われてしまったことを意味する。三宝院門跡の東寺長者との距離感はこのような周辺環境の変化と密接に関係していたのである[48]。

ただし、光助以後の三宝院門跡は一長者と全く没交渉になったわけではない。なぜなら満済の時代には一長者の推挙者としての役割を果たすようになったからである。具体的には(a)応永二十八年（一四二一）正月の光超、(b)応永三十年正月の実順、(c)応永三十二年十二月の義賢、(d)永享四年（一四三二）十二月の持円、(e)永享五年十二月の禅信の例を確認できる[49]。このうち(b)・(c)は後小松上皇、(e)は室町殿足利義教の下問に応じて推挙しており、公武双方から下問を受けたことが確認できる。また推挙された僧は(a)・(c)が三宝院の門人だが、(b)は同じ小野流ながら勧修寺僧、(d)は同じ醍醐寺僧ながら地蔵院の僧、(e)は仁和寺僧であり、広く諸流諸寺の僧に及んだ。そして、次にあげる(c)の補任過程に関する『満済准后日記』の一節は、三宝院門跡が当該期の真言宗のなかで占める位置づけを考える上で注目すべき記事である。

〔史料7〕

去三日、自二仙洞（後小松上皇）一以二広橋儀同（兼宣）一被二仰下一様、房教僧正東寺々務辞退申入也、就レ其後人器用理運誰人候哉、可二計申一也云々、予（満済）勅答云、畏被二仰下一候、何様理運輩交名可二注進仕一由申入了、広橋儀同内々申二仁和寺宮（永助法親王）ヘモ一如レ此被二尋申一候、内々可レ得二御意一云々、自二御室一被二申入一勅答大略同前云々、（後略）[50]

〔史料7〕では、一長者の補任において後小松上皇から広橋兼宣を介して器用を推挙するよう満済に要請しているが、広橋兼宣は一方で仁和寺御室永助にも人選を要請している。

仁和寺御室が中世前期以来東寺長者の推挙権を有していたことはすでに指摘されている通りであるが、この史料は満済がその仁和寺御室に並ぶ地位にあったことを物語っている。むろん室町期でも、御室は東寺長者に就任しないのに対して、三宝院門跡は長者に就任することはあったので、両者は全く同一の地位というわけにはいかない。しかし少なくとも、当該期の三宝院門跡は、南北朝期のように東寺長者として真言宗内に影響力を行使するのではなく、御室と並ぶような半ば長者を超越した立場として真言宗内に影響力を行使しうる存在となっていたのである。室町期の三宝院門跡は、醍醐寺内では座主職を独占し、真言宗内では御室と並ぶ位置にあり、武家祈禱体制のなかでは祈禱方奉行・護持僧管領として卓越した武家との関係を築き、顕密仏教界のなかで最高の地位を獲得したのである。

なお、横内裕人氏は仁和寺御室を「院権力の分身」と呼んだが、(51)これに対して三宝院門跡は武家の後押しを受けた存在であった。つまり、室町期の真言宗では公武の後押しをうけた御室と三宝院門跡を頂点に据える階層秩序が形成されたわけである。注意したいのはこの階層秩序のあり方が第一節で述べた公武協調体制と親和性をもつ点である。実際、長者推挙の事例も義持により公武協調路線の推進された応永二十年代以降にみられるようになっていた。これは単なる史料残存の問題ではなく、満済の権限が光助・定忠の時期にまでさかのぼることはないのではないか。以上の点から室町期の真言宗における二頭体制は義持期の公武協調体制の形成と軌を一にしていたものと思われる。

おわりに

ここまで本章で指摘したのは以下の二点である。

まず、長者の補任状況から有力門主層の動向をみると、南北朝期の長者は、北朝方が足利氏と親密な関係にある三宝院門跡とその門人、南朝方が後宇多院法流の僧で占められたが、仁和寺僧を中心として長者や後七日法大阿闍梨を避ける僧も少なくなく、長者の求心性は大きく揺らいでいた。しかし、内乱が収束に向かう義満執政期にはしだいに求心性が回復し、そのなかで新たに大覚寺僧の一長者への補任が定着し、義持執政期には、さらに公武協調の気運を背景として禁裏や仙洞の祈禱に従事する仁和寺僧の一長者就任が上皇・御室・室町殿の意向で進められた結果、諸流諸寺の拮抗状態がほぼ回復した。

次に三宝院門跡をみると、賢俊から光済前半の時期には、北朝の存続に協力することで、武家との良好な関係を維持し、醍醐寺内での覇権争いをも有利に進めるために一長者や後七日法大阿闍梨を重視して独占した。しかし南北朝内乱が収束に向かうなかで、祈禱を通じた武家との関係が他を圧し、醍醐寺内での覇権が確立するようになると、一長者や後七日法大阿闍梨の地位を独占する必要はなくなり、就任する機会は少なくなった。ただし、三宝院門跡は長者と疎遠になったわけではなく、満済の時期には公武協調体制の成立と軌を一にして、長者の推挙を託されるようになり、半ば御室に並ぶ地位を確立した。

以上の検討結果を踏まえて鎌倉後期から室町期における東寺長者の補任をめぐる有力門主層の動向の変化をまとめると図1のようになる。南北朝内乱時の混乱期とも呼べる状況を経て、室町期にはおおむね鎌倉期までのような有力門主層全てをカバーした階層秩序を取り戻したことがわかる。ただし、この室町期の状況を鎌倉後期の状況と比較すると、御室と並ぶ地位に三宝院門跡が昇格し、長者クラスの有力門主層に親武家の大覚寺僧も含まれるようになり、さらに図からは読み取りづらいが、仁和寺僧に対する室町殿や三宝院門跡の影響力も強まっていた。室町期の階層秩序は室町殿の影響力のもと大きく変貌したといえよう。本章はこのような室町期の真言宗における階層秩序の特質の一端を明らかにした点に意義を見出せる。

そして注意しなければならないのは、この室町期の階層秩序が、義持期以降の公武協調体制との間に親和性をもっており、その形成の時期も義持期の公武協調体制の形成と軌を一にしていた点である。ここから室町期の真言宗における階層秩序形成の前提として義持期の公武協調体制の成立をみることができる。これまでの研究では、義持期の特質として公武協調という点が示されつつも、それが室町期の顕密寺院社会にとってどのような意味をもっていたのか、という点は十分に示されていなかったように思われる。しかし本章の検討により、この体制の成立によって室町殿や三宝院門跡が武家祈禱体制のもとでは十分に取り込むことのできなかった仁和寺僧をはじめとする真言宗有力門主にも影響力を及ぼすようになり、室町殿による有力門主層支配の裾野を広げることになったことが明らかになった。このような傾向が南都や天台など顕密仏教の他の僧団組織でも確認しうるのか、真言宗のみの

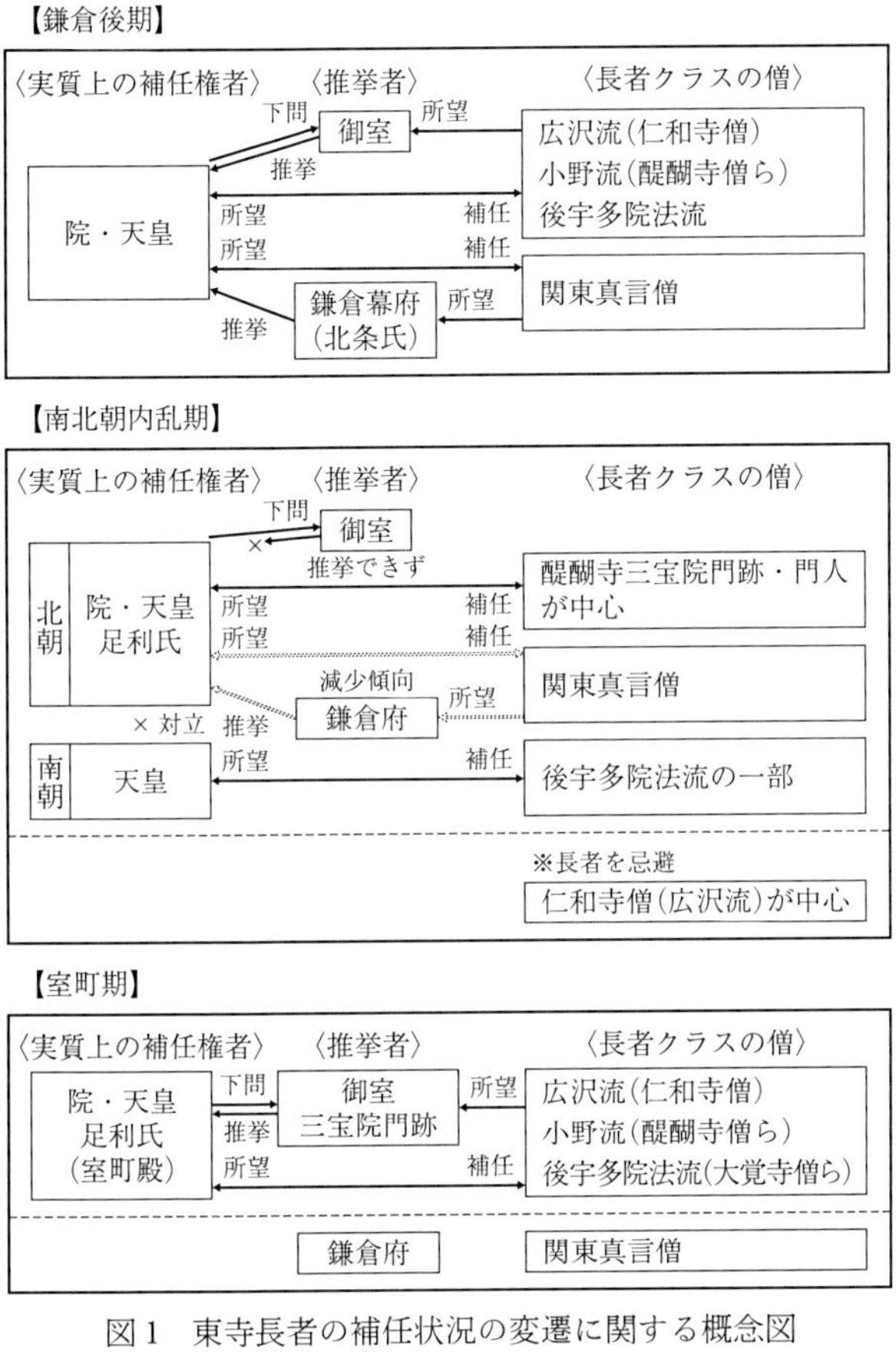

図1　東寺長者の補任状況の変遷に関する概念図

特殊事例なのか、今後検証していく必要はあるが、本章は室町期の公武協調体制が既存の顕密寺院の秩序に与えた影響の一端を示したことにも意義を見出せよう。

なお本章では有力門主層の動向について主に中央政府との関係性を軸に検討を加えたが、今後は一般学侶との関係という側面からも検討していく必要があろう。たとえば東寺では、室町期に学侶衆中が一定の自治的運営体制を整える一方で、本章で述べたような秩序形成の結果、御室・三宝院門跡・一長者の三者の支配を受けることにもなったわけであり、東寺をめぐる三者の関係については今後さらに検討を加える必要がある。その際に問題となるのは、仁和寺御室が中世後期でも供僧の補任に関与していたのに対して[52]、三宝院門跡は祈禱命令を通じて関与していたように[53]、御室や三宝院の関わり方が長者の推挙権のように必ずしも一様ではない点である。この点については今後の検討課題としたい。

註

（1）　真木隆行「中世東寺長者の成立」（『ヒストリア』一七四　二〇〇一年）。

（2）　平雅行「鎌倉幕府の宗教政策について」（科学研究費報告書〔研究代表者小松和彦〕『日本古代の葬制と社会関係の基礎的研究』一九九五年）など参照。

（3）　真木隆行「東寺座主構想の歴史的変遷」（『仏教史学研究』四一—二　一九九九年）。

（4）　大田壮一郎「室町幕府の追善仏事に関する一考察」（同『室町幕府の政治と宗教』塙書房　二〇一四年、初出二〇〇二年）、同「室町殿の宗教構想と武家祈禱」（同前、初出二〇〇四年、以下大田A論文）、同「足利義満の宗教空間」（同前、初出二〇〇七年）、同「足利義持政権と祈禱」（同前、初出二〇〇九年、以下大田B論文）、同「室町殿と宗教」（同前、初出二〇一二年、以下大田C論文）。このほか室町殿の宗教政策に関わる先行研究は、同「室町幕府宗教政策論」（同前、初出二〇〇七年）で整理されている。

（5）　藤井雅子「三宝院・三宝院流と醍醐寺座主」（同『中世醍醐寺と真言密教』勉誠出版　二〇〇八年）。

(6) 森茂暁「三宝院賢俊について」(同『中世日本の政治と文化』思文閣出版 二〇〇六年、初出一九九〇年)、同『満済』(ミネルヴァ書房 二〇〇四年)など参照。
(7) 前掲註(4)大田A論文、藤井雅子「南北朝期における三宝院門跡の確立」(前掲註(5)藤井著書、初出二〇〇二年)。
(8) 以上の東寺長者の基本的な性格については、富田正弘「中世東寺の寺院組織と文書授受の構造」(『資料館紀要』八 一九八〇年)、前掲註(1)真木論文参照。
(9) 東寺については網野善彦『中世東寺と東寺領荘園』(東京大学出版会 一九七八年)、高野山については山陰加春夫「南北朝内乱期の領主と農民」(同『新編中世高野山史の研究』清文堂出版 二〇一一年、初出一九九六年)参照。
(10) 前掲註(1)真木論文参照。また各事例の典拠を逐一あげないが、「東百」「醍醐寺文書」では、中世後期に東寺長者が諸権限に関わりをもった事例を多数確認できる。
(11) 永村眞「寺院と天皇」(永原慶二編『講座前近代の天皇3』青木書店 一九九三年)。
(12) 平雅行「定豪と鎌倉幕府」(大阪大学文学部日本史研究室編『古代中世の社会と国家』清文堂出版 一九九八年)。
(13)『満済准后日記』応永二十八年正月五日条。
(14) 前掲註(6)森論文・著書参照。
(15) 仁和寺御室の真言宗内での位置づけは横内裕人「仁和寺御室考」(同『日本中世の仏教と東アジア』塙書房 二〇〇八年、初出一九九六年)参照。なお先述のように、鎌倉後期には禅助が御室の地位に比肩する東寺座主に補任され、建武政権期・南北朝内乱期には道意・弘真も同職に就任した(前掲註(3)真木論文)。御室に比肩する権限をもった点からすると、座主も長者の補任に関与した可能性が考えられるが、真木氏は長者の補任に関与した例をあげておらず、筆者自身も管見の限り具体例を把握できなかった。よって本章では座主の長者補任への関与については可能性を想定しつつも触れないことにしたい。
(16) 前掲註(2)平論文、前掲註(4)大田A論文。
(17) 後宇多上皇の弟子については、横内裕人「仁和寺と大覚寺」(前掲註(15)横内著書、初出一九九八年)、藤井雅子「後宇多法皇と聖俗社会」(前掲註(5)藤井著書)参照。
(18) 妙法院定憲は賢俊から受法を受けており(『醍醐寺新要録』「妙法院篇」)、無量寿院賢季は賢俊の代行で後七日御修法の大阿闍梨を勤めている（『園太暦』文和二年正月八日条）。
(19) 笠松宏至「僧の忠節」（同『法と言葉の中世史』平凡社　一九八四年）。
(20) 山口紘加「南朝と東寺長者」（『史艸』四八　二〇〇七年）。
(21) なお、建武政権期や南朝方の京都占領時に一長者としてみえる道意・益守は、北朝の祈禱にも従事しており、弘真・頼意のように南朝に忠実だったとは言い難い。しかし、彼らも北朝方から一長者には補任されることがなかった点からすると、建武親政期に一長者に補任されたことが、後の北朝との関係に何らかの影響を及ぼしたものと考えられる。この点からも長者就任と北朝・南朝への帰属との関係性をみることができよう。
(22) 「秘密勘録抄」（「醍醐寺文書」一〇九函二九号〔一〕）。
(23) （貞和元年）十二月二十一日柳原資明書状（「三宝院文書」、『大日本史料』六編八冊）。
(24) （観応元年）十一月二十五日柳原資明書状（「醍醐寺文書」第三函一一四号、『大日本古文書家わけ第十九　醍醐寺文書之二』三八〇号）。
(25) 栄海の事跡については佐藤愛弓「慈尊院栄海の活動と言説」（同『中世真言僧の言説と歴史認識』勉誠出版　二〇一五年、初出二〇〇五〜二〇〇七年）参照。
(26) 翻刻は橋本初子「三宝院賢俊僧正日記」（『醍醐寺文化財研究所研究紀要』一二　一九九二年）参照。
(27) 暦応四年二月四日文殿注進状（「仁和寺文書」〔第二回採訪〕、『大日本史料』六編六冊）、観応二年四月十一日引付頭人石橋和義奉書（「仁和寺文書」三、『大日本史料』六編一四冊）。
(28) 新田一郎『日本の歴史11　太平記の時代』（講談社　二〇〇一年）参照。なお以下でも、特にことわらない限り、南北朝期の政治情勢についてはこれによっている。
(29) 当該期の醍醐寺地蔵院の性格については、石田浩子「南北朝初期における地蔵院親玄流と武家護持」（『日本史研究』五四三　二〇〇七年）、同「室町期における「都鄙」間交流」（『人民の歴史学』一八二　二〇〇九年）参照。
(30) 俊尊については大田壮一郎「大覚寺門跡と室町幕府」（前掲註(4)大田著書、初出一九九九年）参照。また俊尊の法流認識については、康応二年真言院後七日御修法請僧交名（「東百」ふ函四―一八）参照。
(31) 前掲註(6)森著書二六六〜三三九頁「五壇法修法一覧」参照。

(32) 康応二年・応永三年真言院後七日御修法請僧交名（「東百」ふ函四―二八、五―二）参照、前掲註(30)大田論文。
(33) 前掲註(4)大田A論文参照。
(34) 『満済准后日記』応永三十一年六月二日条。
(35) 『満済准后日記』応永三十四年正月十四日条。
(36) 前掲註(31)参照。
(37) 「仁和寺史料」（黒塗手箱乙下段一）。本章では東京大学史料編纂所架蔵の写真帳によった。奥書によると、この史料は寛正六年二月三日に、禅信の弟子教王院守存が右筆守応に書写させたものであり、応永～長禄年間に仙洞・禁裏から禅信に祈禱を命じた綸旨・院宣とそれに対する禅信の請文を書写したものである。
(38) 『続群書類従』釈家部所収。なお原本は「醍醐寺文書」一一二函三四号。
(39) 石原比伊呂「足利義持と後小松「王家」」（同『室町時代の将軍家と天皇家』勉誠出版　二〇一五年、初出二〇〇七年）。
(40) 前掲註(4)大田B論文。
(41) 前掲註(19)笠松論文。
(42) 貞和二年真言院後七日御修法請僧交名（「東百」ろ函三―三五）。
(43) 前掲註(22)参照。
(44) なお『太平記』天正本第巻二十九「羽林八座と南都御合体の事」や「仁和寺諸院家記」によると、南朝方の仁和寺護持院頼意も、東寺長者と醍醐寺座主に補任されたという。ともに後年の史料で、頼意の座主補任は同時代の史料で裏づけることはできないから、ただちに事実とは考えがたいが、この記事は、当該期の醍醐寺座主が東寺長者と一体のものと社会一般で認識されていた可能性を示しており、興味深い。
(45) 前掲註(29)石田論文参照。
(46) 前掲註(20)山口論文によると、南朝方東寺長者の終見は元中二年（一三八五）まで下るが、活発な活動が確認できるのは、正平十九年（貞治三〔一三六四〕）頃までである。
(47) 前掲註(4)大田A論文、前掲註(7)藤井論文。
(48) なお前掲註(4)大田C論文では、十四世紀後期における後七日法の儀礼面での変化に注目し、「十五世紀以降の後七日御修法は、必ずしも玉体安穏を回路としない室町期護国修法へ転化した」と評価している。この後七日法自体の変化が、三宝院門跡と長者の関係に何らかの影響を与えた可能性は考えられるが、この点の検討は今後の課題としたい。

(49)　典拠は全て『満済准后日記』(a)応永二十八年正月五日条、(b)応永三十年正月八日条、(c)応永三十二年十二月三日・五日条、(d)永享四年十二月二十六日条、(e)永享五年十二月二十二日条）である。(e)は前掲註(38)「禅信僧正後七日修法記」でも詳細な経過が記されている。

(50)　『満済准后日記』応永三十二年十二月五日条。

(51)　前掲註(15)横内論文。

(52)　前掲註(8)富田論文。

(53)　富田正弘「中世東寺の祈禱文書について」(『古文書研究』一一　一九七七年)。

第二章　南北朝後期から室町期における東寺衆中の変容

はじめに

公武両政権が蒙古襲来後に徳政の一環として推進した諸寺社の興隆政策を背景として、鎌倉後期の寺社内部ではさまざまな変化がみられた。[1] このうち顕密系の権門寺院で変化を主導したのは非貴種の学侶で構成される衆中（大衆）であり、彼らは評定（衆議）の決定を惣寺・寺家の意思とし、興隆政策に乗じて、公武政権への訴訟、荘園支配の再編などを推進した。[2] この衆中の位置づけについては、貴種僧・院家の影響力や寺内勢力の多様性を重視してその影響力を慎重に評価する指摘、[3] あるいは衆中の動向における教学的な面からの検討の欠如を批判する指摘もあるが、[4] これらの批判でも、衆中とその構成員たる非貴種学侶が鎌倉後期以降に寺家運営に関与を深めていったこと自体は否定しておらず、顕密寺院がこの時期に一つの転換期を迎えたことに疑問の余地はないだろう。ただし問題は、その検討が鎌倉後期から南北朝前期までにとどまり、南北朝後期から室町期への展開が十分に検討されていない点である。これは衆中の発展期と評価した鎌倉後期から南北朝前期と比較して、南北朝後期から室町期を停滞期と評価した先行研究の指摘に影響されたものといえるが、その評価が十分な検討を経たものでないとすれば、まずはそれを検証するために当該期における衆中の展開を明らかにしていく必要があろう。[5]

本章は以上のような問題意識に基づき、先行研究でも注目されてきた東寺の例を取り上げ、南北朝後期から室町期にかけて寺家組織（供僧・学衆組織）の運営における主体がどのように展開し、その展開の結果生まれた室町期の体制にどのような特徴が見出せるのか、という点を明らかにしようとするものである。そこで以下では東寺衆中の研究を整理するなかでさらに論点を具体化させたい。

中世の東寺衆中を考える上でまずあげなければならないのは網野善彦氏の研究である。氏は中世東寺の供僧・学衆組織の運営において、成立当初の鎌倉後期頃には仁和寺菩提院行遍・了遍や大覚寺聖無道院道我ら公武有力者と関係をもつ他寺貴種僧が影響力をもったのに対して、南北朝初期頃までには諸権限が供僧・学衆の衆中の手に移ったこと、またその後、学衆方衆中ではその基幹所領である矢野荘現地の分裂と連動する形で同荘の給主職や寺内の学頭職をめぐり内部に分裂がみられ、寺務（東寺一長者）・大覚寺門主・仁和寺御室ら他寺貴種僧の介入を招いたものの、その分裂や介入を克服して自治的な組織運営の体制を発展させたことを明らかにした(6)。この鎌倉後期から南北朝前期の衆中に関する網野氏の見解は大筋で現在でも受け容れられている(7)。

一方、南北朝後期以後の衆中の展開について氏はそれまでの発展から安定・停滞期に入り、応仁・文明の乱後には衰退すると指摘した。この指摘もその後の東寺研究では広く受け容れられている(8)が、すでに上川通夫氏が指摘しているように、この時期に関する網野氏の指摘は南北朝前期までと異なり必ずしも具体的な検討が十分とはいえない(9)。

実際、網野氏の南北朝後期から室町期の評価に対しては伊藤俊一氏の批判もある。氏は供僧・学衆に補任される前提となる東寺寺僧への加入や制裁の慣行について南北朝期から室町期の変化を読み解くなかで、これらの問題が非供僧（非学衆）を含めた「老若」寺僧の詮議で判断されたこと、特に十五世紀中葉以降に寺外（他寺）からの加入が減少して衆中の閉鎖性が増し、諸権門（＝他寺貴種僧）の口入を入れない厳しい制裁がみられるようになり、室町期でも他寺貴種僧に対する自立性は強まったことを指摘した[10]。また筆者は前稿で伊藤氏が十五世紀中葉以降の制裁慣行として注目した義絶が応永二十年代頃にもみられることを示し、伊藤氏が示した画期を十五世紀前半から中葉までと幅をもって把握できることを指摘している[11]。伊藤氏や前稿の検討は十五世紀前半の衆中に変化を見出して、網野氏の安定・停滞とする評価に疑義を唱えた点、寺家運営の主導権をめぐる関係として衆中内部の寺内僧（常住僧）と寺外僧（他住僧）という論点を示した点に意義を見出せる。しかし、網野氏が十四世紀半ばの変化を検討対象としたのに対して、伊藤氏や前稿の検討は十五世紀前半の変化に注目しており、検討対象も網野氏が供僧・学衆の衆中に注目したのに対して、伊藤氏は非供僧も含めた老若の衆中に注目したため、網野説との接点がわかりにくく、鎌倉後期から室町期を通じた組織運営における主導権の変容過程の全容が明らかになったとは言い難い点に問題を残している。この問題点を解消するためには供僧・学衆組織と老若の衆中双方を貫く論点を提示する必要がある。その際注目したいのは供僧・学衆組織の内部の常住僧と他住僧の関係である。

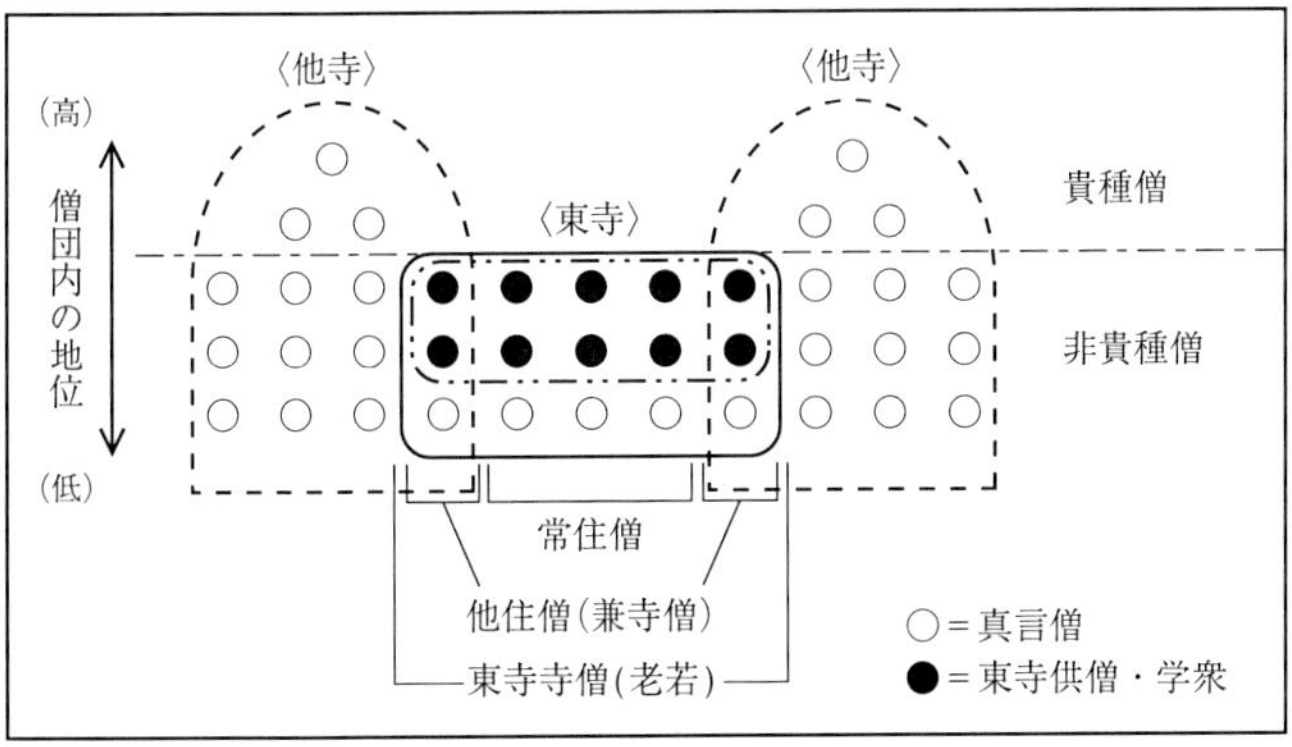

図２　中世東寺の寺僧集団と常住僧・他住僧に関する概念図

　中世の真言僧が一寺院を越えた宗教活動を展開したことはよく知られている[12]。このことは東寺衆中の構成にも影響を与え、すでに供僧・学衆組織の成立期より、一年の大半を東寺で過ごす常住僧[13]と仁和寺・大覚寺・醍醐寺・勧修寺など他寺に拠点を置き、東寺で過ごす期間の短い他住僧（兼寺僧）という区分が生まれていたことが知られている（図2参照）。なかでも廿一口方とともに供僧・学衆組織の中核をなした学衆方ではこのような常住僧と他住僧の関係が最も明瞭に表れたが、重要なのは学衆方衆中の評定の内容を記録した「引付」が十四世紀中期頃から残存しており、南北朝期を通じた常住僧・他住僧の関係の推移を知る上で重要な記事を残している点である。ただ供僧・学衆組織における先行研究では、この常住僧と他住僧の関係の推移についてほとんど言及がない。たとえば、網野氏は衆中の外部と連動する形で表面化した衆中内部の矛盾は重視したものの、常住僧と他住僧の関係はほとんど分析しておらず、供僧・学衆各組織の基礎的な性格を明らかにした富田正弘氏もこの点については概説的な説明にとどまり、組織内部での役割の違いやその時系列的な変化までは明らかにしていない(14)。しかし、この点の解明は、伊藤氏が示した十五世紀の老若衆中における常住僧（寺内僧）重視という動向との接点を示すことにつながり、東寺寺家運営の主導権の変容過程を解明する上で重要な意味をもつはずである(15)。

そこで本章では、まず第一節で、学衆方衆中による組織運営の体制が整備された南北朝前期における常住僧・他住僧の関係を示す。次に第二節では、南北朝後期以降の常住僧と他住僧の関係変化を示す前提として、その南北朝後期に衆中が直面していた問題を明確にする。そして第三節では、第二節で示した問題を克服するなかで生まれてきた室町期における衆中の新たな組織運営の体制を明らかにし、網野氏が示した供僧・学衆組織運営の主体に関する図式を相対化するとともに、十五世紀前半の衆中に関する伊藤氏・前稿の説との接点も示す。またその上で、鎌倉後期から室町期にかけての東寺寺家運営の主体についての展開過程を明らかにし、室町期における寺家運営の体制がもっていた特質の一端も示したい。

第一節　南北朝前期の常住僧と他住僧

鎌倉期における真言教相研究の発展を背景に[16]、鎌倉後期の後宇多上皇による真言密教興隆事業の一環として組織の整備が進んだ東寺学衆方は、正和五年（一三一六）までには一六口の学衆に伝法会学頭二人を合わせた一八名を構成員とするようになった[17]。彼らは、①年に二回、各一ヵ月ずつ行われた伝法会とその最中に行われた試講、毎月十五日に行われた鎮守講論義、同じく毎月二十一日に行われた御影堂論義の勤修などの教学上の活動[18]、②諸法会・供料荘園支配の人事やその方針決定など組織運営上の活動に従事した。

以上の学衆方の形成過程でその加入条件もしだいに整備されていった。すなわち、後宇多院の東寺興隆の方針を示した徳治三年（一三〇八）後宇多上皇東寺興隆条々事書案[19]の一条目では、「其五十人学衆中三十人、当寺常住僧等、二十人者、広渉二高祖門資一、可レ択二用諸寺一、是則学業及レ広、崇二重本寺一之意耳」と、学衆五〇人の内三〇人は東寺常住僧、二〇人は高祖門資の諸寺（他住僧）より選ぶこととされた。一方、元徳元年（一三二九）十月十一日学衆補任式目[20]では、「専以二当寺常住仁一可レ補レ之、但於二稽古抜群一者、雖二他寺輩一仁和　醍醐　大覚寺　高雄　勧修寺　安祥寺可レ補レ之、但当寺常住内無二器用一者、先以二稽古成立一為レ本」と、常住僧を専ら補任するとしつつも、他住僧も補任し得ることとなった。鎌倉末期の学衆方の状況については引付を欠いているため、これ以上の詳しい状況を知ることはできないが、元徳式目の条文からすると、より常住僧を優遇する規定にも読め、後宇多上皇の三〇人常住僧・二〇人他住僧の構想は後退したかのようにみえる。ただ、同じく学衆方の構成員となった伝法会学頭は学衆とは逆に元徳年間より他住僧で占められるようになるので[21]、鎌倉末期には学衆方の構成員について一定の方向に定まることなく、揺らぎがみられたと考えたほうがよいだろう。しかし、学衆方評定引付から構成員が把握できる康永年間以降の学衆の顔ぶれをみると、おおむね常住僧・他住僧が拮抗する状況で一定しており、伝法会学頭も他住僧が占める形で安定していったようである。(22)以上の点からは、後宇多上皇による真言教学興隆の意思が、学衆方における常住僧・他住僧の併存という形で表現されたこと、その併存の原則は鎌倉末期の間に紆余曲折を経た可能性も考えられるが、南北朝前期の時点ではおおむね尊重されていたことがわかる。以上の点は先行研究でも指摘されているところである。

しかし、諸研究ではその学衆方衆中による実際の組織運営のなかで常住僧と他住僧がどのような関係にあったのかという点は明らかにされていない。本節では比較的史料の充実している南北朝前期の状況(23)を取り上げ、その点を検討したい。

そこでまず注目したいのは、「学衆方評定引付」で一般的にみられる次の書式である。

〔史料1〕

二月三日

宝護院　大慈院他住　行賀　宣誉　弘雅退座　亮忠　寛覚　成聖　親運他住　道憲　禅聖　観杲　義宝遠行　賢宝　教深　良宝　実成　頼暁

一、矢野庄去年々貢未進廿一石徴符幷夏麦・雑穀・公事用途等未進事、（後略）(24)

〔史料1〕より、引付では評定の行われた月日・僧名・議題（評議内容）の順に記されることがわかるが、注意したいのは僧名下の注記部分である。「他住」「退座」「遠行」などと記されているのが欠席者、それ以外の僧が出席者となる。この注記は、本来評定への出席回数をもとに各学衆に下行する供料の額を確定させるために記されたものであったが、これらの項目を集計することで各僧の出席状況が把握できる。

（表3つづき）

	18日	◆	×		○	○	×	○	×		○	○	○		×	○	○		○	○	○	
	22日	◆	×		◆	○	×	◆	×		◆	◆	○		×	○	○		○	○	○	
	28日	×	×		○	○	×	×	○		×	×	○		×	○	○		○	○	○	「他住学衆相触」
9月	13日	◆	◆		◆	◆	×	◆	◆		◆	◆	×		×	◆	◆		○	◆	○	
	17日	◆	◆		◆	○	×	◆	◆		◆	◆	×		×	◆	◆		○	○	○	
	18日	◆	◆		◆	○	×	◆	◆	九月十七日任	◆	◆	○	九月十七日任	×	○	◆		○	○	○	
10月	5日	◆	○		◆	○	×	○	○		○	○	○		○	○	○		○	○	○	
	6日	◆	○		◆	○	×	○	○		○	○	○		○	○	○		○	○	○	
	9日	◆	○		◆	○	×	○	○	○	○	○	○	○	○	○	○		○	○	○	
	13日	◆	×		○	○	×	○	○	○	○	○	○	○	○	○	○		○	○	○	冬季伝法会
	14日	◆	○		◆	○	×	○	○	○	○	○	○	○	○	○	○		○	○	○	
	15日	◆	○		◆	○	×	○	○	○	○	○	○	○	×	○	○		×	○	○	
	20日	◆	○		◆	○	×	○	○	○	○	○	○	○	○	○	○		○	○	×	
	23日	◆	○		◆	○	×	○	○	○	○	○	○	◆	○	○	○		○	○	○	
	29日	◆	○		◆	○	×	○	◆	○	○	◆	○	◆	×	○	○		○	○	×	
11月	3日	◆	◆		◆	○	×	○	◆	◆	◆	◆	×	◆	○	○	○		○	○	×	
	8日	◆	◆		◆	○	×	○	◆	◆	◆	◆	○	◆	○	○	○		○	○	×	
	26日	◆	○		◆	×	×	◆	◆	◆	◆	◆	○	◆	○	○	○		○	○	×	
12月	4日	◆	○		○	×	×	○	○	○	○	○	×	○	○	○	○		○	○	×	
	8日	◆	○		◆	×	×	◆	◆	◆	◆	◆	○	○	○	○	○		×	○	○	
	18日	◆	○		◆	×	×	◆	◆	◆	◆	◆	○	○	○	×	○		○	○	×	
	20日	◆	◆		◆	×	×	◆	◆	◆	◆	◆	○	○	○	○	○		○	○	×	
	26日	◆	◆		◆	×	×	◆	◆	◆	◆	◆	○	○	○	○	○		○	○	○	
	27日	◆	◆		◆	×	×	◆	◆	◆	◆	◆	○	○	○	○	○		○	○	○	
	2?日	◆	◆		◆	◆	×	◆	◆	◆	◆	◆	○	○	○	○	○		○	○	○	

註1　表中の記号は以下の通り．○＝注記なし（出席），◆＝「他住」，×＝「他住」以外の欠席事由（遠行・他行・退座・不参・故障・不触），？＝判読不明などの理由で出欠を特定できず，塗りつぶし＝僧名の記載なし．

註2　各学頭・学衆の院家は，富田正弘「中世東寺の寺院組織と文書授受の構造」（『資料館紀要』8　1980年），各院家の所属寺院については，「仁和寺諸院家記」（『群書類従』補任部所収），「東寺伝法会学頭次第」（「醍醐寺文書」122函29号）を参考にした．

註3　頼我・全海が伝法会学頭，あとは学衆である．

表3　貞治6年学衆方評定（「東百」ム函43・44）出仕状況

僧名			頼我	全海	行賀	宣誉	弘雅	亮忠	寛覚	成聖	信暁	親運	道憲	禅聖	賢耀	観杲	義宝	賢宝	良宝	実成	頼暁	教深	備考
拠点院家・寺院名			宝護院／大覚寺	大慈院／醍醐寺	のち実相寺／東寺	のち覚勝院／大覚寺	花厳院／仁和寺	宝菩提院／東寺	のち建立院／大覚寺	のち慈雲寺／仁和寺	?／?	のち大染金剛院／?	のち根本院／?	のち金蓮院／東寺	西方院／醍醐寺	?／?	のち増長院／東寺	のち観智院／東寺	のち宝泉院／東寺	のち宝厳院／東寺	のち普光院／東寺	?／?	
総計	出席		2	18	23	11	32	24	20	18	8	18	18	45	12	30	41	48	16	50	52	45	—
	他住		44	25	0	38	8	0	28	29	9	31	31	0	5	0	2	4	0	0	0	0	
	その他		7	10	1	4	13	29	5	6	0	4	4	8	0	23	10	1	0	3	1	8	
評定開催月日	正月	5日			○			○						○		○		○	○	○	○	○	
	2月	24日	◆	◆		◆	×	○	◆	◆		◆	◆	○		○	×	○	○	○	○	○	
		3日	○	◆	○	○	×	○	○	○		◆	○	○		○	×	○	○	○	○	○	
		19日	×	◆	○	○	○	○	○	○		○	○	○		○	×	○	○	○	○	○	春季伝法会
		22日	×	◆	○	○	○	○	○	○		○	○	○		○	×	○	○	○	○	○	
		25日	×	◆	○	○	○	○	○	○		○	○	○		○	×	○	○	○	○	○	
		25日			○			○						○		○		○	○		○	○	「他住不相触」
	3月	6日	◆	◆	○	◆	◆	○	◆	◆		◆	◆	○		○	○	○	○	○	○	○	
		9日	◆	◆	○	◆	◆	○	◆	◆		◆	◆	○		○	○	○	○	○	○	○	
		12日	◆	◆	○	◆	◆	○	◆	◆		◆	◆	×		○	○	○	○	○	○	○	
		17日	◆	◆	○	◆	○	○	◆	◆		◆	◆	○		○	○	○	○	○	○	○	
		24日	×	×	×	×	?	○	×	×		×	×	○		○	○	○	○	○	○	○	「他住学衆相触」
		26日	◆	◆	○	◆	○	×	◆	◆		◆	◆	○		○	○	○	○	○	○	○	
	4月	2日	◆	○	○	◆	◆	○	◆	◆		◆	◆	×		×	○	○	○	○	○	○	
		5日	◆	○	○	◆	◆	×	◆	◆		◆	◆	○		×	○	×	○	○	○	○	
		7日	◆	○	○	◆	○	○	◆	◆		◆	◆	○		×	○	○	○	○	○	○	
		14日	◆	○	○	○	○	○	○	○		○	○	○		×	○	○	退任	○	○	○	夏季祈禱で他住学衆入寺
		15日	◆	○	○	×	×	○	×	○		○	○	○		×	○	○		○	○	○	
		19日	◆	◆	○	◆	×	○	◆	◆		◆	◆	○		×	○	○		○	○	○	
		23日	◆	◆	○	○	○	○	○	○		○	○	○		×	○	○		○	○	○	
		24日	◆	◆	○	○	○	○	○	○		○	○	○		×	○	○		○	○	○	
		27日	◆	◆	○	◆	○		◆	◆		◆	◆	○		×	○	○		○	○	○	
	5月	4日	○	◆	○	◆	○	○	◆	◆		◆	◆	×		×	○	○		○	○	○	
		18日	◆	○	○	◆	◆	○	◆	◆		◆	◆	○		×	○	◆		○	○	○	
	6月	7日	◆	◆	退任	◆	○	○	◆	◆		◆	◆	○		×	×	○		○	○	○	
	7月	3日	◆	×		◆	○	○	◆	◆		◆	◆	×		×	×	○		○	○	○	
		4日	◆	×		◆	○	○	◆	◆		◆	◆	○		×	○	○		○	○	○	
	8月	12日	◆	×		◆	○	×	◆	×		◆	◆	○		×	○	○		○	○	○	

この点を踏まえた上で次に注目したいのは表3である。この表は貞治六年（一三六七）の評定引付にみられる僧名下の注記を記号化して、出席・欠席の状況を整理したものである。貞治六年というと若干時代が下ることになるが、この年を選んだのは評定の回数が多く、出席状況の記載も他の年に比べて几帳面に記されているため、学衆の出席状況に関して細部まで特徴を示しやすいことによるものであり、それ以前の年における学衆の出席傾向も基本的に変化はない。そこで以下では、この表3で示した各学衆の出席状況を題材として、当該期の組織運営における常住僧と他住僧の関係を検討していく。

表では、出席（○印）と欠席に分け、欠席はさらに他住（◆印）の場合とそれ以外（×印）に分けている。これらのうち他住以外の欠席事由とは、①僧自身や近親者の体調不良（所労・危急）、近親者や師匠の死去（葬籠・触穢）、公武の法会や祈禱への参加、高野山などの霊所参詣、その他地方への下向にともなう外出（他行・遠行）などを理由とする「免除」、②師弟・血縁関係の僧に関する評定の時に参加を控える「退座」、③他住僧を催した評定に出席しない「故障」「不参」（後述）などさまざまな事情があげられる。(25)ただ、これらの欠席事由は表をみてもわかるように個別分散的で欠席者や欠席の時期に法則性がみえない点で共通している。このことは、それらの欠席事由が個人の身分や環境により生じていることを示しており、基本的な組織運営のあり方を探ろうとする本章の目的からすると、ひとまず考慮の外に措くことが許されよう。

よって出席と他住に絞って分布状況をみてみると、まず「他住」の少ない僧と多い僧におおむね二分できることがわかる。「他住」の少ない僧としては行賀・亮忠・禅聖・観杲・義宝・賢宝・良宝・実成・頼暁・教深をあげることができる。彼らは多くが「他住不㆑相触㆑」（二月二十五日条）とされた評定に出席しているから、常住僧にあたることがわかるが、多くが東寺院家の現任院主あるいは後に院主となった僧である。一方後者は、頼我・全海・宣誉・寛覚・成聖・信暁・親運・道憲をあげることができる。彼らの多くは他寺院家の現任院主あるいは後の院主であり、他住僧にあたることがわかる。当然ながら常住僧の方が出席率が高い。学衆方評定は常住僧が中心となって運営されたといえる。

　しかしここでむしろ注目したいのは、他住僧であっても、一斉に出席している日あるいは時期が確認される点である。[26]その日と時期とはおおむね以下の二点に集約できる。

　第一に、他住僧に参加義務のある法会や祈禱が行われている時期である。二月・十月の伝法会実施月、二月・四月・八月・十月に三日間ずつ行われた四季祈禱[27]の実施時の四月十四日・十五日（八月十八日も秋季祈禱開催時か）がそれに該当する。

　第二に、重要事項について特別に他住僧が催される場合である。康永三年（一三四四）の学衆中評定式目によると「雖二他住之輩一、有二重事沙汰一之時者可レ催レ之[28]」とあり、貞治六年では、少なくとも三月二十四日と八月二十八日条がそれにあたる。当該日の議題をみると、前者は勧学会学頭の人選、後者は拝師荘納所の人選に関わる評定であった。他の年でも伝法会や勧学会の学頭、荘園の給主や納所など人事に関わる議題が多い。[29]他住僧を催す評定では、出席できない場合には「故障」の旨を申し出る必要があり、先述のようにその申し出がなく出席しなかった場合には「不参」と認定され、罰金や所職改替など懲罰の対象となった。[30]

　他住僧が一斉に評定に出仕したのは、彼らが組織運営に関わるべき存在と捉えられていたことを示す。実際、「学衆方評定引付」では「石山寺居住人、准二他住衆一可レ催二寺役一歟、為二遠行分一可レ被レ免レ之歟間事[31]」とあるように、「他住」と認定されれば寺役の勤仕を求められ、「遠行」と認定されれば寺役を免除される、という明確な基準が示されていたのである。

以上の検討より、学衆方衆中による組織運営の体制が確立した南北朝前期には常住僧が衆中の意思決定を主導したものの、他住僧も組織運営に関わるべき存在と捉えられていたことがわかる。網野氏は学衆方衆中が自治的な運営を確立させる過程を論じる際、その前段階の南北朝前期に寺務・大覚寺門主・仁和寺御室ら衆中の外にいる真言宗他寺の貴種僧が本来衆中で決すべき事項に介入した点を指摘した(32)が、同時期の学衆方衆中の内部でも組織運営において他寺に拠点を置く僧（他住僧）が一定の役割を果たしたのである。本章冒頭では学衆方の構成員について後宇多上皇の真言教学興隆の意思を背景として、常住僧のみならず真言宗他寺の僧も加入できたことを示したが、南北朝前期における実際の組織運営でも他住僧が関与しており、学衆組織の運営は京都の真言宗諸寺の僧全体（常住僧・他住僧・他寺貴種僧）が関わりをもつ体制であったといえよう。

第二節　南北朝後期の常住僧・他住僧をめぐる対立

右のような学衆組織の運営体制は、衆中内部の給主職・学頭職をめぐる対立に介入した他寺貴種僧の意向を退けたことで南北朝前期に一つの転機を迎えた。この点は網野氏が指摘した通りである(33)。一方前節で示した常住僧・他住僧の関係に目を向けると、南北朝後期にも転機を迎えたものと思われる。本節ではその転機となる衆中内部の対立の実相を明らかにしたいが、その際注意したいのはこの時期の衆中に関する網野氏の指摘である。

網野氏は、南北朝期の衆中について検討する際に、後宇多上皇の寄進以来、東寺の基幹所領として機能した矢野荘（矢野荘例名方西方(34)）の動向に対する衆中の反応に着目した。そして南北朝前期の相論で荘園現地の対立と連動する形で衆中内部に分裂が生まれ、他寺貴種僧らの介入も招いたのに対して、南北朝後期以降には同じような矛盾や分裂が起きなかったことから、衆中内部の安定・停滞を読み取ったのである。(35) この南北朝前期の矛盾・分裂から南北朝後期以降の安定・停滞へという変化を示す際に転機として位置づけられたのが、同荘で永和年間に起きた嗷訴への反応だった。矢野荘では給主弘雅が祐尊を給主代に起用して以降、祐尊が守護勢力との関係を背景に荘内支配を強化しようとしたため現地有力百姓と対立し、永和三年（一三七七）にはついに百姓等が逃散・嗷訴に及んだ。(36) この嗷訴の本質は、百姓による地下代官祐尊の排除を求めるものだったが、網野氏は嗷訴に対応する荘園領主東寺（学衆方衆中）の動向に注目し、衆中の内部に意見の対立があったことは認めつつも、それが衆中内部の矛盾・分裂にまで至っていないことを重視した。

しかし、永和嗷訴前後の「学衆方評定引付」をみると、嗷訴への対応をめぐって一つの矛盾が明確になっていた。それが冒頭で述べた常住僧と他住僧の関係をめぐる対立である。ただ網野氏の検討では、この問題について全く言及がない。当該期の衆中内部における矛盾の全容を明らかにするためには、この点を検討する必要があるのではないか。よって以下では、嗷訴への対応をめぐる常住僧と他住僧の関係に関する対立に注目し、網野氏とは別の角度から当該期の矛盾の実態を明らかにしたい。

そこでまず、常住僧と他住僧の関係をめぐる対立を伝える、嗷訴の翌年永和四年の「学衆方評定引付」十一月二十五日・二十六日条の記事を検討しよう。

〔史料2〕

同（十一月）廿五日

一、学衆器用評定事

所望人数　性誉僧都　成宗律師　隆禅阿闍梨　頼遍々々　俊宗々々　已上五人、此内性誉僧都雖ㇾ為㆓他

住一、稽古抜群之上者、可レ被二挙補一レ之、又隆禅阿闍梨為二当寺常住一、為二遂業一臈一之上者、尤可レ被レ補レ之、仍
花厳院法印（弘雅）幷弁大僧都（義宝）学衆闕各可レ補之由治定了、

一、尤以二当寺常住仁一可レ被二挙補一歟事

任二先日度々評定之旨一、(a)学衆挙補事、近年之式学衆十六口之内大略為二他住一也、依レ之、如二評定一俗諦之毎事無二正躰一、(b)所詮、且任二最初元徳置文之旨一、専以二当寺常住之仁一可レ被レ補レ之、仍於二今度闕一者、以二当寺常住遂業之内一可レ被二撰補一之由、可レ申二学頭方一之由、依レ令二治定一、今日、於二学衆評定席一令レ申二学頭方一之処、両闕之内一口、(c)以二当寺常住遂業之人一補レ之、一口以二他住稽古之仁一挙二補之一、尤任二元徳置文一歟、然者、以二此由一可レ披二露于衆中一之由返答了、

（中略）

（十一月）同廿六日

寛覚　成聖　親運　賢耀　賢宝　教深　頼暁　教遍　宏寿　清俊　頼玄

一、以二当寺常住仁一可レ被レ挙二補学衆一歟間事

先日学頭返答之趣、披二露衆中一之処、衆儀云、今度学頭中沙汰之次第、大〔太〕不レ得二其意一、就二是非一、自二学衆中一申二子細一之処、無二左右一被レ補二他住仁一之条、理不尽至極也、所詮、今一度可レ申二所存一、旨趣者、大都不レ可レ過二先度一、(d)凡学衆者、以二学道一雖レ為レ本、又庄務已下俗諦門無二正躰一者、真締又冷落、然以二当寺常住之内一、為レ遂庄□〔務カ〕□□□〔庄カ〕薗重事・大事評定之時、其人数終五六人也、此□〔臨期〕自然之或他住、或他行、或病気、或籠居時者、終両三也、依レ之、催二他住一之時、更以不二入寺一、然間、大事・重事、所レ帰当寺常住行事也、然閣二当寺常住数輩遂業之仁一、被レ挙二補于他寺之輩一之条、為二寺家一、旁不レ可レ然、且見二元徳置文一、専以二当寺常住之仁一可二挙

補㆓云々、然今勘㆓現任学衆㆒過半他住也、何学頭中沙汰、専被㆑任㆓彼置文㆒之旨雖㆑被㆑仰、全非㆓彼旨趣㆒、所詮、
於㆓今度㆒者、両闕共可㆑被㆑補㆓当寺常住之仁㆒之由、可㆑申㆓学頭方㆒旨治定了、[37]

まず二十五日条では、一条目で新学衆として他住僧性誉と常住僧隆禅が選出された。学衆の選任は通常の学衆方評定と異なり、伝法会学頭二名・勧学会学頭（学衆と兼帯）二名・学衆一﨟のみで評議された[38]。同日条では評定参加者の名前があげられていないが、永和四年十一月二十五日時点の伝法会学頭は頼我・全海であり、勧学会学頭は寛覚・成聖、学衆一﨟は親運であったから、彼らが選出したものと思われる。後に登場する「学頭方」「学頭中」も具体的には器要評定を行った彼らを示していると考えていいだろう。

ところが二条目では、その学衆の人選に「学衆評定」が反論した。ここでの「学衆評定」とは器要評定に出席しなかった学衆を示すものと思われ、二十六日条の僧名では賢耀以下の僧がそれにあたる。このうち賢宝（観智院）・実成（宝厳院）・教遍（妙観院）は東寺院家の現任院主、頼暁（普光院）・宏寿（宝厳院）・清俊（宝菩提院）はのちの東寺院家の院主であり、教深・頼玄は院家に関する情報は確認できないが、永和四年の評定への出仕状況から常住僧であった可能性が高い[39]。他住僧と確認できるのは賢耀（醍醐寺西方院）だけである。一方、先述の「学頭中」の僧は、頼我（大覚寺宝護院）・全海（醍醐寺大慈院）・寛覚（大覚寺建立院）・成聖（仁和寺慈雲寺）が他寺僧であり、親運（大染金剛院）も同年評定への出仕状況から他住僧とみて間違いない[40]。ここから、「学衆評定」から「学頭中」への主張はほぼ常住僧から他住僧への主張と読み替えられよう。その内容をみると、まず傍線部(a)では、「近年、学衆は多くが他住僧であり、そのため評定など世俗のことがうまく進められない」と述べている。実際には康永以後、常住僧と他住僧は拮抗しているにすぎず、それは後宇多上皇の構想をおおむね反映したものだったのであるから、「近年」「大略為㆓他住㆒也」という表現には多分に誇張が含まれている。しかし、この表現は評定運営における常住僧の他住僧に対する不満

の大きさを示すものといえよう。それゆえ傍線部(b)では「一元徳置文で『常住の人を任命すること』」とあるのを重視して、常住・遂業の僧を任命してほしい」と主張しているのである。遂業（度者ともいう）とは、東寺で千日間の参籠を終えた僧で、参籠とは寺家から経済的な援助を受けて、原則東寺境内から外出せず仏道稽古に専念することである。[41]つまり、遂業僧は期間こそ限定されていたものの常住僧よりさらに常住を強いられた経験をもつ僧なのであり、この点に遂業の実績が常住とともに学衆補任の条件として示された理由がある。要するに「学衆評定」は補任の基準として常住の実績を重視するよう主張したわけである。しかし、その主張は「学頭方」に受け容れられなかった（傍線部(c)）。

そのため二十六日条では、再び「学衆中」から「学頭中」に主張している。その内容は前日と同じだが、主張の根拠がより詳細に記されている点で異なる（傍線部(d)）。その根拠とは、「学衆は学問を本分とするが、荘園事務など世俗の問題がどうしようもなくなると、学問もままならなくなる。だから常住僧で荘園の重要事項を評定しようとしたが、（他住僧が東寺におらず）人数は五、六人しか集まらない。さらに時によっては（常住僧が）他住（遠行か）・他行・病気・籠居した時には二、三人になってしまう。よって他住僧を（評定の場に）催促したのだけれども全く東寺に来ない。だから、重要事項も結局は（数少ない）常住僧で処理している。だから、（新しい学衆に）常住・遂業僧を差し置いて、他寺僧を任命するのは、寺家のためによくない」ということであった。

ここで問題となるのは「庄務」の具体的な内容である。当該期の引付中に矢野荘の永和嗷訴に匹敵する荘務上の問題が記されていないことを考慮すると、ここで具体的に想定されているのは、矢野荘の問題であろう。実際評定引付をみると、矢野荘に関する評議の出席者が六名以下にとどまる時はしばしばみられる。[42]また〔史料2〕の傍線部(d)では「催二他住一之時、更以不二入寺一」とあるが、実際に「学衆方評定引付」では次のような状況がみられる。

〔史料3〕

四月十五日

弘雅退座　寛覚他住　成聖他住　親運他住　禅聖　道憲他住　賢耀他住　義宝

賢宝依籠居免　実成　教深　頼暁　常全他住　宏寿　教□〔遍〕　頼玄

一、学衆方給主代〔祐尊〕事、任□〔先〕□□被二下知一之間、祐尊令二上洛一、条々歎申之□□□申之間、披露之処、唯学衆無人以外之□□□事、無二難左右一難レ有二沙汰一歟、催二他住学衆一可レ有二□〔評〕定一、来廿五日可二相催一之旨、治定畢、

同〔四月〕廿五日

弘雅退座　寛覚不　成聖不　親運不　禅□〔聖〕　□〔道〕憲不　賢耀不　義宝　賢宝免　実成不　教深　頼暁　常全他不　宏寿

教□〔遍〕退座　頼玄

（中略）

一、同庄〔矢野庄〕給主代事、他住人雖二相催レ之、悉以不参之上者、当住人数可レ有二評定一歟、但当住内今日不参在レ之、調二当住人数一、追而可レ有二沙汰一云々、(43)

〔史料3〕では、逃散が起こる前年の永和二年四月十五日に給主代祐尊を解任するか否かについて他住僧を催した上で評議することを決定し、四月二十五日にその評議が開かれたが、他住僧は全て「不」（不参）となっている。そのため、評議では祐尊の件を「当住」の者で決定することにし、後日再度評議することとしたのである。

このように〔史料2〕からは、常住僧加入を望む背景に矢野荘の変化に迅速に対応できる人材を求めるという事情があったことがわかる。ただ以上の検討からだけでは、荘園の変化に対応するために、どうして寺僧が常住して評定

に臨むことが求められたのか、そしてその対応がほかでもない南北朝後期の時期に求められたのか、という点がよくわからない。この事情を探るためには、もう少し東寺の荘園支配をめぐる状況を深く掘り下げる必要があるが、この点を考える上で注目したいのは、守護在京制と荘園領主の関係を論じた伊藤俊一氏の指摘である。(44)伊藤氏は東寺僧と守護方の荘園をめぐる交渉を分析するなかで、貞治年間以降に進んだ守護在京政策により、それまでの分国の現場での奉行人と荘園代官の関係に加えて、京都での守護奉行人と東寺との折衝が可能となったことを示し、「室町時代の京都は、幕府を中心に、寺社・公家などの諸権門、各地方への足がかりを持つ守護とその配下たちとの間で、利害を集中的に調整する場となり、この場が形成されることによって南北朝～室町時代の荘園制秩序が安定した」と結論づけた。つまり、南北朝後期に東寺は矢野荘現地から在京する守護勢力へと交渉の重心をシフトしていたのである。当然、この在京守護勢力との折衝は学衆方評定が主体となっていたのであるから、守護在京制の確立は、学衆の負担増加につながったはずであろう。その負担に対応するために学衆には常住が求められたのではないだろうか。

以上、〔史料2〕を詳しく分析したが、ここからは前章で示した他住僧を含めた学衆方衆中の運営が矢野荘の永和嗷訴において十分に機能せず、それゆえに衆中のなかでその構成をめぐって、以前からの常住僧と他住僧の併存を重視する体制を維持するか、あるいは守護在京制の確立にともない重要性を増しつつあった京都での守護勢力との交渉にも素早く対応できる常住僧を優先して学衆に選任するか、という対立が起こっていたことがわかる。この事例から指摘したいのは以下の二点である。

まず、網野氏は嗷訴での衆中の対応が百姓・上使の報告と祐尊・弘雅の報告との間で二転三転した点を認めつつも、「分裂というなら、観応の事件こそ、まさしく分裂であるが、永和のこの時には、多数決による評定の決定は尊重され、学衆の組織はこの嗷訴を経て、かえって固まったということすらできる」(45)と指摘したように、観応年間の給主職相論と比較して分裂の度合いを低く見積もることで、当該期の衆中を「安定」「停滞」と評価する根拠の一つとした。この多数決の尊重とは「学衆方評定引付」永和三年九月五日条(46)の評定から導き出されたものだが、注意したいのはこの日の評定も「当座」供僧・学衆の多数決だった点である。しかし本節で示したように、当時の矛盾は多数決を取る評定の場ではなく、評定に出席する常住僧と出席しない他住僧の間で表面化していた。ここから評定の場で多数決が尊重されていたことが必ずしも衆中の安定を意味しないことがわかる。

なお本節における常住僧と他住僧の矛盾の内容をみると、確かに網野氏が重視したように寺外の分裂と連動するような性質の分裂ではない。しかし、本節における「学衆中」(常住僧)の主張は、学衆の根本法式といえる「元徳置文」を根拠としたものの、「俗諦」を「真諦」より優先し、迅速な荘務遂行を重視しないと「寺家のためによくない」と述べたように、南北朝期の荘園制をめぐる変化に対応しうる体制作り、そして東寺寺家の利益を最重要視するものであり、それは後宇多上皇による真言宗教学興隆の意思を背景として、真言宗諸寺僧が教学面だけでなく、組織運営にも関わるという元来の学衆方衆中の性格に大幅な変更をもたらしかねないものだった。よって南北朝後期の学衆方衆中が抱えていた矛盾を軽視できず、組織運営の体制はいまだ不安定な状況にあった、といえよう。南北朝後期の衆中はこれまでとは異質ながら、依然として深刻な矛盾を抱えていたのである。

第三節　室町期における衆中の構成とその特質

本章の冒頭でも述べたように、網野氏は南北朝前期までに他寺貴種僧らの介入を克服するなかで、学衆方衆中が自治を発展させ、南北朝後期以降には安定・停滞していく、という図式を示した。しかし前節で確認したように南北朝

（表4つづき）

応永22	1415	10	覚寿	度々所望・度者労功	AB	ネ函91
応永24	1417	10	融覚	当寺遂業之労	A	ラ函20
応永25	1418	6	光祐	宿老・両三度所望	B	ネ函93
応永25	1418	12	宗融	度者遂業労	A	ネ函93
応永27	1420	4	弘賢	遂業之労	A	ネ函95
応永28	1421	4	杲慶	上衆・度々所望	B	ラ函22
応永28	1421	4	宗紹	遂業之上衆	A	ラ函22
応永28	1421	6	深清	遂業之内𨷻	A	ラ函22
応永31	1424	6	公杲	遂業之上衆	A	ネ函100

註1　区分欄は，Aが常住・遂業・参籠・度者のうちいずれかを主な理由とするもの，Bがそれ以外を主な理由とするものを示す．
註2　典拠はすべて「東百」である．

後期に常住僧と他住僧の関係をめぐる衆中内部の矛盾がいまだ存在したとするならば、その克服を通じて室町期には、学衆方衆中が網野氏の指摘した図式とは若干異なる姿に変容していた可能性を想定できよう。この南北朝後期の矛盾の行方を確認するためには、前節の対立で問題となっていた学衆の補任における常住僧と他住僧の構成比がどのように展開していったのか、という点を見極める必要があるが、これまでの研究ではこのような検討は行われていない。

よって本節ではこの点を通覧し、前節の対立がその後の衆中の構成に与えた影響を明らかにする。そして、網野氏が示した鎌倉後期から室町期の東寺衆中の変化に関する図式を再検討するとともに、伊藤氏や前稿で示した寺僧身分における十五世紀前期の転換期との関係性も示す。またその上で、構成の変化によって生じた室町期衆中の特質も示したい。

そこでまず注目したいのは表4である。表は南北朝期から室町初期にかけて「学衆方評定引付」から学衆選任の理由がわかる例を抽出し、その理由を一覧にしたものであるが、一三六〇年代・七〇年代頃を境として常住や参籠・遂業・度者を理由とする補任（A）がそれ以外の理由による補任（B）を圧倒するようになり、その変化が室町期にい

表4　学衆方評定引付にみる学衆選任の理由一覧

年	西暦	月	被選任者	理由	区分	典拠
観応 2	1351	2	義宝	常住	A	ム函 26
文和 2	1353	8	賢宝	多年再往沙汰を経る	B	天地之部 7
文和 3	1354	2	亮忠	鬮(クジ)	B	ム函 28
文和 3	1354	10	全海	関白・武家御教書提出	B	ム函 28
延文 3	1358	12	寛覚	﨟次	B	ム函 35
			観杲	﨟次	B	
延文 4	1359	1	宣誉	宿老	B	ム函 36
			良宝	当寺常住・籠衆二千日労	A	
貞治元	1362	7	教深	不退常住・千日参籠労功	A	ル函 56
			実成	不退常住・千日参籠労功	A	
貞治 3	1364	8	親運	所望一﨟	B	ル函 60
貞治 4	1365	1	道憲	他住所望之内﨟次	B	ム函 41
貞治 5	1366	2	成聖	他住之中上首・(稽古)成立	B	ム函 42
			頼暁	当寺常住・度者労積	A	
貞治 6	1367	9	信暁	所望多年・一﨟	B	ム函 44
			賢耀	当寺常住	A	
応安 5	1372	2	教遍	当寺常住上首・千日功労	A	ム函 48
応安 6	1373	12	朝英	不退常住・千日稽古労積	A	ム函 49
永和 3	1377	4	清俊	当寺遂業労	A	ム函 52
永和 4	1378	11	性誉	稽古抜群	B	ム函 53
			隆禅	当寺常住・遂業一﨟	A	
康暦 2	1380	2	隆恵	当寺常住・遂業	A	ネ函 53
至徳元	1384	2	融然	当寺常住・度者懃労	A	天地之部 9
			堅済	当寺常住・度者懃労	A	
明徳元	1390	10	二位律師	先立補任・不退常住	A B	ネ函 65
明徳 4	1393	4	全基	上首・兼約	B	ラ函 13
応永 6	1399	4	賢仲	﨟次・(度者)労功	A B	ル函 109
応永 7	1400	4	杲暁	当寺常住・遂業内﨟次	A	ネ函 70
			良秀	当寺常住・遂業内﨟次	A	
応永13	1406	8	宣経	遂業之労	A	ネ函 80
応永22	1415	2	宗順	一﨟・遂業労・当寺常住	A B	ネ函 91

（表5つづき）

年	西暦	学頭①	学頭②
明応4	1495	五智院宗典（醍醐寺）	
明応5	1496		金勝院融寿（東寺）
明応6	1497		
明応7	1498		妙観院公遍（東寺）
明応8	1499		
明応9	1500		
文亀元	1501		宝泉院成順（東寺）

年	西暦	学頭①	学頭②
文亀2	1502	五智院宗典（醍醐寺）	
文亀3	1503		
永正元	1504		
永正2	1505		
永正3	1506		
永正4	1507		光明院陽春（東寺）

註　「東寺伝法会学頭次第」（「醍醐寺文書」122函29号）をもとに作成.

たるまでの傾向を規定したことがわかる。また、この傾向は学衆方衆中の一員である伝法会学頭の顔ぶれにも表れている。表5は伝法会学頭の一覧表であるが、当初は他住僧が圧倒的に多かったのに対して、康暦年間頃から常住僧が一方の学頭を占めるようになり、応永二十年代以降になると二人の学頭をほとんど常住僧で占めるようになったことがわかる。そして応永期に入ると、次の史料のように、学衆方構成員について南北朝後期とは異なる認識もみられるようになる。

〔史料4〕

一、伝法会学衆闕両人経舜・快祐有レ之、仍所望仁、光祐・聖清・杲慶、以上三人披露之処、光祐大僧都雖レ為二他寺仁一、為二宿老一、既両三度捧二所望之状一、其上当代他住之輩無レ之、且他住又被レ加二其衆一者、可レ然歟之間、可レ被二恩補一云々、次聖清律師相二当其仁一上者、不レ可レ有二余義一云々、仍両人治定了、（後略）(47)

応永二十五年（一四一八）六月、経舜・快祐退任後の新しい学衆の人選が行われ、聖清とともに他住僧（大覚寺建立院）の光祐が補任された。この事例は、常住重視の傾向が強まるなかでも、他住僧が全く補任されなくなったわけではないことを一面で示している。ただここでむしろ注意したいのは、光祐が補任された根拠として示された「当代他住之輩無レ之」と

（表5つづき）

<table>
<tr><th>年</th><th>西暦</th><th>学頭①</th><th>学頭②</th></tr>
<tr><td>永享7</td><td>1435</td><td rowspan="7">宝厳院宝清
（東寺）</td><td rowspan="18">宝勝院重耀
（東寺）</td></tr>
<tr><td>永享8</td><td>1436</td></tr>
<tr><td>永享9</td><td>1437</td></tr>
<tr><td>永享10</td><td>1438</td></tr>
<tr><td>永享11</td><td>1439</td></tr>
<tr><td>永享12</td><td>1440</td></tr>
<tr><td>嘉吉元</td><td>1441</td></tr>
<tr><td>嘉吉2</td><td>1442</td><td>覚勝院了助
（大覚寺）</td></tr>
<tr><td>嘉吉3</td><td>1443</td><td rowspan="4">宝輪院覚寿
（東寺）</td></tr>
<tr><td>文安元</td><td>1444</td></tr>
<tr><td>文安2</td><td>1445</td></tr>
<tr><td>文安3</td><td>1446</td></tr>
<tr><td>文安4</td><td>1447</td><td rowspan="17">金勝院融覚
（東寺）</td></tr>
<tr><td>文安5</td><td>1448</td></tr>
<tr><td>宝徳元</td><td>1449</td></tr>
<tr><td>宝徳2</td><td>1450</td></tr>
<tr><td>宝徳3</td><td>1451</td></tr>
<tr><td>享徳元</td><td>1452</td></tr>
<tr><td>享徳2</td><td>1453</td><td>仏性院甚清
（東寺）</td></tr>
<tr><td>享徳3</td><td>1454</td><td rowspan="10">仏乗院仁然
（東寺）</td></tr>
<tr><td>康正元</td><td>1455</td></tr>
<tr><td>康正2</td><td>1456</td></tr>
<tr><td>長禄元</td><td>1457</td></tr>
<tr><td>長禄2</td><td>1458</td></tr>
<tr><td>長禄3</td><td>1459</td></tr>
<tr><td>寛正元</td><td>1460</td></tr>
<tr><td>寛正2</td><td>1461</td></tr>
<tr><td>寛正3</td><td>1462</td></tr>
<tr><td>寛正4</td><td>1463</td></tr>
<tr><td>寛正5</td><td>1464</td><td rowspan="13">金勝院融覚
（東寺）</td><td rowspan="13">仏乗院仁然
（東寺）</td></tr>
<tr><td>寛正6</td><td>1465</td></tr>
<tr><td>文正元</td><td>1466</td></tr>
<tr><td>応仁元</td><td>1467</td></tr>
<tr><td>応仁2</td><td>1468</td></tr>
<tr><td>文明元</td><td>1469</td></tr>
<tr><td>文明2</td><td>1470</td></tr>
<tr><td>文明3</td><td>1471</td></tr>
<tr><td>文明4</td><td>1472</td></tr>
<tr><td>文明5</td><td>1473</td></tr>
<tr><td>文明6</td><td>1474</td></tr>
<tr><td>文明7</td><td>1475</td></tr>
<tr><td>文明8</td><td>1476</td></tr>
<tr><td>文明9</td><td>1477</td><td rowspan="12">宝輪院宗寿
（東寺）</td><td rowspan="11">宝生院杲覚
（東寺）</td></tr>
<tr><td>文明10</td><td>1478</td></tr>
<tr><td>文明11</td><td>1479</td></tr>
<tr><td>文明12</td><td>1480</td></tr>
<tr><td>文明13</td><td>1481</td></tr>
<tr><td>文明14</td><td>1482</td></tr>
<tr><td>文明15</td><td>1483</td></tr>
<tr><td>文明16</td><td>1484</td></tr>
<tr><td>文明17</td><td>1485</td></tr>
<tr><td>文明18</td><td>1486</td></tr>
<tr><td>長享元</td><td>1487</td></tr>
<tr><td>長享2</td><td>1488</td><td rowspan="7">宝菩提院教済
（東寺）</td></tr>
<tr><td>延徳元</td><td>1489</td><td rowspan="6">五智院宗典
（醍醐寺）</td></tr>
<tr><td>延徳2</td><td>1490</td></tr>
<tr><td>延徳3</td><td>1491</td></tr>
<tr><td>明応元</td><td>1492</td></tr>
<tr><td>明応2</td><td>1493</td></tr>
<tr><td>明応3</td><td>1494</td></tr>
</table>

（表5つづき）

<table>
<tr><th>年</th><th>西暦</th><th>学頭①</th><th>学頭②</th><th>年</th><th>西暦</th><th>学頭①</th><th>学頭②</th></tr>
<tr><td>永和元</td><td>1375</td><td rowspan="5">大慈院全海
（醍醐寺）</td><td rowspan="4">法悟院頼我
（大覚寺）</td><td>応永12</td><td>1405</td><td rowspan="8">覚勝院宣承
（大覚寺）</td><td rowspan="6">西輪院光賢
（大覚寺）</td></tr>
<tr><td>永和2</td><td>1376</td><td>応永13</td><td>1406</td></tr>
<tr><td>永和3</td><td>1377</td><td>応永14</td><td>1407</td></tr>
<tr><td>永和4</td><td>1378</td><td>応永15</td><td>1408</td></tr>
<tr><td>康暦元</td><td>1379</td><td>建立院寛覚
（大覚寺）</td><td>応永16</td><td>1409</td></tr>
<tr><td>康暦2</td><td>1380</td><td rowspan="13">覚勝院宣誉
（大覚寺）</td><td rowspan="19">観智院賢宝
（東寺）</td><td>応永17</td><td>1410</td></tr>
<tr><td>永徳元</td><td>1381</td><td>応永18</td><td>1411</td><td rowspan="8">吉祥薗院融然
（東寺）</td></tr>
<tr><td>永徳2</td><td>1382</td><td>応永19</td><td>1412</td></tr>
<tr><td>永徳3</td><td>1383</td><td>応永20</td><td>1413</td><td rowspan="7">実相寺隆禅
（東寺）</td></tr>
<tr><td>至徳元</td><td>1384</td><td>応永21</td><td>1414</td></tr>
<tr><td>至徳2</td><td>1385</td><td>応永22</td><td>1415</td></tr>
<tr><td>至徳3</td><td>1386</td><td>応永23</td><td>1416</td></tr>
<tr><td>嘉慶元</td><td>1387</td><td>応永24</td><td>1417</td></tr>
<tr><td>嘉慶2</td><td>1388</td><td>応永25</td><td>1418</td></tr>
<tr><td>康応元</td><td>1389</td><td>応永26</td><td>1419</td><td rowspan="11">観智院宗海
（東寺）</td></tr>
<tr><td>明徳元</td><td>1390</td><td>応永27</td><td>1420</td><td>宝泉院快玄
（東寺）</td></tr>
<tr><td>明徳2</td><td>1391</td><td>応永28</td><td>1421</td><td rowspan="6">理趣坊寂賢
（醍醐寺）</td></tr>
<tr><td>明徳3</td><td>1392</td><td>応永29</td><td>1422</td></tr>
<tr><td>明徳4</td><td>1393</td><td rowspan="2">西方院賢耀
（醍醐寺）</td><td>応永30</td><td>1423</td></tr>
<tr><td>応永元</td><td>1394</td><td>応永31</td><td>1424</td></tr>
<tr><td>応永2</td><td>1395</td><td rowspan="5">慈雲寺成聖
（仁和寺）</td><td>応永32</td><td>1425</td></tr>
<tr><td>応永3</td><td>1396</td><td>応永33</td><td>1426</td></tr>
<tr><td>応永4</td><td>1397</td><td>応永34</td><td>1427</td><td rowspan="8">宝厳院宝清
（東寺）</td></tr>
<tr><td>応永5</td><td>1398</td><td>正長元</td><td>1428</td></tr>
<tr><td>応永6</td><td>1399</td><td rowspan="5">増長院行宝
（東寺）</td><td>永享元</td><td>1429</td></tr>
<tr><td>応永7</td><td>1400</td><td rowspan="3">法悟院光海
（大覚寺）</td><td>永享2</td><td>1430</td><td rowspan="5">宝勝院重耀
（東寺）</td></tr>
<tr><td>応永8</td><td>1401</td><td>永享3</td><td>1431</td></tr>
<tr><td>応永9</td><td>1402</td><td>永享4</td><td>1432</td></tr>
<tr><td>応永10</td><td>1403</td><td rowspan="2">覚勝院宣承
（大覚寺）</td><td>永享5</td><td>1433</td></tr>
<tr><td>応永11</td><td>1404</td><td></td><td>永享6</td><td>1434</td></tr>
</table>

表5　東寺伝法会学頭一覧

<table>
<tr><th>年</th><th>西暦</th><th>学頭①</th><th>学頭②</th><th>年</th><th>西暦</th><th>学頭①</th><th>学頭②</th></tr>
<tr><td>正和元</td><td>1312</td><td colspan="2" rowspan="3">平等心王院
我宝
(?)</td><td>康永2</td><td>1343</td><td rowspan="4"></td><td rowspan="16">大慈院親海
(醍醐寺)</td></tr>
<tr><td>正和2</td><td>1313</td><td>康永3</td><td>1344</td></tr>
<tr><td>正和3</td><td>1314</td><td>貞和元</td><td>1345</td></tr>
<tr><td>正和4</td><td>1315</td><td colspan="2" rowspan="15">宝厳院頼宝
(東寺)</td><td>貞和2</td><td>1346</td></tr>
<tr><td>正和5</td><td>1316</td><td>貞和3</td><td>1347</td><td rowspan="12">花厳院弘縁
(仁和寺)</td></tr>
<tr><td>文保元</td><td>1317</td><td>貞和4</td><td>1348</td></tr>
<tr><td>文保2</td><td>1318</td><td>貞和5</td><td>1349</td></tr>
<tr><td>元応元</td><td>1319</td><td>観応元</td><td>1350</td></tr>
<tr><td>元応2</td><td>1320</td><td>観応2</td><td>1351</td></tr>
<tr><td>元亨元</td><td>1321</td><td>文和元</td><td>1352</td></tr>
<tr><td>元亨2</td><td>1322</td><td>文和2</td><td>1353</td></tr>
<tr><td>元亨3</td><td>1323</td><td>文和3</td><td>1354</td></tr>
<tr><td>正中元</td><td>1324</td><td>文和4</td><td>1355</td></tr>
<tr><td>正中2</td><td>1325</td><td>延文元</td><td>1356</td></tr>
<tr><td>嘉暦元</td><td>1326</td><td>延文2</td><td>1357</td></tr>
<tr><td>嘉暦2</td><td>1327</td><td>延文3</td><td>1358</td></tr>
<tr><td>嘉暦3</td><td>1328</td><td>延文4</td><td>1359</td><td rowspan="6">西方院仲我
(醍醐寺)</td><td rowspan="15">法悟院頼我
(大覚寺)</td></tr>
<tr><td>元徳元</td><td>1329</td><td>延文5</td><td>1360</td></tr>
<tr><td>元徳2</td><td>1330</td><td rowspan="13">宝光院了賢
(仁和寺)</td><td rowspan="5"></td><td>康安元</td><td>1361</td></tr>
<tr><td>元徳3</td><td>1331</td><td>貞治元</td><td>1362</td></tr>
<tr><td>正慶元</td><td>1332</td><td>貞治3</td><td>1364</td></tr>
<tr><td>正慶2</td><td>1333</td><td>貞治4</td><td>1365</td></tr>
<tr><td>建武元</td><td>1334</td><td>貞治5</td><td>1366</td><td rowspan="9">大慈院全海
(醍醐寺)</td></tr>
<tr><td>建武2</td><td>1335</td><td rowspan="8">大慈院親海
(醍醐寺)</td><td>貞治6</td><td>1367</td></tr>
<tr><td>建武3</td><td>1336</td><td>応安元</td><td>1368</td></tr>
<tr><td>建武4</td><td>1337</td><td>応安2</td><td>1369</td></tr>
<tr><td>暦応元</td><td>1338</td><td>応安3</td><td>1370</td></tr>
<tr><td>暦応2</td><td>1339</td><td>応安4</td><td>1371</td></tr>
<tr><td>暦応3</td><td>1340</td><td>応安5</td><td>1372</td></tr>
<tr><td>暦応4</td><td>1341</td><td>応安6</td><td>1373</td></tr>
<tr><td>康永元</td><td>1342</td><td>応安7</td><td>1374</td></tr>
</table>

いう文言である。応永二十五年六月時点の学衆の顔ぶれをみると、実際には他住僧としてこのほかに少なくとも弘経（大覚寺西輪院）が確認されるので、[48]「無之」という表現は必ずしも正確とはいえない。しかし、少なくとも南北朝期のような常住僧と他住僧が拮抗する、あるいは常住僧を他住僧が上回るというような状況でなくなっていたことは確かであり、「無之」という表現もそのような他住僧の減少という現状を強調した表現と捉えることができよう。ここからは学衆方における南北朝期と室町期での常住僧と他住僧の割合の変化が衆中でも自覚されていたことが確認できる。

このように一三六〇年代頃から、学衆・学頭の選任において明らかに常住重視の傾向が強まっており、室町期には実際に他住僧が減少し、常住僧が衆中をほぼ占める状況が現出していた。ここからは前章で検討した〔史料2〕の衆中内部における意見対立が、まさにこの衆中の変容の転機を物語る記事だったことが確認できる。なお、この一三六〇年代という時期は、守護在京が進み、京都での守護勢力との交渉の道が開かれた時期でもあった。ここからは守護在京制の確立にともなう東寺僧による京都での交渉活発化と常住重視の傾向との親和性をあらためて確認することができる。常住重視の体制は室町期荘園制の確立に対応した体制だったのである。

以上の検討で注意したいのは、以下の二点である。

まず第一に鎌倉後期から室町期にかけての供僧・学衆組織運営の主体の認識についてである。この点について網野氏は、衆中の外にいる他寺貴種僧の介入を南北朝前期頃までに克服して供僧・学衆の自治的な体制が達成され、この体制が室町期まで安定的に機能するとした。[49]しかし本節で示したように、南北朝後期を境として守護在京制の確立にともなう荘園支配のあり方の変容に対応するなかで、衆中の内部には常住僧と他住僧の関係をめぐるもう一つの転機が存在した。よって、鎌倉後期から室町期の東寺供僧・学衆組織運営の担い手は、他寺貴種僧や衆中内部の他住僧を含む真言宗諸寺僧で支える体制から東寺常住僧が支える体制へと変容した、と理解できよう。

また、この変容の図式を確認した上で触れておきたいのは、十五世紀前半における寺僧の加入・制裁をめぐる動向を検討した伊藤氏や前稿の説との関係である。伊藤氏はこの時期を境として、(ア)寺僧の加入において諸門跡（＝他寺貴種僧）の口入、寺外からの横入が減少し、真言教団に対する閉鎖性が強まる一方で、諸武家の介入による横入がみられるようになったこと、(イ)寺僧に対する制裁において寺外からの「口入」が及ばない「義絶」のような制裁が行われるようになり、衆中に対する成員の忠誠が求められるようになったこと、を示した(50)。以上の指摘には、本節の検討結果に類似する点と相違する点がある。類似点は、まず成員決定における寺内僧の重視、寺外僧の排除という傾向である。伊藤氏のいう「寺外僧」とは、「出身」が「大覚寺・勧修寺・仁和寺・醍醐寺等である」僧を指し、本章でいう「他住僧」と同義であるから、(ア)の指摘は寺僧の加入において他住僧が減少し、常住僧が増加したことを示している。また(イ)の衆中に対する成員の忠誠が求められるという点も、本章で指摘した真言宗の興隆より、東寺寺家の利益を優先する意識が強まる傾向との親和性を見出せる。一方相違点は、実質的な補任権者と補任の対象が、本章では学衆方衆中による学衆の補任だったのに対して、伊藤氏は非供僧（非学衆）を含めた老若の詮議による寺僧職の補任だった点、本章で示した変化の転機が十四世紀後期だったのに対して、伊藤氏・前稿の指摘した変化の転機が十五世紀前期だった点である。よって本章と伊藤氏・前稿の類似点や相違点を整合的に解釈すると、十四世紀（南北朝期）を通じてしだいに達成されていった学衆組織の運営における常住重視と、それにともなう衆中（寺家）への忠誠重視という傾向が、十五世紀前期（室町期）には寺僧老若全体を規定するところにまで拡大されたことになろう。つまり、鎌倉後期から室町期という時期は、東寺における常住僧の主導権が、供僧・学衆組織から寺僧集団全体にまでしだいに拡大されていく過程として捉えることができるのである。

なお、この東寺常住僧を中心とする体制は、応仁・文明の乱以後には変化する。この頃には「輔阿闍梨円忠、自二一乱中一、依レ難二常住叶一、田舎ェ付二所縁一下向仕候」[51]とあるように、乱にともない常住が困難になり、地方に下向するような寺僧が増加したからである。そして十六世紀に入ると東寺宝菩提院亮恵のように三度関東に下向して授法活動を行い、その報酬により院家の維持、寺家法会の費用調達を成し遂げる僧も現れた[52]。これらの点から、常住僧重視の傾向は南北朝後期から応仁・文明の乱、すなわち室町殿権力が相対的に安定し、守護在京制や室町期荘園制が機能した時期と軌を一にしていたといえよう。常住僧中心の体制は、まさに室町期衆中の姿だったのである。

そして、第二に注意したいのは、常住僧中心の体制確立によって学衆方衆中の性格がどのように変化したのか、という点である。本章の検討結果を踏まえると、学衆方衆中という組織は、真言宗僧の教学の場としてのあり方を重視し、その教学活動に関わる諸寺僧が組織運営にも関わるという元来の体制から、南北朝後期を境として世俗の荘園の状況に対して迅速な対応をとり得る、そして寺家の維持を最優先する常住僧中心の体制へと変化していった、と整理できる。このように考えると、網野氏は南北朝後期から室町期の衆中を安定・停滞と評価したが、南北朝後期以降の衆中は真言宗の教学興隆の場という学衆方の性格を犠牲としつつも、室町期の荘園をとりまく状況に迅速に対応できる体制へ変容していく過程にあった、と解釈できよう。東寺の衆中は中世後期の流動していく世俗社会に対応・適応しつつ体制を変容させていたのである。

おわりに

本章では、東寺寺家（供僧・学衆）組織の運営について以下の二点を明らかにした。

まず第一に、網野氏は鎌倉後期から南北朝前期に他寺貴種僧の介入を退けて供僧・学衆衆中が自治的な運営を実現させ、その体制が室町期まで継続するとしたが、本章では、これまで詳細に検討されなかった衆中内部の常住僧と他住僧の関係に注目することで、南北朝後期にもう一つの転機を見出し、当初他住僧も運営に一定の役割を果たした学衆方衆中が、その南北朝後期を境として常住僧中心の体制に移行したことを示した。その結果、鎌倉後期から室町期を通じて進んだ東寺学衆組織の運営主体の変化が、真言宗諸寺の僧（他寺貴種僧・他住僧・常住僧）から東寺常住僧への変容と読み替えられることがわかった。また伊藤氏や前稿の検討を踏まえると、その常住僧の主導体制は、南北朝期には供僧・学衆組織、室町期には非供僧を含む寺僧老若へとしだいに拡大していったものと理解でき、応仁・文明の乱頃まで維持されたことから、おおむね室町期の体制としうることもわかった。

そして第二に、網野氏は南北朝後期から室町期の衆中による組織運営について安定・停滞との評価を示したが、本章では、南北朝後期における東寺学衆方の衆中が、真言宗教学興隆の理念に裏打ちされた体制を維持するか、その理念を犠牲としつつも、荘園をとりまく状況の変化に迅速な対応ができる体制を形成させるか、という深刻な矛盾を抱えており、室町期にはそのうち後者の考えが優勢となったことを明らかにした。その結果、室町期東寺の衆中が、世俗社会の変化に適応していくなかで組織運営の体制を変容させており、必ずしも安定・停滞してはいなかったことがわかった。

さて以上の結論を踏まえて、最後に本章の意義と今後の課題を示しておきたい。

本章では、南北朝期以降を安定・停滞期とする網野氏の指摘に疑義を唱えたが、注意しなければならないのは、この網野氏の指摘が、単に中世後期の東寺史にとどまらず、中世後期の顕密寺院組織あるいは荘園領主に関する認識に大きな影響を与えている点である。それは網野氏が指摘した衆中（学侶）の停滞という認識、さらにはその衆中と並ぶ担い手として台頭してきた下級僧侶・寺家被官人（行人・公人・堂衆など）への注目という点に見出せよう。[53] しかし、南北朝後期以降の衆中が室町期的な変容を見せていたとするなら、衆中の安定・停滞という評価を前提にした中世後期の寺院組織像あるいは荘園領主像についても、再検討する必要があるのではないか。本章はこのような室町期の寺院組織や荘園領主における衆中の位置づけについて再検討の必要性を示した点に一つの意義を見出すことができる。ただ本章では、南北朝期については衆中の組織運営の状況に踏み込んだ検討を行うことができたものの、室町期については、学衆方のメンバー構成の変化とその意味について検討するにとどまり、実際の運営状況にまで踏み込むことができなかった。室町期の組織運営や荘園支配における衆中の位置づけを明確にするためには、この点を明らかにしておく必要があるだろう。今後の課題である。

なお、右の課題を検討する上で重要となってくるのは、供僧組織の一つ廿一口方の位置づけである。廿一口方は学衆方と並んで東寺の供僧・学衆組織のなかでも根本となる組織であった。そして室町期になると、「学衆方評定引付」の記載がしだいに簡略化されていく[54]一方で、「廿一口方評定引付」は、富田氏が「廿一口方以外では、その供料庄園の支配・関係法会および供僧の補任に関する事項が主であるが、廿一口方では、それ以外の寺家全般に関わる事項をも扱うから内容も豊富である」[55]と述べたように、その記事は厚みを増していった。また室町期には五方・造営方・掃除方など廿一口方から分化していく組織の存在も指摘されている。[56] ここからは、室町期に東寺の寺家運営において学衆方が中核的な位置から脱落し、廿一口方が核となった様子がうかがえる。ただ以上の諸研究では、東寺寺家運営の歴史における室町期廿一口方の位置づけが必ずしも明らかにされていない。その一因は、南北朝期分の廿一口方評定引付が残存していないことが大きく影響しているものと思われるが、注意したいのは、本章で示した常住僧中心の体制が機能した時期と、廿一口方の活動拡大の時期が一致しており、その廿一口方が常住（半常住）を加入条件としていた点である。つまり廿一口方の活動拡大は、東寺常住僧の活動拡大として見直すことが可能なのであり、それは南北朝期の学衆方衆中における常住僧の台頭という動向の延長線上に、廿一口方の組織運営の状況が位置づけられることを意味する。以上の視点の転換によって、東寺寺家運営の歴史における室町期の特質がより明確にできるのではないだろうか。

また本章では、東寺寺家組織の運営における常住僧台頭の裏側で、真言宗他寺僧がその運営から排除されていったことを示した。この変化については伊藤氏が「「門徒」内の「本寺」間で比較的自由に学僧の交流が行われていたのに対して、各寺院の寺僧集団の閉鎖性が強まってきたことを意味している」(57)と評価している。しかし、櫛田良洪氏や上島享氏が指摘したように、室町期の東寺学衆（常住僧）は京都の真言宗諸寺で活発に活動していた。(58)この点を考慮すると、東寺の寺家運営から他住僧が排除されたからといって、ただちに中世後期における京都真言宗の諸寺が、閉鎖的になったとは必ずしもいえないように思われる。ただ本章で検討した学衆方における常住僧・他住僧の構成比の変化という点を踏まえた上で、真言宗僧団と東寺学衆の関係をみるならば、南北朝期には他寺僧が東寺学衆や学頭に加わることで、東寺が教学面の指導・研鑽の場として機能したのに対して、室町期には、櫛田・上島両氏の指摘にあるように、東寺常住僧が占めた学衆や学頭が東寺から他寺に赴いて活躍する形になっていたことになる。両時期は、ともに東寺が京都真言宗の教学をリードしたこと自体に変わりはないものの、その有り様が大きく変化したことは確かだろう。このように本章は、東寺衆中の問題が真言宗僧団のあり方に少なからず影響を与えたことを明確にした点にも意義を見出せる。ただ本章は、学衆方の構成という一側面でのみ検討するにとどまった。教学的な側面はもちろん、その他の法会や祈禱のような宗教行為も含めて、多様な側面から東寺衆中における常住僧や他住僧の関係を追究することによって、真言宗僧団の変容過程を明らかにできるのではないか。そこで次章はこの点を検討したい。

註

（1）鎌倉後期の寺社徳政政策と諸寺社の対応については、海津一朗『中世の変革と徳政』（吉川弘文館　一九九四年）など参照。

（2）網野善彦『中世東寺と東寺領荘園』（東京大学出版会　一九七八年）、稲葉伸道『中世寺院の権力構造』（岩波書店　一九九七年）参照。

（3）久野修義「中世寺院の僧侶集団」（同『日本中世の寺院と社会』塙書房　一九九九年、初出一九八八年）、大石雅章「寺院と中世社会」（同『日本中世社会と寺院』清文堂出版　二〇〇四年、初出一九九四年）、横山和弘「鎌倉中・後期の東寺供僧と仁和寺御室」（『年報中世史研究』二六　二〇〇一年）など参照。

（4）上島享「真言密教の日本的変遷」（『洛北史学』創刊号　一九九九年）。

（5）なお延暦寺に関しては、下坂守『中世寺院社会の研究』（思文閣出版　二〇〇一年）、同『京を支配する山法師たち』（吉川弘文館　二〇一一年）、河内将芳『中世京都の都市と宗教』（思文閣出版　二〇〇六年）、三枝暁子『比叡山と室町幕府』（東京大学出版会　二〇一一年）によって、特に室町幕府との関係という観点から南北朝期以降の実態も明らかにされている。しかし、鎌倉後期から南北朝初期の衆中論で、核となる事例を提供した東寺・東大寺のような寺院は検討が進んでおらず、その点で検討はいまだ十分ではないといえる。

（6）前掲註(2)網野著書。

（7）上川通夫「寺院史研究と東寺」（東寺宝物館編『東寺とその庄園』東寺宝物館　一九九三年）、註(4)上島論文など参照。

（8）たとえば富田正弘氏は、南北朝期から戦国期にかけての供僧・学衆各組織の相互関係、各組織の構成員や奉行（年預）の一覧、各組織で定められた法を示し、その具体相を理解する上で重要な前提となる成果をあげた（「中世東寺の寺院組織と文書授受の構造」〔『資料館紀要』八　一九八〇年〕、「中世東寺における法の制定と編纂」〔『資料館紀要』一六　一九八八年〕）。しかし衆中の展開に関する認識自体は、基本的に網野氏の評価を踏襲している。また伊藤俊一氏・辰田芳雄氏・阿諏訪青美氏らは、室町期の公人層の寺家運営や寺外での活動に注目した（伊藤俊一「高井法眼祐尊の一生」〔同『室町期荘園制の研究』塙書房　二〇一〇年、初出一九九二年〕、同「「有徳人」明済法眼の半生」〔同前、初出一九九七年〕、辰田芳雄「中世東寺における門指の活動」〔同『中世東寺領荘園の支配と在地』校倉書房　二〇〇三年、初出一九九六年〕、同「納所乗弥の寄進状」（同前、初出一九九九年）、阿諏訪青美『中世庶民信仰経済の研究』（校倉書房　二〇〇四年）が、特に阿諏訪氏はそのなかで、当該期の衆中を寺家運営の主導権において公人層によって相対化される存在と位置づけている。このような阿諏訪氏の評価も、衆中の停滞を前提とした見方とみていいだろう。

（9）註（8）上川論文。

（10）伊藤俊一「南北朝〜室町時代における東寺「寺僧」集団の変容」（前掲註（8）伊藤著書、初出一九八八年）。

（11）本書第一部第四章参照。

（12）富田正弘「観智院宗宝の生涯にみる教学と寺役」、橋本初子「杲宝と賢宝」（ともに中世寺院史研究会編『中世寺院史の研究　下』法蔵館　一九八八年）、永村眞「中世醍醐寺の教相と論義」（中尾堯編『鎌倉仏教の思想と文化』吉川弘文館　二〇〇二年）など参照。

（13）たとえば応永二十八年法印弘経常住日記（『教王護国寺文書』一〇六八）では、廿一口方供僧の弘経が一年（三五四日）の内一八三日寺住したことをもって「半常住」と判定されている。よって、常住とはそれ以上に寺住した日数の多い状態を指しているといえよう。

（14）註（2）網野著書、註（8）富田「中世東寺の寺院組織と文書授受の構造」。

（15）なお、註（8）富田「中世東寺の寺院組織と文書授受の構造」によると、廿一口方・学衆方・最勝光院方・宝荘厳院方・鎮守八幡宮方などの供僧・学衆組織ではそれぞれ加入条件を定め、各組織が異なるメンバーで衆中を形成した。その意味で東寺は複数の衆中の集合体として捉えられ、学衆方はその数ある衆中の一つにすぎない。しかし宝荘厳院方・鎮守八幡宮方では学衆方・廿一口方に所属していること自体が加入条件とされたように、他の供僧組織は廿一口方・学衆方との兼帯僧が多かった。よって学衆方の問題は単なる東寺の一組織の問題にとどまらず、東寺の寺院組織全体で抱えていた問題を色濃く反映していたといえ、学衆方の分析をもって供僧・学衆衆中の問題を論じることに問題はないと考える。

（16）註（4）上島論文。

（17）註（2）網野著書、註（8）富田論文。また後宇多上皇の真言密教興隆政策は、永村眞「寺院と天皇」（石上英一他編『講座前近代の天皇』第三巻　青木書店　一九九三年）、横内裕人「仁和寺と大覚寺」（同『日本中世の仏教と東アジア』塙書房　二〇〇八年、初出一九九八年）、藤井雅子「後宇多法皇と聖俗社会」（同『中世醍醐寺と真言密教』勉誠出版　二〇〇八年）

なども参照。

(18) 学衆方の諸法会は置文等総目録（「東寺観智院金剛蔵聖教」二一三函一九号）に詳しい。また同史料の概要は註(8)富田「中世東寺における法の制定と編纂」参照。

(19) 「東寺文書御宸翰」、『鎌倉遺文』二三一七六。

(20) 「東百」シ函一三。

(21) この点は、後掲表5参照。

(22) たとえば後掲表3を見ると、貞治六年（一三六七）には、常住僧と断定できる僧が八名、他住僧と断定できる僧が七名となっている。このような状況はおおむね康永年間頃から変わりない。

(23) なお、学衆方衆中における意思決定方法の変遷をみると、組織成立当初の鎌倉末期には「季行事」制（正和五年十月日学衆法式条々〔註(18)置文等総目録〕、註(20)元徳元年学衆補任式目）、南北朝初期には「六人評定衆」制（「学衆方評定引付」康永三年二月二十二日条〔「東百」天地之函一〕）がとられたことを確認できる。これらの意思決定システムについても、史料的な限界のため実態はほとんどわからないが、右のような変転は構成員の加入条件の問題同様に、鎌倉末期の体制の不安定性を示唆している。一方、康永三年（一三四四）になると「諸衆一同評定」（前掲「学衆方評定引付」康永三年二月二十二日条）と呼ばれる体制に移行するが、その後は意思決定の方式が安定し、史料的にも充実してくる。よって本章では、南北朝前期の「諸衆一同評定」確立以後の状況に絞って検討することにしたい。

(24) 「学衆方評定引付」貞治六年二月三日条（「東百」ム函四三、『相生市史　第七巻』引付集二八〔以下『相生』引付二八と略記〕）。

(25) この点については康永三年二月日東寺学衆中評定式目（「東百」ヨ函八八）参照。なお、個別の事例は「学衆方評定引付」でも多数確認できる。

(26) なお、頼我・全海・宣誉は他の他住僧より「他住」の日が多いが、残念ながらその理由は具体的に知ることはできない。ただ頼我は老齢・病気であったとされており（「学衆方評定引付」貞治六年二月二十二日条〔「東百」ム函四三〕）、このことが関係したものと思われる。全海・宣誉の場合もそのような特殊事情があったのではないか。

(27) 四季祈禱については、本多毅「中世東寺における寺僧集団」（『仏教史研究』三七　二〇〇〇年）参照。

(28) 註(25)東寺学衆中評定式目参照。
(29) 「学衆方評定引付」応安二年六月七日条（「東百」ム函四六）、永和二年四月二十五日条（「東百」ラ函九、『相生』引付三七）など参照。
(30) 註(25)東寺学衆中評定式目など参照。
(31) 「学衆方評定引付」永和元年十月日条（「東百」ラ函八）。
(32) 註(2)網野著書二二九頁。なお、他寺貴種僧の関与については金子拓「南北朝期矢野荘をめぐる東寺学衆方と守護権力」(『ヒストリア』一六一　一九八八年)も参照。
(33) 網野善彦「東寺における自治の発展」「播磨国矢野荘」(ともに註(2)網野著書)。
(34) 東寺領矢野荘の概説的な説明については、伊藤俊一「矢野荘」(東寺宝物館編『東寺とその庄園』一九九三年)など参照。
(35) 註(33)網野論文。
(36) 永和嗷訴については、註(33)網野論文のほか、佐藤和彦「惣荘一揆の展開」(同『南北朝内乱史論』東京大学出版会　一九七九年)、相生市史編纂専門委員会編『相生市史』第二巻(兵庫県相生市・相生市教育委員会　一九八六年)、薗部寿樹「惣荘一揆」(阿部猛・佐藤和彦編『人物でたどる日本荘園史』東京堂出版　一九九〇年)、註(8)伊藤「高井法眼祐尊の一生」参照。
(37) 「学衆方評定引付」永和四年十一月二十五日条・二十六日条（「東百」ム函五三）。
(38) 註(8)富田「中世東寺の寺院組織と文書授受の構造」。
(39) 永和四年には三二回の評定が行われているが、教深・頼玄はそのうち二六回に出席している。これは直後に他住僧としてあげた賢耀の一一回と比べても明らかに多い。
(40) 以上の各学衆の所属寺院と院家については、註(8)富田「中世東寺の寺院組織と文書授受の構造」、「東寺伝法会学頭次第」(「醍醐寺文書」一二二函二九号。なお、本章では東京大学史料編纂所架蔵の写真帳〔請求番号六一七一・六二―四五―五二九〕を利用した)参照。
(41) 永和三年二月日東寺籠衆法式条々（註(18)置文等総目録)、「学衆方評定引付」応永十年十一月十六日条（「東百」ネ函七

二)、註(8)富田「中世東寺の寺院組織と文書授受の構造」参照。
(42)『相生市史』第七巻所載の矢野荘関係の「学衆方評定引付」において弘雅・祐尊の所務が始まった文和二年から永和四年にいたるまでの記事を確認すると、出席三人が一度、四人が九度、五人が一二度、六人が二二度に及んでいる。
(43)「学衆方評定引付」永和二年四月十五日・二十五日条（「東百」ヲ函九、『相生』引付三七）。
(44)「南北朝～室町時代の荘園領主と守護権力」（前掲註(8)伊藤著書）。
(45)註(2)網野著書二八七頁。
(46)「東百」ム函五二、『相生』引付三八。
(47)「学衆方評定引付」応永二十五年六月二十三日条（「東百」ネ函九三）。
(48)弘経については註(8)富田「中世東寺の寺院組織と文書授受の構造」、註(40)「東寺伝法会学頭次第」参照。なお、その他の学頭・学衆は以下の通り。隆禅（東寺実相寺）・宗海（東寺観智院）・快玄（東寺宝泉院兼醍醐寺清浄光院）・宝清（東寺宝厳院）・杲暁（東寺普光院）・重賢（東寺宝勝院）・宗源（東寺仏乗院）・弘承（東寺宝輪院）・宏済（東寺宝菩提院）・宗順（のち東寺仏乗院）・覚寿（のち東寺宝輪院）・長賢（不明）・聖清（のち東寺宝厳院）・融覚（のち東寺普光院）。
(49)註(33)網野論文。
(50)註(9)伊藤論文、註(10)拙稿。
(51)「廿一口方評定引付」文明十四年五月八日条（「東百」天地函四三）。
(52)櫛田良洪「中世関東東寺教団の成立」（同『続真言密教成立過程の研究』山喜房仏書林　一九七九年）、宮野純光「戦国期における真言僧関東下向の一考察」（『大正大学大学院研究論集』二八　二〇〇四年）、同「中世末真言宗における法会執行と寺僧の活動」（佐藤成順博士古稀記念論文集刊行会編『東洋の歴史と文化』山喜房仏書林　二〇〇四年）。
(53)寺院史研究では、註(3)大石論文、註(8)阿諏訪著書参照。また荘園制研究では、清水克行「荘園制と室町社会」（『歴史学研究』七九四　二〇〇四年）、註(8)伊藤著書など参照。
(54)新見康子「東寺学衆方評定引付」（『古文書研究』六九　二〇一〇年）。
(55)註(9)富田「中世東寺における法の制定と編纂」一〇三頁。
(56)五方と廿一口方の関係については岡田智行「東寺五方について」（『年報中世史研究』七　一九八二年）、造営方と廿一口方の関係については、太田直之「中世後期東寺大勧進の再検討」（同『中世の社寺と信仰』弘文堂　二〇〇八年、初出二〇〇七年）、掃除方と廿一口方の関係は本書第一部第四章参照。

（57）　註（11）伊藤論文。

（58）　櫛田良洪「中世東寺教学の展開」（註（52）著書）、註（4）上島論文。

第三章　室町期東寺衆中における常住重視の進展と矛盾

はじめに

前章では、東寺領荘園をとりまく状況の変化に対応していくなかで、南北朝後期以降に学衆方構成員の選任において常住を重視する傾向が生まれたこと、その体制がおおむね応仁・文明の乱の頃まで継続したことを示し、常住僧中心の衆議運営こそが、室町期的な衆中のあり方だったことを明らかにした。しかし、前章の検討は常住重視の体制の形成過程とその終点を示すにとどまり、体制が展開していった室町期の状況は論じられなかった。よって本章ではその点を検討したい。なおその際、真言僧が従事していた祈禱・法会を中心とした宗教活動の側面に注目する。そこでまず、特に宗教活動に注目する理由を示すために、この点に関する先行研究を整理しておこう。

室町期東寺僧の宗教活動については、櫛田良洪氏(1)が各学僧の活動に関する包括的な事例提示を行っている。また富田正弘氏は観智院宗宝の教学活動や公武政権の臨時祈禱への対応という点から(2)、橋本初子氏は真言宗祖師の空海に対する供養・報謝の法会として知られる灌頂院御影供への対応という点から(3)、詳細な検討を加えている。これらの検討によって、室町期における東寺僧の宗教活動について基本的な動向は明らかにされたといってよいだろう。しかし、以下のような課題も残されている。

まず第一に、宗教活動と常住僧の関係、そしてその常住僧の動向と室町幕府の宗教政策との関係という視点である。富田氏・橋本氏は室町期の臨時祈禱や灌頂院御影供に東寺僧が深く関与していく事実を、網野善彦氏が示した南北朝期における供僧・学衆の自治の進展という動向の延長線上に位置づけた。しかし前章で確認したように、東寺の衆中は南北朝後期以降に供僧・学衆という枠組みからさらに限定されて、常住僧を中心とする体制へと転換していた。この点を踏まえるならば、この時期の臨時祈禱や灌頂院御影供における供僧・学衆に対する評価も、常住僧という観点から再検討する必要があろう。その検討は室町期的な衆中のあり方としての常住重視の体制の輪郭を、より明確にすることにもなるだろう。そこで第一節ではこの点を検討したいのであるが、その際注意したいのは、臨時祈禱や灌頂院御影供が、公武政権の直接・間接の関与のもと開催された法会だった点である。特に臨時祈禱に関しては、富田氏がその問題を基礎にして室町期の公武政権像に新たな展開をもたらしており[4]、その政策は、東寺衆中の動向にも少なからぬ影響を与えたはずである。しかし富田氏の検討以後、公武政権（特に武家）の宗教政策に関する研究は急速な進歩を遂げた[5]一方、その政策への東寺衆中の対応に関する研究は、ほとんど進展がみられない。これは武家政権の宗教政策論が、主に貴種僧を受け手とする政策で進められたことによるものと思われるが、東寺衆中のような非貴種僧への影響をみることは、宗教政策を通じた室町殿の影響力がどこまで浸透していたのか、という点をはかる上でも重要な意味をもつはずである。よって、常住僧の動向を検討する際、公武政権の宗教政策の展開とどのように切り結ぶのか、という点を意識したい。

そして第二に、常住重視の体制により新たに生じた矛盾の検討である。東寺の室町期については、網野氏によって供僧・学衆の自治が安定・停滞し、矛盾が明らかとなった時期との見通しが示されている[6]。しかしこの点については、上川通夫氏がその後の寺僧集団に関する研究を総括するなかで、「一九七八年の網野善彦氏の著書（筆者註『中世東寺と東寺領荘園』東京大学出版会　一九七八年）で〝自治的供僧の発展〞といわれたことを踏襲して強調する傾向がある。その場合、〝矛盾を含んだ発展〞〝実質上の衰退〞という中世社会構成の問題を含んだ網野氏の指摘はあまり顧みられていない」(7)と指摘したように、その後の研究で具体的な検討が進んでいない。この室町期衆中の矛盾は、網野氏が強調した中世的な体制の衰退としての意味だけでなく、戦国期ひいては近世顕密寺院への転生を見通す上でも重要な意味をもち、決して軽視されるべきではない。本章ではその点に全面的な検討を加えることはできないが、第二節では室町期における常住僧の宗教活動という側面から、その具体相の一端を解明することにしたい。

第一節　臨時祈禱・灌頂院御影供と常住僧

本節では、まず供僧・学衆の自治と結びつけて論じられてきた公武の臨時祈禱や灌頂院御影供を題材にとり、それらの祈禱・法会における常住僧の関わり方を検討するなかで、室町期における常住重視の体制の展開を明確にしたい。なおその際、展開の背景として、当該期の室町殿を中心とする政権の宗教政策の動向にも注目する。近年、室町殿の宗教政策については、祈禱政策を中心として急速な進展を遂げており、特に大田壮一郎氏は、室町殿それぞれの政策にみられる個性と室町期を通じた普遍的な政策基調とを弁別しつつその政策の全体像を示しているが(8)、現状ではその政策の推移と東寺僧の動向との関係性を明確にするまでにはいたっていないからである。よって本節では、常住僧の動向が室町殿の祈禱政策の諸段階にどのように関わるのか、という視点から検討したい。

一　公武の臨時祈禱と常住僧

東寺での公武の臨時祈禱について富田氏は、室町期に臨時祈禱が盛んに行われ、その際東寺では、廿一口方・鎮守八幡宮方の供僧が勤仕したことを指摘した(9)。ただ、臨時祈禱に関わる史料をみると、勤仕のあり方には次のような場合もあることがわかる。

〔史料1〕

一、止雨之御祈禱之事被二仰出一之、衆儀云、御祈禱之様、於二御影堂一、自二今日八日一至二来十四日一、先一七ヶ日、毎日千遍陀羅尼可レ有レ之、昨日七日ヨリ始行分也、当常住之卅口供僧、毎日可レ為二皆参一也、

〔史料1〕は東寺の「廿一口方供僧引付」(10)であり、三宝院満済を通じて東寺に止雨祈禱の命令が伝えられてきたの(11)をうけて、衆中で毎日千遍陀羅尼を行うことを決定している。ここで注目したいのは勤仕主体として「当常住之卅口供僧」と、供僧のなかでも常住僧で対応している点である。ここからは供僧のなかでも、特に常住僧が臨時祈禱に従事することもあったことがわかる。このほかにも臨時祈禱の勤仕主体の記載に注目すると、「久世供僧当住」(12)「当住供僧・非供僧已灌頂幷印可輩」(13)というように、「当住」の僧で対応した場合もみられる。「当住」僧がすなわち常住僧とは限らないが、緊急性を要する臨時祈禱に素早く対応しうる「当住」僧が、主に常住僧だったことは容易に想像できよう。

注意したいのは、そのような臨時祈禱の勤仕状況が、常住僧の寺内における待遇にも変化を及ぼした点である。それは次の史料からうかがうことができる。

〔史料2〕

一、他住鎮守供僧人夫召仕間事

大覚寺様之儀、他住学衆人夫不二召仕一云々、当寺常住輩、就二真俗一苦労多々、於二他住之輩一者、可二停止一歟、雖レ然、現任他住供僧光祐僧都・聖融律師両人也、於二彼仁一者、可二召仕一、向後補任供僧、不レ可レ被二召仕一之由、堅可レ置二法度一之由、評儀了、[14]

〔史料3〕

一、他住学衆、毎月二日祈幷臨時祈出仕免許之条者勿論歟、然近比被レ催之条、可レ為二云何一乎先例回章引付等交レ之、由披露之処、任二先例一可レ被レ免レ之、且久世人夫不二召仕一之事、如レ此謂歟之由衆儀了、[15]

〔史料2〕は東寺「鎮守八幡宮方評定引付」の応永二十七年（一四二〇）十二月二十四日条である。富田氏によると、鎮守八幡宮方供僧は廿一口方供僧のほか学衆を主要な構成員としており、その構成員のなかには他住僧もいた。[16] また上島有氏によると、同供僧は久世荘より徴発された人夫を駆使する権利が与えられていた。[17] しかし〔史料2〕によると、応永二十七年に東寺の常住僧に諸々の苦労が重なっているということで、鎮守方供僧のうち、他住の者に対する人夫の配分を停止することが決定されている。

また〔史料3〕は、少し時代が下るが、「廿一口方評定引付」寛正六年（一四六五）十二月二十日条である。他住学衆の「毎月二日祈」と「臨時祈禱」への出仕が免許されている慣行が再確認され、その免許のために他住僧が久世人夫を召し使わなくなった、という事情が記されている。〔史料3〕は〔史料2〕における常住僧の「苦労」の具体的な内容が、「毎月二日祈」「臨時祈禱」であったことを示している点で重要である。なおこのうち「毎月二日祈」は嘉吉二年（一四四二）以降に行われるようになった祈禱であるから、[18]〔史料2〕の応永二十七年当時に「苦労」として主に意識されていたのは、後者の「臨時祈禱」ということになろう。確かに同時期の引付の記事には「当年寺家計会、云二御祈禱一、云二造営一、無二是非一次第也[19]」とあり、同時代でも祈禱が造営とともに寺家の業務として大きな負担であるとの認識があった。つまり両史料は、臨時祈禱において「苦労」をしていた常住僧に報いるため、それまで鎮守八幡宮方供僧であれば、他住・常住を問わず配分していた夫役について、常住の供僧のみに分配することになったことを示している。人夫がわざわざ配分されたのは、臨時祈禱にともなう雑務上の負担を軽減する意味があったのだろう。

ただ、東寺僧が臨時祈禱に対応したのは南北朝期でも同様なはずであろう。にもかかわらず、彼らはなにゆえ応永二十年代という時期に、常住重視への転換をもたらすほどに「苦労」を感じるようになったのであろうか。

この点を考える上で想起したいのが、足利義持の宗教政策について検討を加えた大田氏の指摘である。氏によると、義持の祈禱政策は、その執政初期には義満期に比べて抑制的であったのに対して、応永二十年代に入ると、公武の堅密化という政治路線を選択したために祈禱対象者の増加という事態を招いた上に、称光天皇・足利義量の不例、応永の飢饉にともなう疫病、天災の頻発、鎌倉府との抗争も重なり、慢性的な祈禱の過剰状態に陥ったという。その結果、祈禱の担い手である阿闍梨の故障を誘発して祈禱開催が滞るようになり、義教執政期のはじめには武家護持僧の定員が倍増されるにいたった[20]。この義持期の祈禱政策が東寺の衆中にも影響を与えていたことは、東寺における臨時祈禱が義持・義教・義政期に最も集中的に行われたとする富田氏の指摘からも明らかである[21]。常住僧の「苦労」がほかならぬ応永二十年代に意識されるようになるのは、同時期における公武政権の臨時祈禱の増加という動向と無関係ではあるまい。容易に祈禱の従事者を増員することができない東寺の衆中で取り得た方法は、臨時祈禱の主力たる常住僧の雑務負担を軽減する意味での人夫の優先的な配分だったのである。このように室町期に拡大した公武の臨時祈禱は、東寺常住僧の寺内における役割の増大をもたらし、常住僧の優遇と他住僧の冷遇という傾向に、拍車をかけることになったのである。

二　灌頂院御影供と常住僧

灌頂院御影供は、真言宗の祖師弘法大師空海の忌日である三月二十一日に、空海への供養と報謝のため毎年行われた法会である。法会では金剛界・胎蔵界の供養を行う供養法導師（二名）のほか、導師・讃・祭文などの諸役、あるいは法会に関わる費用を供出する執事頭役など諸役が設定された。この灌頂院御影供について検討を加えた橋本氏は、本来東寺僧に限らず、広く真言宗門徒が負担した供養法導師・執事頭役において十四世紀半ば頃からしだいに東寺の供僧・学衆が関与するようになったことを指摘した。[22] 氏の検討は東寺の組織運営において頭角を現しつつあった供僧・学衆が、真言宗僧団の法会でも活躍するようになったことを示した点で重要であるが、この点も常住僧の観点から再検討してみよう。

（1）　供養法導師と常住僧

灌頂院御影供の供養法導師は、金剛界・胎蔵界の曼荼羅と相対して所作を行う僧のことを示し、各界に一人の計二名が配置された。供養法導師の内一名は、東寺長者（真言宗の他寺貴種僧が就任）が勤めることになっており、長者が供養法を勤める界は「当界」、もう一人が供養法を勤める界は「片壇」と呼ばれた。当界は一年ごとに入れ替わる。すなわちある年に当界が金剛界であれば、次の年の当界は胎蔵界となる。[23] 橋本氏は供養法導師について、応永年間をすぎると、寺務（東寺一長者）が在職していても供僧の一﨟が行う年が多くなる点、寛正頃から寺務の出仕がなく、供僧の上﨟二名が供養法を行う点に注目したわけであるが、常住僧という観点からみると何がみえてくるだろうか。

そこで注目したいのが表6の「供養法導師」欄である。この欄は、その当界・片壇の供養法導師について判明する

（表6つづき）

応仁2	1468	●金勝院融覚	●実相寺公禅	●宝輪院宗寿	10貫	五（ら65）
				—		
応仁3	1469	—	—	智蓮光院光宣		
				●金蓮院尭杲		
文明2〜長享2	1470〜1488	戦乱のため中止				

註1　基本的には「東寺長者補任」（『続々群書類従』史伝部所収），「異本東寺長者補任下」（「阿刀文書」所蔵，翻刻は科学研究費報告書『東寺における寺院統括組織に関する史料の収集とその総合的研究』参照）により作成した．

註2　上記の史料以外によった場合には，典拠欄にその史料の略号を示した．略号については以下を参照．
「学」＝学衆方評定引付，「廿」＝廿一口方評定引付，「満」＝満済准后日記，「五」＝五方算用状，「執行」＝東寺執行日記
なお「（ム23）」は東寺百合文書ム函23号文書，「（天12）」は同天地之部12号文書，「（教1662）」は教王護国寺文書1662号文書を示す．

註3　僧名左の○●印は，その僧が東寺の供僧・学衆であることを示す．またこの内○印は他住（他寺）僧，●印は常住（東寺院家）僧を示す．

註4　—は，管見の限り勤仕者が不明であることを示す．

年の僧名を列挙したものである。まず「当界」導師をみると、南北朝期より供僧・学衆（○●印）の勤仕が確認でき、永享年間以降になると頻繁に確認できるようになるが、注意したいのは応永初年以後の供僧・学衆がすべて東寺院家の院主すなわち常住僧（●印）である点である。また「片壇」でも勤仕者が判明する応永三十年以降、管見の限り全て常住僧である。「廿一口方評定引付」応永二十六年三月十七日条に、「御影供々養法《片壇供養法》事、大方為二重役一歟、仍未来際、以二寺家常住之一﨟一、可レ為二其役一之由、自二寺務一被レ成二奉書一了、披露之処、被二仰出一之上者、不レ可レ有二異儀一[24]」と、片壇については「常住」一﨟の僧が勤仕するよう寺務の三宝院満済より命令があり、東寺側でもそれに従っていることから、応永二十年代には慣例化したようである。

以上の検討より、供養法導師において関与するのが単に供僧・学衆というだけでなく常住僧

（表6つづき）

文安6	1449	菩提院守遍	—	宝池院		
宝徳2	1450	●宝勝院重耀	—	—		
宝徳3	1451	○覚勝院了助	—	隆経		
宝徳4	1452		—	報恩院		
享徳2	1453	●宝勝院重耀	●妙観院隆遍	●宝勝院重耀	3貫	執行
享徳3	1454	観心院賢性	—	戒光院隆増		
				●妙観院隆遍	10貫	五（天31）
享徳4	1455	●妙観院隆遍	●宝菩提院宏寛	随心院		
				密厳院厳盛		
康正2	1456			金剛幢院全融		
				●宝菩提院宏寛	10貫	五（天33）
康正3	1457	観心院賢性	●金勝院融覚	白毫院承珍		
				●宝泉院快寿	10貫	五（教1609）
長禄2	1458	●宝菩提院宏寛	●実相寺公杲	宝幢院実乗		
				皆明寺能春		
長禄3	1459		●金勝院融覚	聖無動院隆昭		
				尊寿院守鑁		
長禄4	1460	●増長院厳忠	●実相寺公禅	大覚寺		
				●増長院厳忠	10貫	五（教1662）
寛正2	1461	理性院宗済	—	西南院重怡		
				●金勝院融覚	10貫	五（教1686）
寛正3	1462		—	宝幢院円誉		
				●実相寺公禅	10貫	五（教1706）
寛正4	1463	●増長院厳忠	●実相寺公禅	大弐源儔		
				桜町快円		
寛正5	1464	三宝院義賢	●増長院厳忠	●仏乗院仁然	10貫	五（教1730）
				宝護院光為		
寛正6	1465		●仏乗院仁然	仏乗院成融		
				●光明院堯忠	10貫	五（教1761）
文正元	1466	●金勝院融覚	●実相寺公禅	宝池院		
				密教院弘典		
応仁元	1467	随心院厳宝	●仏乗院仁然	●宝生院杲覚		
				宝篋院宝瑜		

（表６つづき）

応永24	1417	三宝院満済	—	—		
応永25	1418		—	—		
応永26	1419		—	隆教		
応永27	1420		—	—		
応永28	1421	妙法院光超	—	大覚寺義昭		
応永29	1422	大覚寺義昭	—	尊勝院光経		
応永30	1423	慈尊院実順	●宝厳院宝清	菩提院覚杲		
応永31	1424		●観智院宗海	宝池院義賢		
応永32	1425	真乗院房教	●宝勝院重賢	地蔵院持円		
応永33	1426	宝池院義賢	—	覚王院亮宋		
応永34	1427	大覚寺義昭	—	慈尊院弘継		
応永35	1428		—	真光院禅信		
正長２	1429	随心院祐厳	—	●観智院宗海		
永享２	1430		—	勧修寺尊聖		
永享３	1431	大慈院成基	—	宝幢院実法		
永享４	1432	理性院宗観	—	禅那院賢珍		
永享５	1433	地蔵院持円	—	金剛王院房仲		
永享６	1434	真光院禅信	●観智院宗賢	妙法院賢快		
永享７	1435	慈尊院弘継	—	●宝厳院宝清		
永享８	1436		●宝勝院重賢	智蓮光院宣深		
永享９	1437	●宝厳院宝清	●観智院宗賢	十輪院朗厳		
永享10	1438	金剛王院房仲	—	金剛乗院定意		
永享11	1439	中性院成淳	—	中性院成淳		
永享12	1440		—	勝宝院公淳		
永享13	1441	●宝厳院宝清	—	理証院宣明		
嘉吉２	1442	金剛乗院定意	—	○覚勝院了助		
嘉吉３	1443		—	慈尊院		
文安元	1444		—	菩提院守遍		
文安２	1445		—	威徳寺通海		
文安３	1446		—	安養院実聡		
文安４	1447		—	上乗院義俊		
文安５	1448		—	理性院宗済		

（表６つづき）

永和４	1378	理性院宗助	—	教令院定昭		
永和５	1379		—	頼印		
康暦２	1380		—	菩提院守融		
永徳元	1381		—	金剛乗院俊尊		
永徳２	1382		—	水本隆源		
永徳３	1383		—	○西方院賢耀		
至徳元	1384		—	松橋通賢		
至徳２	1385	地蔵院道快	—	隆範		
至徳３	1386		—	三宝院光助		
至徳４	1387		—	○覚勝院宣誉		
嘉慶２	1388		—	西院寛法		
康応元	1389		—	勝宝院道紹		
康応２	1390		—	池蓮光院宣有		
明徳２	1391	理性院宗助	—	安楽光院実済		
明徳３	1392		—	金剛王院頼俊		
明徳４	1393		—	石山寺守快		
明徳５	1394		—	随心院厳叡		
応永２	1395		—	三宝院定忠		
応永３	1396	金剛乗院俊尊	—	○慈雲寺成聖		
応永４	1397		—	—		
応永５	1398	●増長院行宝	—	妙法院超済		
応永８	1401	●増長院行宝	—	三宝院満済		廿(天 12)
応永12	1405	●普光院頼暁	—	—		廿(く 2)
応永15	1408	金剛乗院俊尊	—	—		執行
応永16	1409	—	—	大慈院成基		廿(く 5)
応永17	1410	三宝院満済	—	今熊野照賀		廿(く 5)
応永18	1411		—	—		
応永19	1412	報恩院隆源	—	—		
応永20	1413		—	真乗院		満
応永21	1414	菩提院守融	—	威徳寺弘禅		満
応永22	1415	随心院祐厳	—	●実相寺隆禅		満
応永23	1416		—	妙法院光超		満

表6　南北朝・室町期における灌頂院御影供供養法・執事勤仕者一覧

年	西暦	供養法導師		執事頭役		典拠
		当界	片壇	勤仕者	助成	
康永3	1344	三宝院賢俊	—	地蔵院覚雄		
康永4	1345	慈尊院栄海	—	無量寿院賢季		
貞和2	1346	三宝院賢俊	—	良誉		
貞和3	1347		—	○宝光院了賢	7貫	学(ム23)
貞和4	1348		—	俊性		
貞和5	1349		—	性弘		
観応元	1350		—	○大慈院親海	5貫	学(ム23)
観応2	1351	報恩院隆舜	—	妙法院定憲		
文和元	1352	「依天下騒乱令延引了」				
文和2	1353	○大慈院親海	—	随心院通厳		
文和3	1354		—			
文和4～延文6	1355～1361	「中絶」				
康安2	1362	三宝院光済	—	三宝院光済		
貞治2	1363		—	菩提院道淵		
貞治3	1364		—	新熊野宋弁		
貞治4	1365	○西方院仲我	—	○西方院仲我	5貫	学(ム41)
貞治5	1366	三宝院光済	—	西南院弘賢		
貞治6	1367	妙法院定憲	—	証聞院性禅		
応安元	1368		—	覚王院宗縁		
応安2	1369	理性院宗助	—	安祥寺興雅		
応安3	1370		—	石山寺杲守		
応安4	1371		—	○宝悟院頼我	3貫	学(ム47)
応安5	1372		—	○大慈院全海	3貫	学(ム48)
応安6	1373		—	勝宝院道厳		
応安7	1374		—	威徳寺道弘		
永和元	1375		—	真言院禅守		
永和2	1376		—	理性院宗助		
永和3	1377		—	地蔵院道快		

であり、それは応永年間頃からのことであったことがわかる。[25]

本来、供養法導師を勤める資格のない東寺の常住僧が、それを勤めるようになったのはどうしてだろうか。そこで注目したいのは、常住僧が当界の供養法導師を勤めるようになったいきさつを記した「廿一口方評定引付」応永十二年三月十八日条である。

〔史料4〕

一、当年灌頂院御影供々養法事

寺務僧正俊尊、為二公方(足利義満)御祈禱一、参二籠于北野社一之間、灌頂院供養法参懃難レ叶、定額(頼暁)一﨟可二懃仕一之由被レ仰之間、評定之処、定額一﨟参懃事、寺務幷加任長者、或病気或辞退之時、邂逅之例也、而先年以後及二両三度一、如レ此以二参籠之儀一故障之条、不レ可レ然之間、此子細、一往申二寺務一、且公方様可二歎申一之由、治定了、

後日記レ之

此事、以二三宝院(満済)一内々伺申之処、近年参籠之時、定額一﨟懃仕之上者、至二当年一、強定額不レ可レ申二所存一歟、所詮、以二近年之例一、定額一﨟可二勤仕一之由被二仰出一之間、其分治定、仍普光院法印頼暁可二懃仕一之由、治定了、[26]

史料では、寺務の俊尊が公方（足利義満）の祈禱のため北野社に参籠しており、灌頂院御影供に参勤することが難しいので、定額僧（東寺寺僧）の一﨟である頼暁が、御影供供養法を行うよう命じている。しかし、東寺衆中の側では、俊尊がその参籠を理由に数年にわたって供養法を勤仕しない点を非難し、俊尊を通じて義満に抗議するよう決定している。しかし後日、三宝院満済に内々でこの件について尋ねたところ、近年、俊尊の北野社参籠ということで御影供供養法を定額僧の一﨟が勤めてきたのであれば、当年のみ不平をいうべきではないとして、定額一﨟の勤仕を命じたという。

俊尊は足利義満の側近として、当時の宗教界で大きな影響力をもった人物であったことが知られているが[27]、彼の動向からは武家の祈禱を重視し、御影供を避ける貴種僧の動向がうかがえる。先に武家祈禱が東寺常住僧の活動を規制する直接的な原因となった例を示したが、ここでも間接的ながら武家祈禱が常住僧の活動に影響を与えていたことがわかる。

（2）　執事頭役と常住僧

灌頂院御影供では捧物・布施や役僧への被物として、六〇〜八〇貫文の費用が必要だったが[28]、その御影供の経費を負担するのが執事頭役である。この執事頭役については、橋本氏が当初僧綱位にある真言宗門徒の巡役であったが、南北朝期以降になるとしだいに供僧・学衆が執事頭役に関与するようになったことを指摘している。そこで表6の「執事頭役」欄をみると、確かにすでに南北朝期より供僧・学衆の執事頭役がみられるのだが、さらに応永年間を境として供僧・学衆のなかでも、常住僧の勤仕が確認できることがわかる。ここから執事頭役もまた供養法導師と同じく常住僧の進出が確認できるのだが、注意したいのは、その変化ののち、執事勤仕者に対する寺家からの助成基準に変更が加えられた点である。先述のように、灌頂院御影供の執事は多額の費用を要したため、執事となった者は他者から助成を受けることがあった。東寺の寺家でも供僧・学衆に対して助成をしており、表6の「助成」欄は助成の事実が確認できたものを列挙したものである。先述のように、応永二十年代以降、供僧・学衆の執事勤仕者自体が常住僧で占められるようになったため、当然助成を受けるのは常住僧なのだが、注意したいのは十五世紀半ばになると東寺僧に対する助成について、次のような規定が定められている点である。

〔史料5〕

就二彼頭役助成事一被二定置一条々、

一、件頭役助成之儀、可レ為二未来法式一事、

一、料足之分斉幷出所事、毎度可レ為二拾貫文一五貫文浮足方 五貫文久世方、此外更不レ可レ有二増減之儀一者也、

一、不レ云二供僧・非供〔僧脱〕一、可レ有二合力一也、縦雖レ非二久世之供僧一、為二不退常住之仁一者、必可レ有二助成一也、但仁和・醍醐・大覚寺已下他寺之輩、或加二学衆一、或一旦於下令二交衆一仁上者、不レ可レ有二助成之儀一、兼又依二彼頭役一近々為レ預二寺家之合力一、可レ有下令二交衆一之事上歟、如レ此輩、一切不レ可レ有二助成一之由、衆儀治定畢、[29]

〔史料5〕では、第一条で執事頭役に助成を与えること、第二条でその助成額が一〇貫文であり、それは東寺寺家の組織である浮足方と久世方（鎮守八幡宮方）から五貫文ずつ供出することが示されているが、ここで注目したいのは、その次の第三条である。この条では、執事に対する助成について供僧か供僧でないかによらず、不退常住の僧であれば助成するとしている。一方、仁和寺・醍醐寺・大覚寺などの京都の真言宗他寺の輩（すなわち他住僧）が、学衆に加わっていたり、東寺の寺僧職を獲得しているからといって助成することはしないと述べている。また頭役になって以後、助成を得ようとして東寺の寺僧職を得ようとする者に対しても、助成をしないことも定められている。先に常住僧の労務面での負担を、人夫役の優先的な配分によってサポートしようとした衆中の動向を示したが、ここからは常住僧の経済的な負担についても、衆中がサポートしようとする姿勢を見出すことができるだろう。

以上本節では、これまで供僧・学衆の関与として捉えられてきた公武の臨時祈禱と灌頂院御影供への東寺における対応の主体について、それが常住僧と読み替え可能であることを示した。この結果、南北朝後期に学衆組織で主導性を強めた常住僧は、応永十年代から二十年代頃にかけてこれら祈禱や法会への関与も深め、寺家でもそのような常住

僧を、人夫・銭の優先的な配分という形で優遇するようになったことが明らかになった。またその背景には、足利義満期から義持期の公武政権による臨時祈禱体制の整備と拡大という動向が関係していた。前章では、京都での守護在京制の確立に対応して、荘園支配をめぐる意思決定の場で常住僧が主導性を発揮し、それゆえに学衆選任の場で、常住が重要な加入条件とされるようになったことを示したが、本章では室町期に拡大した公武の祈禱への対応でも、常住僧が対応せざるを得ず、その労苦に対して優遇されていく状況を明らかにしたわけである。常住僧中心の体制は室町期の政治・社会状況に即応した結果だったということができるであろう。

第二節　常住重視にともなう矛盾

「はじめに」で示したように、網野氏が見通しとして示した東寺僧団の矛盾の実態については、ほとんど検討が進んでいない。そこで本節では、東寺の伝法会学頭として室町期の東寺の教学活動を支えた観智院宗海、そして灌頂院御影供で執事頭役の差定を受けた妙観院隆遍、という二人の常住僧を具体例として取り上げ、常住重視の傾向が生んだ矛盾のあり方を検討することにしたい。

一　観智院宗海の教学活動と常住

前章では、室町期に学衆や伝法会学頭が常住僧で占められるようになったことを示した。この室町期における学衆・学頭の具体的な教学活動については櫛田良洪氏が検討を加えており、寺内外での活発な活動が示されている(30)。ここからは、常住重視の体制がただちに僧団の閉鎖性を示すものではないことがわかる。ただ、寺家運営における常住重視の姿勢と僧団内の活動との矛盾がないわけではない。そこでここでは、特に室町期の伝法会学頭のなかから観智院宗海の教学活動に注目しつつ、この点を検討したい。

宗海については、櫛田氏・富田氏の指摘がある。櫛田氏は宗海について、賢宝の遺跡を継いだのが彼だったこと、宏寿・融然・堅済らとともに仁和寺大聖院で行われた大乗講で活躍が確認できることを指摘している。しかし一方で、賢宝の学風を継いだのは宗海よりも、同じく東寺常住僧の融然であったことを指摘している。また富田氏も観智院に関する検討のなかで、宗海の師である賢宝が、宗海に東寺観智院を譲った際に、賢宝の師杲宝以来観智院主が継承してきた勧修寺流嫡流の証である「血脈相承」「印信」を勧修寺慈尊院に返却したことから、賢宝が宗海の才覚を評価していなかったとの見方を示した[31]。以上の指摘からは、宗海の宗教的な能力には必ずしも高い評価が与えられていないことがわかる。

ただ、宗海の実際の宗教活動に目を向けると、また違った姿がみえてくる。まず東寺の学頭ということでいえば、宗海は応永二十六年（一四一九）から永享元年（一四二九）にいたるまでつとめ、東寺の教学をリードしていた（前章表5参照）。また寺外の教学活動で特筆されるのは、『満済准后日記』においてみられる活発な活動である。この点は西弥生氏が若干言及している[32]ものの、これまでの研究でもほとんど検討されていないので、まず以下では、煩をいとわずにその動向がうかがえる記事を列挙しておこう。

〔史料6〕

①即身談義在レ之、宗海法印講二釈之一、（中略）自二今日一毎日可レ在之由定了、（応永二十五年二月十八日）

②秘鍵談義自二今日一在レ之、試□□定二置之一、学頭宗海法印、同学衆一位僧都賢光、□納言僧都賢長、大納言律師賢紹、治部卿律師円弁、治部卿律師聖清、助阿闍梨□□、二位阿闍梨弘尹、以上七人也、（応永二十六年

二月十三日)
秘鍵談義同前、今日終功了、(同二月二十三日)
宗海□(法)印帰寺、(同二月二十四日)
③中食以後一日両座講問在レ之、証義宗海法印、朝座講師宝清法印、問者聖融律師、夕座講師杲暁法印、問者聖清律師、唄朝座宗海法印、散花実有僧都、(同九月十四日)
④自二今日一清滝宮談義、去年分也、学頭依二指合一延引、読文釈論二巻、学頭宗海僧正、(応永二十九年五月九日)
清滝宮談義結願、(同二十二日)
⑤自二今日一疏奥巻談義、於二金院一沙二汰之一、読師宗海僧正、向聴理性院(宗観)僧正、釈迦院(隆寛)僧正、淳基僧都、賢長僧都、弘忠法印等也、(同五月十日)
疏奥六巻今日終了、宗海僧正為二八幡談義一申レ仮(暇)、先追出、(同二十六日)
⑥宗海僧正自二今日一参住、疏奥巻十一巻談義始レ之、(応永三十年二月三日)
⑦法相百法問答談義今日在レ之、読師東北院長老覚意坊也、去年以来在レ之、当年ハ今日初也、同聴宝池院(義賢)、宗海僧正、聖清律師、淳基僧都、疏談義又如二昨日一、百法問答談義以後也、百座大乗講開白、(中略)講師宗海僧正、問答賢紹法眼、(同二月二十一日)
⑧宗海僧正為二疏談義一自二今日一入寺、宿坊桜町如二前々一、当年始也、(応永三十一年二月九日)
理性院・釈迦院両僧正、為二涅槃会結縁一出京、宗海僧正同前、(同十五日)
⑨疏十九巻談義在レ之、読師宗海僧正、(同十一月四日)
大日経疏廿巻今日聴聞終功了、読師宗海僧正、同聴理性院僧正、釈迦院僧正、弘忠法印入堂、(同十二月一日)

⑩宗海僧正入寺、疏住心品抄二巻初談義、宝池院同聴、理性院僧正・金剛王院（房仲）僧正等同丁聞、（応永三十三年二月一日）

自㆓明日㆒仁和寺伝法会云々、為㆓読師㆒宗海僧正今日申㆑仮（暇）罷帰了、（同二月二十九日）

⑪疏談義住心品了、読師宗海僧正、（同五月十七日）

⑫御請来録不空訳分校合了、読師宗海僧正、（同五月二十八日）

宗海僧正自㆓今日㆒参住、御請来録読進、（同七月十六日）

⑬五社法楽論義在㆑之、講師亮瑜、問者隆済阿闍梨、初度也、問題即身成仏自宗不共事両部大経結集者事也、証義金剛王院僧正幷宗海僧正等也、予又少々口入、弘豪法印同前、（七月十八日）

⑭自㆓今日㆒理趣釈談義始㆑之、読師宗海僧正、（同十月十九日）

⑮今月論義今日行㆑之、講師頼暹阿サリ、問者光俊大法師、問題自性会ニ実行因人有無事、三密可㆑有㆓勝劣㆒乎事、証義房成僧正・宗海僧正、（同十一月二十四日）

⑯於㆓京門跡㆒論義今日被㆑行㆑之云々、宗海僧正為㆓証義㆒参云々、（応永三十四年正月十九日）

⑰自㆓今日㆒宗海僧正参住、釈論談義在㆑之、当年始也、釈論一巻末、（同二月十七日）

⑱今日於㆓清滝宮㆒、為㆓凶徒退治㆒御祈、大乗講沙㆓汰之㆒、講者隆増僧都、問者亮瑜アサリ、証義学頭僧正宗海、予於㆓南経所㆒丁聞、理性院・金剛王院両僧正同参申了、（同十一月十日）

⑲今日於㆓長尾社㆒大乗講在㆑之、講師弘豪法印、問者隆円法印、証義宗海僧正、（同十一月十五日）

⑳宗海僧正当季分自㆓今日㆒参住、蘇悉経下巻初読㆓進之㆒、疏五巻也、（正長元年七月八日）

以上の事例は応永二十五年から正長元年（一四二八）に及んでいる。宗海は永享元年に死去する[33]から、その晩年の活動として位置づけられよう。

その活動を分類すると、大きく二つに分けることができる。第一に談義の講師である。宗海が扱った経典類は、『大日経疏』(⑤・⑥・⑧・⑨・⑩・⑪)をはじめとして、『即身成仏義』(①)・『般若心経秘鍵』(②)・『釈摩訶衍論』(④・⑰)・『理趣釈経』(⑭)・『蘇悉地羯囉経』(⑲)と、真言宗で重視された経疏類を幅広く扱っている。第二に論義の問答に判断を下す証義役である。「五社法楽論義」(⑬)・「今月論義」(⑮)・「京門跡論義」(⑯)・「百座大乗講」(⑦)・「清滝宮大乗講」(⑱)・「長尾社大乗講」(⑲)と、この場合もさまざまな場所で証義としての活動がうかがえる。宗海が満済の「門弟」[34]であったことを考慮すると、これらの行動は満済門流としての活動と位置づけられるかもしれない。ただ、これらの活動のなかで宗海は、教相面でのリーダーともいえる「学頭」(②・⑱)を冠している場合がある点は注意すべきであろう。これを東寺の学頭と解するか、醍醐寺の学頭を兼ねていたと解するか、今のところ結論を出すことはできない。しかし少なくとも、宗海が教相面のリーダーである「学頭」として、醍醐寺教学に深く関与していたことは動かないだろう。さらに以上の記事のなかには、醍醐寺での活動を終えた後も東寺に戻ることなく、「八幡談義」(⑤)・「涅槃会結縁」(⑧)・「仁和寺伝法会」(⑩)と、石清水八幡宮や仁和寺の法会に参加している事例が確認できる。仁和寺大乗講での活躍についてはすでに櫛田氏が指摘しているが、これらの動向はそれに加えて、宗海の活動が東寺・醍醐寺に止まらず、京都真言宗の社会のなかで幅広く展開していたことを示している。

以上の検討より、応永末年の京都の真言宗教団において宗海が、特に教相面で活発な活動をしていたことがわかる。むろん『満済准后日記』の記事では宗海以外の東寺常住僧の活動もうかがえるが、宗海の活動は明らかに突出しており、他の僧の追随を許さない。また宗海の活動を杲宝・賢宝との関係でどのような位置づけを与えるべきかという問題となると、ただちに答えは与えられないかもしれないが、少なくとも当該期の僧団内における宗海は、東寺伝法会学頭そして観智院院主の名に恥じない働きをしていたことは確かであろう。

　ところが注意したいのは、その宗海が東寺の衆中から次のように非難されている点である。

〔史料7〕

凡観僧正《（観智院宗海）》、近年不レ住二于寺家一、頗背二半常住之儀一歟、凡為二僧正以上身一、万事陵《（凌）》爾、進退放題歟、急為二衆儀一、可レ加二諷諫一之由、衆儀畢、（後略）

〔史料8〕

観智院僧正、常住衆之不常住之段、大法不レ可レ然、次者、為二僧正一高野之別当不レ可レ然之由、此二ヶ条、宝勝院《（重賢）》・当奉行《（快寿）》、以二両使一被二申送一之処、彼返事云、何状承旨、其謂尤候、雖レ然、先高野別当事者、（中略）次者、不常住之事、難レ去事共候、所詮、自二明年一半常住可レ被レ成候、左様候者、堅其分可二心得申一之由被レ申之間、又寺家之衆儀云、自二明年一半常住所望被二申上一者、可レ為二其分一、然者、任二先例一、毎年一年中ノ日記、慥可レ有二沙汰一之由、衆儀畢、

　史料はいずれも東寺の「廿一口方評定引付」で、〔史料7〕が応永三十年十二月四日条（「東百」く函一〇）、〔史料8〕が正長元年十二月十八日条（「東百」ち函七）である。つまり宗海が醍醐寺やその他の寺院で活発な教学活動を展開していた時期にあたる。注意したいのはその宗海が、両史料では東寺僧から寺家に常住していないことで厳しく非難されている点である。これに対して宗海は、「去り難き事共候」と弁解を加えつつも、来年からは廿一口供僧の義務とされた半常住を守る旨を衆儀に対して約している。ここから以下の二点が指摘できる。

　まずこの事例では、これまでもみられた他住僧の排除という形ではなく、常住僧の不常住の非難に及んでいる点が注目される。ここからいっそうの常住重視の姿勢が見出せよう。

しかしもう一点確認したいのは、この事例が常住重視の傾向がもたらす衆中内部の矛盾をも示している点である。宗海の活動は真言学僧の活動としてみれば、東寺学頭あるいは東寺観智院の名に恥じない真言宗教学を背負って立つ活動として評価されるべきであるにもかかわらず、その宗海が、寺内では不常住を理由に非難の対象となっているからである。ただ、だからといって、常住僧が宗海を非難することをもって堕落ということはできない。先にみたように、この時期は常住僧が公武政権の祈禱命令に「苦労多々」と漏らしていた時期にほかならず、また応永の末年は、応永の飢饉にともない荘園支配においても大きな転機を迎えており[35]、その対応に四苦八苦していたのも、ほかでもない常住僧だったからである。つまり、宗海は真言宗教学のリーダーと寺家運営を担う常住僧、という二つの立場の間で大きな矛盾に直面していたのである。

宗海以後の観智院院主については、杲宝・賢宝と比較しても高い評価が与えられているとは言い難いが、その理由としては宗海以後の院主個人の資質というだけでなく、常住重視の傾向を強めていた東寺衆中の存在により、学僧としての動きに大きな制約が加えられたことも大きく関わっていたのではないだろうか。

二　執事頭役の常住僧勤仕にみる矛盾

前節では、室町期の灌頂院御影供で常住僧の果たす役割が拡大し、それにともない寺家内部で常住僧を優遇しようとする動きがみられたことを確認した。しかしこのことは言い換えれば常住僧の負担が増したことを示している。それは常住僧の優遇という事態が、次のような前提のもとで成立していたことからわかる。次の史料は、常住僧の執事頭役に対する助成が決定した〔史料5〕の直前の記事であり、その助成が決定するにいたる過程に関して記したものである。

〔史料9〕

①一、付二灌頂院御影供執事々一、三宝院（義賢）門跡依レ仰参、仰趣、近年依レ為二執事大儀一、可レ進極官輩不レ成二其臨一歟、仍此一両年、法印懃レ之、依レ之、無力輩或陰居或離寺、不便次第也、所詮、従二当年一、両頭分可レ被レ定之由被二思食一、所存仁和寺殿所被二仰談一御返事如レ此、以二評議一可レ申二御返事一云々、（三月八日条）

②一、妙観院法印隆遍陰居之由状披露畢、就レ之、執事頭役、自二寺家一可レ有二助成一之事可二申送一云々、（三月十一日条）

③一、自二三宝院殿一被二仰出一云、隆遍法印陰居事、不便至極也、仍執事用脚内、千疋分可レ有二御助成一也、其外寺務捧物三百五十疋半分定・余僧七口分三百五十疋半分定以下七貫文、六条八幡宮神宮寺供料ヲ以テ、連々可レ被レ遣レ之、自余事、為二寺家一、何様ニモ可レ致二了簡一云々、然ニ実相寺（公禅）千疋分可レ有二奔走一歟之由、堯忠内々令レ申之処、無二子細一領状了、寺家千疋等ッ合卅七貫文可レ有レ之歟之由、披露之処、如レ此之上者、急為二執行方一可レ有二注進一由、可二申送一云々、（後略）（三月十五日条）(36)

史料では、①常住僧に対する助成が定められた背景として、「此一両年」に執事頭役に指名された「無力輩」が隠居したり、離寺したりする状況がみられるようになったという状況があったこと、②実際に享徳三年（一四五四）の執事に指名（前掲表6参照）された東寺常住僧の妙観院隆遍もまた、「陰居之由状披露畢」と隠居を申し出ていたこと、③それゆえに「不便」と考えた三宝院義賢が自らも資金援助するとともに、傍線部のように寺家にも一〇貫文の助成をするように求めたこと、が記されている。先の〔史料5〕はこの決定をうけて、今後も寺家の助成を継続することと、その運用の基準を定めた法令だったのである。

ここからは、常住僧の執事頭役の勤仕は、その経済的な負担ゆえにかえって常住僧の常住をさまたげる結果をもたらしていたことがわかる。その意味では寺家の助成とは、その常住体制の崩壊を食い止める苦肉の策だったともいえよう。このような事態にいたった背景は、寺僧の経済的な困窮にあり、それは荘園制の動揺とも大いに関係したものと思われる。寺僧の常住は多様さを増した室町期における寺家の活動を衆中が支えることを可能にした。しかし十五世紀の半ばには、常住僧が対応できる容量が飽和状態にいたっていたのである。ここにも常住重視の体制が直面した矛盾とその限界を見出すことができよう。

以上のように、常住重視の姿勢が進展する室町期には、一方で常住僧が労働面・経済面での過重な負担を強いられていた。それゆえに門流の関係や学問的な欲求に基づく寺外での寺僧の活動、あるいは寺僧の常住を支える経済力に支障を生じさせていた。このような例は、室町期の段階でいえば決して多く見られる事例ではないかもしれない。しかし、前章でも示したように、応仁・文明の乱後になると、常住体制は崩壊し、常住僧の主要メンバーである東寺院家の院主たちのなかにも寺外に出て地方に下向し、田舎僧との授法を介した門流関係に依りつつ、院家や寺家を維持していく方向を模索する僧が出てくるようになる。(37) その意味では、室町期の常住体制の強化にともない生まれた矛盾は応仁・文明の乱を境に拡大を遂げ、常住重視の体制を崩壊させたともいえる。ここに網野氏が見通した矛盾と中世的（室町期的）な体制の崩壊という流れの一つの具体例を見出すことができるだろう。

おわりに

本章では常住僧の宗教活動に注目して、南北朝後期に形成された常住重視の体制が室町期にどのように推移したのか、という点を検討した。その結果以下の二点を指摘した。

まず第一に、これまで富田氏や橋本氏によって供僧・学衆の自治の進展として評価されてきた公武の臨時祈禱や灌頂院御影供への関与という動向が、常住僧の関与の深化として読み替えられることを示した。そしてその背景には、足利義満期・義持期における室町殿の祈禱体制の整備・拡大という動向があることも指摘した。その結果、東寺で室町殿の祈禱体制に即応したのが常住僧であったことが明らかとなり、東寺衆中における常住僧中心の体制が、室町期の社会へ適応するなかでさらに発展していったことがより明確になった。

そして第二に、観智院宗海や妙観院隆遍といった常住僧の活動をみると、常住重視の体制が進展したことにより、門流の関係に基づく活動や教学面での向上を目指して寺外で活動しようとする寺僧の活動が妨げられる、または常住そのものが脅かされるといった矛盾も生まれていたことを指摘した。この常住体制のもとで圧迫された寺僧の動向は、室町期の段階に多発していたわけではない。しかし、戦国期における常住体制の崩壊はこのような矛盾の拡大という形をとることになる。その意味では常住体制の崩壊の芽が室町期の矛盾のなかに伏在していたといえよう。それは網野氏が見通した中世東寺衆中の矛盾、そして崩壊という見通しの具体相として位置づけられるであろう。

なお第一節では、京都の中央政府や真言宗僧団との関係からの検討に終始したが、前章同様、地方社会との関係には検討が及ばなかった。宗教活動という点から地方社会との関係を考える際に注目されるのは、田舎の真言宗僧団の動向との関係である。室町期の東寺における常住重視の姿勢は、常住僧の京都真言宗社会における幅広い活動を阻む要因となったが、このような教学交流の壁としての常住体制のあり方は、田舎の僧との関係においてもあてはまる。たとえば、南北朝時代の貞和二年（一三四六）「東寺寺僧規式」[38]の土代では「於二末寺辺山寺僧一者、不レ可レ入レ之、但器用抜群之仁、若離二本所一居之□、競二望寺僧一者、経二廿四ヶ月一可レ入レ之矣」と、原則としては末寺辺山寺僧の加入を禁止しつつも、条件つきでは認めていた可能性がみとめられるのに対して、室町期の「東寺交衆仁躰俗姓法度」[39]では「於二自今以後一者、任二旧例一、田舎法師輩、雖レ致二寺僧望一、一切不レ可レ有二許容之儀一、縦雖レ為二権家之口入・同諸門跡之門弟号一、子細同前」と、田舎法師の寺僧加入に対して厳しい態度を示すようになっていた。ここからは京都の他住僧同様に田舎僧を排除しようとする室町期衆中の姿を見出すことができるだろう。そしてこの点を踏まえた上で注意したいのは、この田舎僧に対する閉鎖性が強まる十五世紀半ばの時期には、一方で根来寺に田舎僧が教相研究のために集結するようになっている点である。[40]真言宗僧団の教相研究における京都から根来寺・高野山両寺院への主導権の移行という点については、これまで漠然と中世後期における京都の後退と根来寺・高野山の台頭という流れが示されてきたが、東寺における常住重視という動向との関係性については注目されていない。その意味では東寺常住僧の問題は、決して東寺一寺の問題ではなく、中世後期の京都真言宗僧団全体を考える上でも大きな意味をもつ可能性を秘めており、今後さらに検討を重ねる必要があろう。

また第二節では、寺僧の寺外における活動の活発化を室町期的な体制の崩壊という分脈で位置づけたが、この動向は一面で衆中の戦国期的ひいては近世的転生の出発点としても位置づけが可能であろう。この点の検討は今後の課題である。また戦国期の東寺では、寺外に出る寺僧がいる一方で、寺内にとどまって変化の激しい畿内の政治状況のなか各勢力と緻密な交渉を重ねる衆中の姿がみられる点も見逃せない。[41]つまり、戦国期の衆中は室町期に比べて求心性が低下しつつも空洞化することはなく、一定度の機能は維持させていたのであり、その意味で戦国期の東寺は、院政期から鎌倉初期のような荒廃期と同一視できない。よって、戦国期東寺の僧団を理解するためには、寺外に出る僧とともに、寺家に残った僧の動向も含めて総合的な性格づけが必要となってくる。この点も今後の課題である。

註

（1）櫛田良洪「中世東寺教学の展開」（同『続真言密教成立過程の研究』山喜房仏書林　一九七九年）。

（2）富田正弘「中世東寺の祈禱文書について」（『古文書研究』一一　一九七七年）、同「室町時代における祈禱と公武統一政権」（日本史研究会史料研究部会編『中世日本の歴史像』創元社　一九七八年）、同「観智院宗宝の生涯にみる教学と寺役」（中世寺院史研究会『中世寺院史の研究　下』法蔵館　一九八八年）。

（3）橋本初子「灌頂院御影供と僧綱の勅役」（同『中世東寺と弘法大師信仰』思文閣出版　一九九〇年）。

（4）前掲註（2）富田「室町時代における祈禱と公武統一政権」、同「室町殿と天皇」（『日本史研究』三一九　一九八九年）、同「嘉吉の変以後の院宣・綸旨」（小川信編『中世古文書の世界』吉川弘文館　一九九一年）。

（5）富田氏以後の宗教政策の研究状況については、大田壮一郎「室町幕府宗教政策論」（同『室町幕府の政治と宗教』塙書房　二〇一四年、初出二〇〇七年）。

（6）網野善彦『中世東寺と東寺領荘園』（東京大学出版会　一九七八年）。

（7）上川通夫「寺院史研究と東寺」（東寺宝物館編『東寺とその荘園』東寺宝物館　一九九三年）。

（8）前掲註（5）大田著書所収諸論文参照。

（9）前掲註（2）富田「室町時代における祈禱と公武統一政権」。

（10）「廿一口方評定引付」永享三年六月八日（「東百」ち函八）。

（11）『満済准后日記』永享三年六月六日条。

（12）「廿一口方評定引付」応永十一年七月十八日条（「東百」く函一・天地之部五六）。

（13）「廿一口方評定引付」応永十五年五月一日条（「東百」く函四）。

（14）「鎮守八幡宮方評定引付」応永二十七年十二月二十四日条（「東百」ワ函三五）。

（15）「廿一口方評定引付」寛正六年十二月二十日条（「東百」け函一七）。

（16）東寺の供僧・学衆組織の構造については、富田正弘「中世東寺の寺院組織と文書授受の構造」（『資料館紀要』八　一九八〇年）参照。

（17）上島有『京郊庄園村落の研究』（塙書房　一九七〇年）。

(18) 小寺泰二「東寺造営方奉行について」(『資料館紀要』二三　一九九四年)など参照。

(19) 「最勝光院方評定引付」応永二十五年十二月二十一日条(「東百」る函三〇)。

(20) 大田壮一郎「足利義持政権と祈禱」(前掲註(5)大田著書、初出二〇〇九年)。

(21) 前掲註(2)富田論文。

(22) 前掲註(3)橋本論文。

(23) 灌頂院御影供の式次第については、「東長儀」「栄海僧正拝堂幷御影供記」(ともに『続群書類従』第二六輯下)など参照。

(24) 「廿一口方評定引付」応永二十六年三月十七日条(「東百」ち函三)。

(25) なお、「廿一口方評定引付」寛正四年二月二十一日条(「東百」天地之部三六)によると、近年の祭文役は「当寺常住輩内、以二巡臈次器用人一、挙達申者也」と常住僧が臈次によって勤めていたという。また同日条では「近来彼所役等、皆以故障、臨二其時一及二闕如一、別当方迷惑之間、供僧中致二談合一、不レ及二闕如一之様、加二了簡一、片壇以下所作、大略可レ為二巡役一」と、御影供に関わる所役がおおむね常住僧を担い手としていたことも指摘している。これらの記述からすると、十五世紀半ば頃には、供養法に限らず灌頂院御影供の諸役は、おおむね東寺の常住僧が担い手となっていたといえそうである。

(26) 「廿一口方評定引付」応永十二年三月十八日条(「東百」く函二)。

(27) 大田壮一郎「大覚寺門跡と室町幕府」(前掲註(5)大田著書、初出一九九九年)、同「摂津勝尾寺と足利義持政権」(同前)。

(28) たとえば貞治三年(一三六四)には七六貫二〇〇文(『東寺執行日記』二)、宝徳四年(一四五二)は六二貫四〇〇文、享徳二年(一四五三)は六三貫九五〇文(高橋慎一朗「『醍醐寺文書』の東寺御影供関係史料について」(『東京大学史料編纂所研究紀要』一二　二〇〇二年))が執事頭役から捻出されている。

(29) 「廿一口方評定引付」享徳三年三月十五日条(「東百」天地之部三一)。

(30) 前掲註(1)櫛田論文。

(31) 前掲註(2)富田「観智院宗宝の生涯にみる教学と寺役」。

(32) 西弥生「中世醍醐寺の修法と教相」(永村眞編『醍醐寺の歴史と文化財』勉誠出版　二〇一一年)。

(33) 前掲註(31)富田論文。

(34) 『満済准后日記』正長二年四月二十八日条。

（35）応永の大飢饉とその荘園制への影響については、清水克行『大飢饉、室町社会を襲う！』（吉川弘文館　二〇〇八年）、同「荘園制と室町社会」（『歴史学研究』七九四　二〇〇四年）参照。

（36）前掲註(29)参照。なおこのうち三月八日条については、実際には見せ欠・墨抹部分が多数あるが、読みやすさを優先して、それらの表現を省略している。

（37）櫛田良洪「中世関東東寺教団の成立」（前掲註(1)櫛田著書）、宮野純光「戦国期における真言僧関東下向の一考察」（『大正大学大学院研究論集』二八　二〇〇四年）、同「中世末真言宗における法会執行と寺僧の活動」（佐藤成順博士古稀記念論文集刊行会編『東洋の歴史と文化』山喜房仏書林　二〇〇四年）、同「東寺宝菩提院三密蔵聖教の成立過程」（五味文彦・菊地大樹編『中世の寺院と都市・権力』山川出版社　二〇〇七年）。

（38）「学衆方評定引付」貞和二年十月十四日条（「東百」ム函一八）。

（39）「東百」ク函三七。

（40）坂本正仁「中世後期における根来寺と地方寺院・僧侶」（『根来寺文化研究所紀要』二　二〇〇五年）。

（41）野田泰三「戦国期の東寺と権力」（大山喬平教授退官記念会編『日本国家の史的特質』思文閣出版　一九九七年）、高橋敏子「東寺寺僧と公文所との相論にみる三好政権」（東寺文書研究会編『東寺文書にみる中世社会』東京堂出版　一九九九年）、宮野純光「戦国期東寺寺家における寺役と寺僧」（『鴨台史学』三　二〇〇二年）。

第四章　室町期東寺衆中における宿老・若衆

はじめに

近年の中世後期顕密寺院の研究では、在地性の深化、寺院間の連合などその自立性を重視する見方が提示され、それらの研究では在地勢力との関係が深い行人のような下級僧侶、公人のような寺家被官人、寺院をまたいで活動する勧進聖の存在が注目されている(1)。一方、室町期の顕密寺院については、武家政権による宗教勢力の再編成という視点からの研究も進み、そこでは主に貴種僧を対象とした施策の実態が明らかにされている(2)。

以上の研究動向からは、室町期顕密寺院の自立性と中央政権の再編成との関係性が次なる問題として導き出される。この関係性を検討する上で注意しなければならないのは、在地勢力との関係が深い行人・公人層と中央政権との関係が深い貴種僧との間に位置する一般学侶層、そしてその学侶集団の意思決定をした衆中動向である。室町期の衆中の動向については近年延暦寺の研究(3)が進歩を遂げているが、延暦寺のような強力な武力を背景にもった顕密寺院はわずかで、顕密寺院一般の動向をつかむには、中小の寺院にも目を向けていく必要があるだろう。本章では東寺の例から、この点について検討を加えることにしたい。

そこでまず、東寺衆中に関する研究を整理するなかで論点をさらに具体化させたい。

中世東寺の衆中を考える上で、まず触れなければならないのは網野善彦氏の研究である。[4]氏は、東寺供僧・学衆の集会組織・供料荘支配の分析から、東寺衆中の自治が鎌倉末期から南北朝期にかけて発展し、特に集会組織のほぼ出揃う南北朝前期を「中世東寺の最盛期」と評価した。一方、室町期には、荘園支配の安定から衆中の自治は安定期を迎えるが、同時に個性的な人物が現れなくなり、「ことなかれ主義」が顕著になることから停滞期とも評価した。これに対して、伊藤俊一氏は室町期における東寺衆中への加入・制裁の慣行を検討するなかで、その方針決定が非供僧を含む老若の衆議で行われたことを示し、特に十五世紀中葉以降における寺僧若衆の排外性をともなう活動を重視して、室町期にも東寺衆中の自立性が強化されていると評価した。[5]両氏の研究は室町期の評価に違いがあるものの、外部勢力に対する自治・自立といった点を論点に据えている点で共通している。この自治・自立性を基準に置く視点はその後の東寺研究でも重視された。[6]

ところが近年、特に網野氏の指摘に対して、仁和寺御室などの貴種僧の影響力を強調する見解が示されている。[7]このような自治・自立性の視点の相対化は室町期でもみられる。公武の祈禱体制への参加、[8]中央政権や有力貴種僧との交渉費用を扱う五方のような部門の形成[9]といった指摘はその一例である。しかし、自立・自治と中央政権による編成という両面がどのように関わるのか、この点はいまだ明確にされていない。

よって本章では、その課題に取り組みたいのであるが、その際注目したいのは東寺衆中における宿老と若衆である。老若としての寺僧の活動についてはすでに伊藤氏が重視しているものの、具体的に検討を加えたのは衆中への加入、あるいは衆中による制裁など活動の一部にとどまり、依然として宿老・若衆それぞれの集団の実態、そして同じく寺僧を構成員とする供僧学衆組織との関係は明らかにされていないからである。しかし、右の問題を考える上で宿老・若衆の実態解明は重要な論点を提供するものと思われる。

そこで本章では、まず第一節で、東寺寺僧の宿老・若衆としての諸活動を概観して、宿老・若衆各集団の特質を示す。また同時に、老若と供僧の集団としての性格の違いも明らかにする。その上で第二節では、主に若衆としての活動を検討するなかで、宿老・若衆の活動が鮮明となる時期としての室町期に注目し、その活動が活発化する背景を探るなかで、室町期衆中の性格の一端を明らかにしたい。(10)

第一節　東寺寺僧の宿老・若衆としての活動

老若という集団原理は、集団特有の年功に依拠した臈次による秩序に基づいており、中世社会でも都市・一揆・惣村・座などさまざまな集団で確認される。(11)特に村落研究の分野では文献史学(12)・民俗学(13)双方に豊富な研究蓄積があり、中世の寺僧集団の研究でも宿老・若衆に関する指摘はある。(14)東寺衆中の場合、宿老・若衆の集団には供僧組織のように加入条件が設定されておらず、寺僧は出仕と同時に若衆組織に加入したこと、老若の階梯は仏法習熟度を示す僧位僧官に依拠しており、その区分は権少僧都以下が若衆、権大僧都以上が宿老とされたことが伊藤氏によって指摘されている。また宿老・若衆としての活動についてもこれまでの研究では断片的に取り上げられてはいるものの、総合的な活動実態やその性格づけはなされていない。そこで本節では、宿老・若衆の活動を幅広く整理するなかで、宿老・若衆それぞれの特徴、供僧組織としての活動と比較した時の老若としての活動の特徴を明らかにしたい。

一　若衆としての活動

若衆の活動としては、寺僧の加入・制裁への関与や経済活動が知られている。(15)しかし若衆の活動はそれにとどまらない。以下では若衆の多様な活動を、特に若衆論義の勤仕・運営、寺内掃除の奉行、寺内秩序の維持に分けて整理しておきたい。

（1）若衆論義の勤仕・運営

若衆論義は毎月十三日に鎮守八幡宮で行われた論義であり、寺僧若衆が講師・問者のほか散花・唄もつとめた。また、論義の運営は評定で行われた。論義方に関する評定引付は現存していないが、法式・引付記事を整理した「若衆論義方新古法式条目」[16]（以下では単に「論義方条目」と記す）から論義の目的や運営状況を知ることができる。

それによると、若衆論義の目的は「当会者、若輩為二法門稽古一、雖レ无二才学一、自他論二談之一、以レ此又奉レ捧二神法楽一、各為レ蒙二神加護一也、然而、已達仁交衆之時、若輩恥而不レ能二法談一、仍律師已下可レ為二此衆一」[17]とされている。すなわち、若衆論義は仏法の教義・作法に関して未熟なレベルにある若衆が、その稽古を積むために論談し、それを八幡神の法楽として捧げることを目的としていた。それゆえに「已達仁」とされる高位の僧は問答・法要に加わることはなく、権律師以下（公・阿闍梨・権律師）の低い位の僧が構成員とされた。また、「自二出仕之次年一、必可二懃仕一」[18]と、東寺寺僧として出仕した次の年より勤めはじめることになっていた。確かに、若衆論義における講師・問者・唄・散花の結番状・着到状をみてみると、ごく一部の例外を除いて、権律師以下の寺僧が毎月交替でそれらの役割を勤めている[19]。

評定についても、「不レ依二歳之若少一、出仕之翌年、講問等之所役懃仕之年ヨリ評定出仕了」[20]とあるように、年齢によらず、寺僧として出仕した翌年には参加することになっていた。評定奉行は一年交替で、やはり権律師以下の寺僧が勤めた（表7参照）。

表7　若衆論義方評定の奉行一覧

年	西暦	奉　行	僧　　位	典　　拠
応永29	1422	公杲	大納言律師	「東百」追加 17
応永33	1426	寛祐	治部卿阿闍梨	同　上
応永34	1427	長我	民部卿阿闍梨	同　上
正長 2	1429	聖清	治部卿律師	同　上
永享 8	1436	寛祐	治部卿律師	同　上
永享11	1439	堯秀	大進(光明院)律師	同　上
文安 2	1445	堯全	(帥阿闍梨？)	同　上
文安 3	1446	頼清	(少納言阿闍梨？)	同　上
文安 6	1449	原永	(治部卿律師？)	同　上
宝徳 2	1450	原永	治部卿律師	同　上
宝徳 3	1451	宝済	宰相律師	同　上
享徳 4	1455	覚永	卿律師	同　上
長禄 4	1460	俊忠	刑部卿阿闍梨	同　上
寛正 4	1463	厳信	宰相阿闍梨	「東百」天地 36
寛正 5	1464	仁盛	卿阿闍梨	「東百」追加 17
応仁 2	1468	厳信	(宰相律師？)	同　上
文明 2	1470	重禅	大輔阿闍梨	同　上
文明 3	1471	慶清	民部卿律師	同　上
文明18	1486	栄舜	兵部卿律師	
延徳元	1489	俊雄	少将律師	同　上
明応 5	1496	真海	大納言律師	「霊宝蔵」2 箱 36
明応 6	1497	賢融	民部卿阿闍梨	「霊宝蔵」2 箱 38
明応 7	1498	瑶遍？ 賢融？	民部卿律師？ 民部卿阿闍梨？	「霊宝蔵」2 箱 41・44
明応 8	1499	瑶遍	民部卿律師	「霊宝蔵」2 箱 44
明応 9	1500	勝円	民部卿阿闍梨	「霊宝蔵」2 箱 49
文亀元	1501	勝円	民部卿阿闍梨	「霊宝蔵」2 箱 53
文亀 3	1503	勝円	民部卿阿闍梨	「東百」追加 20
永正 3	1506	杲憲	宮内卿公	「霊宝蔵」2 箱 60
永正 4	1507	賢仲	少将阿闍梨	「霊宝蔵」2 箱 63
永正 5	1508	賢仲	少将阿闍梨	「霊宝蔵」2 箱 66
永正 6	1509	杲恂	治部卿阿闍梨	「霊宝蔵」2 箱 69
永正 7	1510	杲憲	宮内卿阿闍梨	同　上
永正 8	1511	実堯	兵部卿公	「霊宝蔵」2 箱 71
永正 9	1512	杲恂	治部卿律師	「霊宝蔵」2 箱 74
永正10	1513	賢仲	少将阿闍梨	「霊宝蔵」2 箱 77
永正11	1514	杲憲	宮内卿阿闍梨	「霊宝蔵」2 箱 83
永正13	1516	真淳	宮内卿阿闍梨	「霊宝蔵」2 箱 90
永正14	1517	堯運	兵部卿阿闍梨	同　上
永正15	1518	宗詢	治部卿律師	「霊宝蔵」2 箱 91
永正16	1519	栄賢	宰相阿闍梨	同　上
永正17	1520	堯運	兵部卿律師	「霊宝蔵」2 箱 94
大永元	1521	栄賢	宰相阿闍梨	「霊宝蔵」2 箱 96
大永 2	1522	堯運	兵部卿律師	「霊宝蔵」2 箱 97

註　同年の散用状が2通作成されており，41では瑶遍，44では賢融が奉行としている．

また論義方の財源は、特定の荘園が設定されることはなく、散在所領よりの加地子得分、寺僧・公人からの寄進銭でまかなわれたようで、その米銭が論義の捧物・支具料、奉行やその他組織運営に関わる者への給分にあてられた。(21)

(2) 寺内掃除の奉行

中世における禁裏・寺社など聖なる場の清掃は、諸荘から徴発した人夫、キヨメを生業とする河原者・散所・犬神人により行われた(22)。東寺でも、御影堂周辺の長日掃除、灌頂院御影供・室町殿御成などの盛儀の前に行われた臨時の掃除、あるいは池堀・敷砂のような場合には、散所・河原者や寺辺地・近郊荘園から徴発された人夫が動員された(23)。若衆は掃除業務において、以下の二点で関わりをもった。

まず第一に、法による人夫・奉行の規制である。「若衆掃除方評定引付(24)」には人夫の遅参・不参への対処、掃除の範囲、奉行の服務に関する規定がみられる。掃除に関する評議は権律師以下の寺僧で行われた。評定の奉行は権律師の僧に限定され、阿闍梨以下の事例はない（表8参照）。このことは、同じ若衆の組織でも掃除方が論義方に比べ上位に位置づけられていたことを推測させる。

表8　若衆掃除方評定の奉行一覧

年	西暦	奉行	僧　位	所　収
応永33	1426	快寿	宝泉院律師	「東百」け 17
正長 2	1429	原清	正覚院律師	「霊宝蔵」1 箱 18
永享 2	1430	深清	卿律師	同　上
永享 4	1432	弘賢	兵衛督律師	「霊宝蔵」1 箱 19
永享13	1441	宗寿	二位律師	「霊宝蔵」1 箱 20
文安 5	1448	原永	治部卿律師	「東百」ユ 74
文安 6	1449	覚祐	少輔律師	「東百」ナ 36
宝徳 2	1450	原永	治部卿律師	「東百」け 6
宝徳 3	1451	堯全	帥律師	同　上
宝徳 4	1452	宏清	三位律師	「東百」ナ 40
享徳 2	1453	堯全	帥律師	「東百」ナ 41
享徳 3	1454	覚祐	少輔律師	同　上
享徳 4	1455	原永	治部卿律師	「東百」ナ 42
康正 2	1456	覚永	卿律師	同　上
寛正 4	1463	融寿	宮内卿律師	「東百」ナ48・天地36
寛正 6	1465	原永	治部卿律師	「東百」け 17
応仁 2	1468	慶清	民部卿律師	「東百」ナ 49
文明18	1486	祐源	侍従律師	「東百」ワ 79
明応 4	1495	真海	大納言律師	「霊宝蔵」2 箱 36
明応 5	1496	俊雄	少将律師	同　上
明応 9	1500	杲琛	宮内卿律師	「霊宝蔵」2 箱 51
文亀元	1501	瑶遍	民部卿律師	同　上
文亀 3	1503	秀済	卿律師	「東百」追加 20

第二に、輪番による長日掃除の奉行である(25)。具体的な職掌は史料上で確認することができないが、実際の人夫徴発・指揮は中居奉行（公人層の掃除奉行）が行った(26)ことからすると、寺僧若衆は法に基づく監督役だったものと推測される。また、「若衆掃除方評定引付」永享十三年（一四四一）正月十三日条(27)によると、当時非供僧で臈次の低い寺僧であった宗耀・覚祐に対して「宗耀・覚祐両掃除奉行事、任㆓大法㆒、自㆓当年㆒御沙汰可㆑有」と、大法により掃除奉行を同年から沙汰するよう命じてい

る。ここから、奉行には寺僧としての出仕からさほど下らない時期より従事したものと考えられる。
掃除方の経営状況は明応四年（一四九五）分の掃除方要脚算用状からわかる。(28)それによると、掃除方の財源は、造営方よりの二貫文の下行、一二筆の散在所領からの加地子得分であり、そこから得た一〇貫余の銭を長日掃除に関わる費用、若衆奉行の給分、「憑子」「合力」のような融資の費用にあてた。なお正和二年（一三一三）十二月七日後宇多法皇庄園敷地施入状によると、(29)上桂荘が長日掃除・敷砂の料所に充てられたが、室町期の同荘は掃除の人夫役こそ割り当てられたものの、年貢が掃除料に充てられることはなく、「掃除料所」としての実態はかなり失われていた。また応永期にも掃除方は東寺領の新見荘・旧教令院門跡領からの年貢給付を求めたが、いずれも財源に組み込むことはできなかった。(30)このように掃除方も論義方同様に、荘園を組織の経営基盤にはしていなかった。

（3）　寺内秩序の維持

若衆は寺内秩序の維持にも関与し、評議の内容は「若衆掃除方評定引付」に記録された。評議の内容をみてみると、以下の三点に大別しうる。まず第一に、寺内の身分に関する規制であり、寺僧加入の身分、(31)寺内各身分の服装の規制(32)がその一例である。第二に、寺僧・寺家被官人のモラルに関する規制であり、不浄とされた女人の「隠入」や供養法に用いる灯明の私的流用を禁止しているのがその一例である。(33)第三に、衆中への不儀に対する規制・懲罰であり、相論で敵対した東寺執行や寺僧を義絶したのがその一例である。(34)中世の検非違使は清浄を守るという共通点から、京の清掃・治安維持の双方に関わりをもったが、(35)掃除方の寺内秩序への関与も、寺内清浄の点から理解することができるであろう。

寺内秩序に関する評議は、基本的には掃除に関する議題同様、権律師以下の寺僧で行われたが、重要議題（寺僧に関わる事項が多い）では、権少僧都・権大僧都クラスの寺僧も参加することがあった。たとえば文安六年（宝徳元〈一四四九〉）の「若衆掃除方評定引付」（「東百」ナ函三六）では、三月の寺僧加入の条件をめぐる衆議、閏十月以降の寺僧加入を望んだ宝勝院稚児の俗世身分をめぐる一連の評議で、権少僧都の僧が招集されている。

また寺内秩序の維持について若衆評議で決定した事項は、「若衆訴訟」という形で宿老の評議（後述）に訴え、最終決定は宿老の評議で行われるのが原則であった(36)。伊藤氏が指摘したように、若衆が主体的に新たな法を制定し、宿老・公人へその遵守を求める場合もあるが、基本的には廿一口方・宿老が定めた寺内法に従う存在であった。

二　宿老としての活動

宿老（上﨟寺僧）の役割については、講堂・護摩供僧として従事する宗教活動、最勝光院方構成員としての供領荘園の管理などの各種職務、そして対外的な代表者といった面が先行研究において指摘されている(37)。以下では、主に若衆との関係に留意しつつ、宿老の活動を三点に整理することにしたい。

（1）　公武の祈禱・法会の主力

東寺では、公家・武家主催の祈禱が行われたり、灌頂院御影供などの大会が開催されたことはよく知られている。これらの祈禱・大会では、供僧組織を単位として勤仕する場合もあったが、老若を単位とする時もあり、その際には宿老に限定して勤仕を命じられたり(38)、宿老と若衆とで別の修法を勤仕したりすることもあった(39)。東寺衆中の側でも、出仕者の決定に際して「公方交名注進之時、宿老名字大切(40)」と、宿老であることを重要な要件と認識していた。一方、若衆は法会で宿老と別の修法を勤仕することもあったが、掃除・猿楽興行(41)など、周辺業務に関わりをもつこともあった。

（2）　若衆との意見調整

前述のように、寺内秩序の維持につき、宿老は若衆と意見を調整しつつ寺家の方針を決定した。その際、宿老僧は彼らだけの評議の場[42]（以下「宿老評定」と呼ぶ）を設けることがあったが、宿老評定については、若衆のように評定引付が特別に存在することなく、評議の内容は「廿一口方評定引付」に記された。

たとえば、伊藤氏が検討したように、宝徳元年閏十月には宝勝院稚児梅千代丸の寺僧加入に際して、俗世の身分について若衆の評定で問題となり、翌年には梅千代丸を推挙し、畠山大夫方の口入を引き入れた寺僧重増が義絶される事件（以下「重増義絶事件」と呼ぶ）があった[43]が、その六年後の享徳四年（康正元〔一四五五〕）の「廿一口方評定引付」では、義絶された重増の同宿である宝勝院重耀より、義絶の解除が一年を通じて繰り返し要求され、引付中では、その要求に対する宿老と若衆のやりとりが詳細に記録されている。

注目したいのは、同年引付中の重増義絶事件の関連記事がみられる日における出席者を僧位僧官別に分類した表9である。表中、ゴシック体で表記された評定案件が、重増義絶事件に関わる記事であり、「月日」欄の頭に●印を付した日が、事件の記事のみがみられる日であるが、事件のみが評定案件となった日には﨟次の高い法印権大僧都・権大僧都の寺僧、すなわち宿老だけが参加していることがわかる。富田氏によると「廿一口方評定引付」の記事は、他の供僧組織の評定引付と異なり、寺家の寺務全般に及んでいたというが[44]、そのなかには宿老による寺内秩序に関する評議も含まれていたのである[45]。

表9　享徳4年（康正元）「廿一口方評定引付」（「東百」ち函16）における僧位・僧官別評定出席者一覧

月日	評定案件	参加人数	僧位僧官別参加層 権僧正	法印権大僧都	法印権大僧都又は権大僧都	権大僧都	権少僧都	権律師	阿闍梨	公
正月18日	山名殿〈金吾〉在国〈但州〉有之…	12	—	4	—	2	2	2	2	—
	宝勝院法印〈重耀〉訴訟，重増僧都進退事									
● **正月20日**	**一昨日〈十八日〉御定宝勝院法印訴訟事**	**8**	—	**7**	—	**1**	—	—	—	—
● **正月23日**	**宝勝院法印訴訟事**	**6**	—	**5**	—	**1**	—	—	—	—
● **正月27日**	**宝勝院法印訴訟事**	**4**	—	**3**	—	**1**	—	—	—	—
正月29日	去廿六日，任御評定之旨，後七日御延引事	12	—	6	—	1	2	2	1	—
	宝勝院法印訴訟事									
● **正月30日**	**宝勝院法印此間訴訟事**	**7**	—	**6**	—	**1**	—	—	—	—
2月5日	後七日供料未到事	13	—	6	—	2	1	2	2	—
	去廿九日任御評定之旨，重増僧都強文以下…									
	自他寺兼寺僧…									
● **2月8日**	**去五日任評定之旨，若衆中奉行之処…**	**6**	—	**5**	—	**1**	—	—	—	—
● **2月15日**	**就宝勝院法印訴訟，書状等披露之処…**	**7**	—	**6**	—	**1**	—	—	—	—
2月22日	矢野庄代官…	13	—	6	—	2	2	1	2	—
	宝勝院法印訴訟事									
閏4月14日	矢野庄主去年々貢違目…	7	—	4	—	2	—	—	1	—
	宝勝院法印訴訟云…									
● **閏4月29日**	**大輔僧都〈重増〉進退事**	**7**	—	**6**	—	**1**	—	—	—	—
6月3日	於宝厳院信貴憑子事	7	—	6	—	1	—	—	—	—
	四季祈禱之鎮守支具事，									
	大輔僧都〈重増〉進退事									
● **6月11日**	**宝勝院法印訴訟，重増僧都進退事**	**8**	—	**7**	—	**1**	—	—	—	—
9月30日	…宝厳院信貴憑子事	5	—	4	1	—	—	—	—	—
	就重増僧都進退，宝勝院訴訟事									
12月6日	昨日自三宝院殿申出之，大工支証目安等…	10	—	6	—	1	1	1	1	—
	宝勝院法印，重増僧都事訴訟被申之間…									

註　寺僧の僧位・僧官の区分は註(6)富田論文の区分に従った．また同年の僧位・僧官は，註(6)富田論文，「東寺々務幷別当方雑記」（「東百」追加之部7）中の供僧連署（正月日東寺修正請定案，8月6日東寺供僧連署状案，11月13日東寺供僧連署状案）を参考にした．なお評定出席者と僧位・僧官は以下の通り．

①隆遍（法印権大僧都），②宏寛（法印権大僧都），③快寿（年預・法印権大僧都），④融覚（法印権大僧都），⑤清円（法印権大僧都），⑥原清（法印権大僧都），⑦仁然（法印権大僧都），⑧堯忠（権大僧都→8月6日～11月13日→法印権大僧都），⑨宗寿（権大僧都），⑩堯杲（権大僧都），⑪重増（権少僧都），⑫宗杲（権少僧都），⑬宏清（権少僧都），⑭覚祐（権律師，～8月5日），⑮覚永（権律師），⑯澄基（阿闍梨，8月5日～），⑰融寿（阿闍梨），⑱原琳（阿闍梨），⑲定清（阿闍梨，11月13日～）．

（3）寺外との交渉

宿老は寺家の対外的代表者であったことはすでに述べた。この点は若衆が終始積極的な動きをみせた先述の重増義絶事件でも同様であった。この事件では、畠山大夫方よりの口入を引き入れようとした重増に対して若衆が強硬に反発した結果、若衆のみならず宿老や公人も巻き込んで重増に対する義絶を実現させる、という過程を辿ったのであるが、その際、畠山大夫に対して東寺は「若衆中之御所存通慥承、為二宿老中一彼方へ御返事可レ有」[46]という対応をとった。すなわち、若衆の意思が宿老を通じて畠山大夫方に送られることになっていたのである。ここからは、実質的な意思決定が若衆であっても、対外的に寺家の意思として表明される際には宿老が意思表示の主体となっていることがわかる。

なお、寺外との交渉という点に関わり注目したいのは、五方と宿老との関係である。五方は、室町殿、有力守護やその家臣、幕府奉行人、寺務（東寺一長者）への礼銭・礼物など、寺外折衝費用を負担する会計単位である。五方につき検討した岡田智行氏は、五方構成員の特徴を、「鎮守供僧として臈次が高い」僧であったと指摘している[47]。鎮守供僧が「東寺寺僧の大部分を占め[48]」、宿老が先述のごとく対外交渉を担当したことを踏まえると、五方は宿老の活動と密接に関連する部門であったといえよう。

以上、宿老・若衆としての活動の特質について検討を加えた。両集団の関係は、以下の二点に整理することができる。第一に、仏法に関わる面では、宿老が公武主催の祈禱・法会における主力であるのに対して、若衆は若衆論義などで教学面での経験を積むのと同時に所作を訓練する身であり、公武主催の祈禱・法会では、周辺業務に関わりをもつことが多かった。第二に、日常の寺家運営では、特に寺内の清浄（清掃・寺内秩序の維持）に関わって若衆の動きがみられたが、寺僧身分に関わるような問題では、若衆より若干上﨟の権少僧都・権大僧都の僧が評議に参加し、秩序維持について寺外の諸勢力との関係が問題となってきた場合には、宿老も関わりをもった。また宿老・若衆は寺内の方針の決定に際して互いに連絡を取り、寺家（「惣寺」「老若」）の意思を形成し、対外的には宿老が代表した。(49)このように自立性を象徴する若衆の活動に対しては、抑制的な宿老の活動が対応していたのである。伊藤氏は若衆の活動から東寺衆中の自立性強化を主張したが、以上の検討を踏まえると、東寺「衆中」の性格を判断する際には若衆だけでなく、宿老の動向もあわせて考慮に入れて評価する必要があろう。

次に、以上の宿老・若衆としての活動を供僧学衆集団との比較という観点から整理すると、以下の二点に整理することができる。第一に、供僧学衆集団との重複性である。供僧・老若はともに祈禱・法会の勤仕にあたる単位として機能していた。また寺内秩序に関する宿老評定は寺務全般を評議する廿一口方供僧の評定引付に記載されており、衆中の最終決定のあり方には廿一口方供僧の評定と宿老評定という二つのチャンネルがあった。第二に、供僧学衆集団との相違性である。供僧学衆組織は権力者の供養の要請とその見返りとしての荘園寄進により成立したので、供僧学衆としての活動は、主に仏事や供料荘支配に関して機能した。しかし、老若としての活動は権力者の要請に応えるものではなく、荘園支配というより対外交渉・寺内秩序に関して機能するものであった。このような供僧学衆と老若の集団としての性格の違いは、伊藤氏の指摘する若衆の自立性と、網野氏が供僧学衆組織を通じて指摘した自立性の内実が異質であることをも示している。よって、そこで問題となるのは、この異質な供僧学衆としての活動と老若としての活動の関係を、どのように位置づけるのかという点にある。そこで次節では老若両集団の活動の画期を探るなかで、若衆の自立的な活動の位置づけも探ることにしたい。

第二節　若衆の活動にみる室町期の衆中

前節で示した宿老・若衆としての活動は、東寺衆中の歴史においていかに位置づけられるのであろうか。この点について伊藤氏は、特に若衆の活動を取り上げ、そのなかに衆中の自治の強化を見出し、転機として十五世紀中葉という時期を示した。氏の見解は、若衆の活動と室町期という時期との関係性を明確にした点で重要であるが、以下のような問題点も残している。まず第一に、寺僧への加入・制裁という限られた活動のみから示された評価だった点である。若衆としての活動の推移については、前節で示した若衆論義の運営、寺内の掃除、寺内秩序の維持といった多様な活動からの検討が必要であろう。また第二に、当該期の宿老の動向が十分に踏まえられていない点である。宿老の活動と密接に関係する五方の性格とその形成過程について検討を加えた岡田氏・田中浩司氏(50)によると、五方は室町幕府権力の確立期に増大しつつあった、幕府向けの礼銭・礼物といった経済負担にシステマティックに対応する部門であり、応永から嘉吉期にかけて廿一口方から分化を遂げた、という。東寺ではすでに鎌倉期より宿老が対外的代表者となっていたことは知られているが(51)、室町期の宿老は室町幕府権力の確立に対応して五方のような恒常的な対外交渉の部門を、供僧学衆組織から分化させる形で生み出していたのである。宿老・若衆の活動が表裏一体であったとする前節の指摘を踏まえると、室町期衆中の性格を見極める上では、右の宿老の動向も踏まえつつ、若衆の動向について評価を下す必要があるのではないだろうか。

そこで本節では、まず若衆の活動の基盤となった論義方・掃除方に注目して、その活動の形成過程を明らかにし、伊藤氏が制裁の変化を示す根拠として重視した「義絶」の措置についても、その画期をあらためて検討する。また、その際に宿老の動向との関係についても検討する。そして次に、若衆組織が形成される背景を検討するなかで、老若としての活動が室町期に活発化した理由についても検討したい。

一　若衆組織の整備と応永二十年代

(1)　若衆論議方・掃除方の成立

論議方については、前述の「論義方条目」から考察する。この「論義方条目」は若衆論義に関する法式・引付記事を整理したものであるが、注目したいのは、各法式には作成された年月日が付され、引付についてもその記事がいつの引付から引用されたものであるかが記されている点である。そこで、収載された法式・引付記事の年次をみてみると、法式については応永二十二年(一四一五)の「鎮守私論義法式条々」が最も古く[52]、引付記事については応永二十九年の記事が最も古いことがわかる。法式・引付の整備と寺僧組織の整備とが相関関係にある、とする富田氏の指摘[53]を想起するならば、論義方の組織整備自体が応永二十年代に進められたと考えることができよう。

次に掃除方については表10から考えてみよう。表は、「若衆掃除方評定引付」に付された番号と、評定引付の年度との対応関係を示したものである。「引付番号」とは、評定引付冊子の表紙中央より若干上部に記された数字を示している。数字は、ほとんどの年で本文と異筆であり、番号自体は同一人物の筆によるものと思われる[54]。おそらく後に付された整理番号であろう[55]。表中、ゴシック体で記した年度は評定引付が現存し、明朝体で記した年度は評定引付が現存していないことを示している。この表において、注目したいのは以下の二点である。

第一に、現存する引付の番号から、現存していない年の番号が推定できる点である。推定した番号は「引付番号」欄の(　)内に示した。永享五年(一四三三)から同十一年の間こそ番号と年次が対応しないが[56]、それ以外の正長二

表10　若衆掃除方評定引付の年度と整理番号の対応表

年	西　暦	引付番号	所　収
応永27	1420	(一?)	—
応永28	1421	(二?)	—
応永29	1422	(三?)	—
応永30	1423	(四?)	—
応永31	1424	(五?)	—
応永32	1425	(六?)	—
応永33	1426	(七?)	—
応永34	1427	(八?)	—
応永35(正長元)	1428	(九?)	—
正長 2(永享元)	**1429**	**十**	**「霊宝蔵」1箱18**
永享 2	1430	(十一)	—
永享 3	1431	(十二)	—
永享 4	**1432**	**十三**	**「霊宝蔵」1箱19**
永享 5〜11	1433〜1440	(十四〜十八)	—
永享12(嘉吉元)	**1441**	**十九**	**「霊宝蔵」1箱20**
嘉吉 2	1442	(廿)	—
嘉吉 3	1443	(廿一)	—
嘉吉 4(文安元)	1444	(廿二)	—
文安 2	1445	(廿三)	—
文安 3	1446	(廿四)	—
文安 4	1447	(廿五)	—
文安 5	1448	(廿六)	—
文安 6(宝徳元)	**1449**	**廿七**	**「東百」ナ函36**
宝徳 2	**1450**	**廿八**	**「東百」け函6**
宝徳 3	1451	(廿九)	—
宝徳 4(享徳元)	**1452**	**—**	**「東百」ナ函40**
享□(徳カ)2	**1453**	**□(卅カ)一**	**「東百」ナ函41**
享徳 3	1454	(卅二)	—
享徳 4	**1455**	**卅三**	**「東百」ナ函42**

年（一四二九）から享徳四年（一四五五）までは対応している。ここから、整理番号を付した時点では、ほぼ毎年の評定引付が残存していたことがわかる。

第二に、番号と年次の対応関係を前提に、引付番号の「一」を辿ってみると、応永二十七年にあたる点である。ここから、引付整理の段階で最古のものが応永二十七年以前であったことがわかる。東寺における各組織の評定引付が、ほぼ応永期を通じて安定的に残存している(57)ことを踏まえると、応永二十七年頃に災害・戦乱などの事情により、それ以前の引付が散佚したという可能性は低い。それでもなお、整理番号を付すまでのある時期に、引付が散佚した可能性を否定することはできないが、同じ若衆の組織である論義方が応永二十年代に整備されたことなどを考慮するならば、掃除方の評定引付も応永二十七年をそれほど遡らない時期に、記され始めた可能性は高い。

以上から、若衆両組織は応永二十年代頃から整備されたと考えられる。むろん、組織の整備は活動の開始とイコールではなく、基礎となる活動は組織の整備以前にもあった(58)。しかし組織として整備されるということは、組織の担う活動が寺家運営に恒常的に必要な業務として意識されるようになったことを意味する。よって、それは若衆としての活動にとって大きな画期だったといえよう。なお、掃除方の中居奉行は、応永年間頃まで廿一口方・学衆方評定で任免されていたが(59)、文安六年(一四四九)には掃除方評定で任免されるようになっている(60)。ここから若衆の活動は室町期に供僧学衆組織から権限を分与される形でしだいに形成されたといえよう。

またこの点を踏まえた上で注意したいのは、宿老の関わる五方の組織が、応永年間に供僧学衆組織より分化する形で確立した点である。宿老の対外的活動と若衆の教学新興・寺内清浄の活動は、いずれも供僧学衆組織から分化する形で応永二十年代に表裏一体で活発化していたのである。

(2) 寺僧の「義絶」と応永二十年代

本章冒頭で述べたように、伊藤氏は、寺僧の加入・制裁事例の分析から、十五世紀中葉以前には真言密教教団内の他寺と活発な交流のあった東寺寺僧集団(衆中)が、中葉以降には閉鎖的になる点を指摘し、それをもって東寺寺僧自治の強化と評価した。氏はこの点を指摘する際、特に寺僧若衆の自立的な活動を重視した。筆者は若衆の活動に排外的ともいえる自立性が見出せること自体には同意する。しかしこれまでの検討を踏まえると、①十五世紀中葉という時期を、若衆組織が形成された応永二十年代以上の画期とみなしうるのか、②若衆の活動を重視する一方で、宿老の活動を位置づけることなく、「寺僧集団（衆中）」の自立性の強化と評価しうるのか、という点には疑問を感じる。そこで以下では、応永二十年代の聖清阿闍梨の寺家追放免除をめぐる事例から、伊藤氏が検討した「義絶」の評価をあらためて検討するなかで、若衆の位置づけに関する伊藤氏の指摘を再検討したい。

まず、聖清追放事件の概要を示しておこう。応永二十年九月、若衆の訴訟により東寺寺僧の聖清は寺家からの追放処分を受けた(61)。ところが、同二十三年五月になると、足利義持の上意を受けた三宝院満済が、東寺衆中に聖清の追放解除を求めた(62)。満済の申し出に対して、東寺では宿老が受け入れ、若衆が抵抗を主張したが(63)、結局は老若一同が上意に従い、聖清の追放を解いた(64)。

伊藤氏は聖清に対する「追放」処分が室町殿や三宝院門跡といった権門の口入により取り消された点に注目し、「義絶」を受けた十五世紀半ばの重増の事例との違いに注目した。しかし、果たして二つの事件は異質な事件なのであろうか。そこで、検討したいのが次の史料である。

〔史料1〕

一、宝清僧都・弘承律師・聖清阿闍梨還住間事

彼両三人、為二上意一還二住寺家一、然間、於二公所会合一者、不レ能二左右一、但（中略）私会合座列可二斟酌一、雖レ然、評定・文殊講試講并湯出仕、就レ中、七月・正月評定始、公所之間、不レ可レ有二子細一、光明講・地蔵講・滅罪講、雖二私住坊一、為二善事一之間、会合不レ可レ有レ苦、此外於二私寄合一者、堅可二停止一之由、評議了、

〔史料1〕は、追放解除の約一ヵ月後に聖清と彼の同宿でともに処分を受けていた寺僧宝清・弘承の処遇を定めた「廿一口方評定引付」の記事である(65)。彼らは「追放」を解かれ、「公所」「善事」への出仕は許されることになった

（傍線部分）が、「私会合座列」「私寄合」の出仕は停止されたままであった（波線部分）ことがわかる。

注意したいのは、実は「追放」解除後のこの処置こそが「義絶」にあたる点である。このことは、宝徳二年（一四五〇）の重増義絶の具体的な処置を記した若衆連署の起請文において[66]、「宝勝院公事外者、一切不レ可レ有二出入一事」「寺中幷諸院家法事・会合等事、公事外不レ可レ有レ之事」と、聖清らが受けたのと同様の処分が科されていることからもわかる。聖清の「追放」を積極的に推進し、その解除にも抵抗した若衆の態度からすると、「義絶」の推進者も重増事件と同様、若衆であった可能性が高い。

以上の検討から、十五世紀前半の聖清の事例と十五世紀半ばの重増の事例は、処分において若衆が主導性をもち、義絶という制裁が科された点で同質の事件だったといえよう。

伊藤氏が指摘したように、若衆にとって寺僧身分に関する法を制定するようになる十五世紀半ばという時期は、一つの画期ではあったかもしれない。しかし、「義絶」という処置でいえば、すでに応永二十年代頃より確認することができる。そして前述のように、若衆の基本的な活動である論義方・掃除方の活動もまた、この応永二十年代以降しだいに活動・権限を拡大させていった。これらのことを考慮するならば、若衆という集団にとっての画期は、やはり応永二十年代におくのが適当であろう。若衆の活動は、十五世紀前期に大きな画期を迎え、その後も中期にかけてしだいに先鋭化していったのである。

次に、宿老の活動に目を転じよう。すでに第一節で述べたように、十五世紀中葉の重増義絶事件において、宿老は若衆の意思を外部に伝える一方で、若衆を慰撫する動きもみせ、それは重増義絶から六年後まで続いたように執拗に繰り返された。このような宿老の態度は、応永年間における聖清の事例に関わる次の史料からも確認できる。

〔史料2〕

彼仁還住、上意之間、老僧中、申二御請一之処、若輩猶申二所存一、不レ可レ然、為二老僧一雖レ令二教訓一、不二承引一、無二等閑一之由、捧二告文一、可レ申二三宝院一段、可レ然之由、治定畢、(67)

〔史料2〕は、聖清追放解除を求めた足利義持の上意による口入直後の評議である。「老僧」（宿老）は上意に従ったが、「若輩」（若衆）が屈せず、「老僧」による説得が行われている。ここでも宿老は若衆の意向を外部に伝える仲介役である一方で、権門と寺内の意思との調整役でもあった。宿老と密接な関わりをもつ五方の役割が、応永～嘉吉期に明確になってくることを想起すると、上記の役割もまた同時期に鮮明化したのではなかろうか。

以上、聖清追放の事例からは、若衆の排外的ともいえる活動が、その組織形成と軌を一にする応永二十年代より確認できること、またその応永二十年代にはその若衆の活動と軌を一にして、宿老の対外的な関係を優先する態度も鮮明になってきていることがわかる。よって、室町期の衆中は、宿老・若衆の活動が表裏一体に鮮明となった点に特徴があるといえ、若衆の活動のみをもって、室町期東寺衆中における自立性の強化を主張できない、と考える。

二　若衆組織の成立と室町幕府

では応永二十年代に宿老の対外交渉、若衆の論義や寺内清浄に関わる活動が、供僧学衆組織から切り離されて、活発化したのには、どのような背景があったのだろうか。

一つには衆中内部の変化をあげることができる。十五世紀前期の東寺では、供僧・学衆組織による荘園支配の相対的な安定を背景として、院家の増加(68)、寺僧数の増加(69)など寺僧の止住条件の安定を示す動向がみえ、さらには第一部第二章で指摘したように、寺僧の常住も強く求められるようになった。このことは室町期に衆中総体としての可動域が拡大したことを意味しており、そのような状況が新しい教学活動の場を創出したり、寺内秩序の維持への志向性を生起させたりすることを可能にしたと考えられる。

しかし、五方の例からも明らかなように、応永二十年代という時期と組織整備との関係は、単に寺内の安定というだけでは読み解けず、室町幕府を念頭に置いた外的な影響も、重要な契機として考えてみる必要があるだろう。そこで以下では、若衆掃除方の事例を取り上げ、室町幕府の政策との関連から、組織整備の外的要因について検討したい。

掃除方の根本的な役割に、掃除人夫の統制がある点はすでに述べた。特に散所は長日・臨時の掃除業務を行う上で重要な人夫の供給源であり、(70)「若衆掃除方評定引付」のなかでも具体的に散所の規制を記した記事がしばしばみられる。同引付正長二年六月十二日条(71)でも人夫不参に関する諸規定が定められているが、同日条で注意したいのは不参人夫に関する規定とは別に、「伏見殿領中在家以下散所、此間及二異儀一、寺家人夫不参条、不可思儀至也、向後者堅人夫可レ参也」と、人夫の不参が実際に起こっていることが記されている点である。つまり、不参の規定は具体的な散所の不参を前提に定められていたのである。このことは、掃除方の成立自体、このような人夫の不参が絶えず起こる(起こり得る)という想定のもと、それを防ぐ意図をもって進められたことを示している。

では、散所人夫不参の恒常化という想定が生まれたのはなぜなのだろうか。この点を知る上で注目したいのが、次にあげる「廿一口方評定引付」応永十三年三月十一日条(72)である。

〔史料3〕

一、寺中掃治〔除〕事

此一両年、散所法師原、公方役為二寺家一不レ被二申免一間、寺中掃治〔除〕、難レ致二其沙汰一之由雖レ申、連々責伏、此間召仕了、雖レ然、近日弥無沙汰之間、御影供掃除等可レ為二無沙汰一歟、先召二諸庄園久世・植松・上野人夫一、可レ有二掃除一、於二散所法師原一者、仰二侍所一、少々可レ有二籠〔舎〕者一之由、沙汰了、

〔史料3〕では、一、二年前より散所法師たちが寺家の掃除役を勤めず、御影供直前の掃除が行えないので、今回の掃除については近郊荘園から人夫を調達し、散所については京都の散所を統括する幕府侍所に処分を求めている。

注意したいのは、散所法師が無沙汰の理由としてあげている「公方役」という言葉である。室町幕府の人夫役徴発に関する伊藤俊一氏・岸田裕之氏の指摘[73]によると、幕府権力が確立する応永期には京都で造営事業が積極的に進められた。そして、その人夫・材木の徴発に際しては、「天下之御大事」という論理で、守護役が「公方役」として賦課され、その際には以前の免状の効力が否定されることもあったという。

〔史料1〕の前年、応永十二年には「御塔引夫人夫」役が東寺領に賦課されており[74]、山城国内の東寺領である上野荘・久世荘・植松荘には、免除を認める守護の遵行状が残されている[75]。散所に賦課されたのが「御塔引夫」役そのものであったかどうかは不明だが、少なくとも何らかの「公方役」が賦課されたことは間違いない。散所人夫は「公方役」の免除を行えない寺家に対して、掃除役の懈怠により抵抗したのである。

散所法師が公方役の勤仕のために寺家の掃除役を懈怠しようとした事例は、宝徳二年にもみられる[76]。また、課役賦課と表裏の関係にある侍所の散所に対する人夫役免除の事例は、応永九年以降増加し、十五世紀を通じて確認される[77]。幕府と東寺の人夫をめぐる競合は十五世紀を通じて継続していく問題であったといえよう。

以上の事実から、掃除方成立の背景には、室町幕府権力の確立により「公方役」として人夫役が盛んに賦課されるようになってきたという事情が関係した、と考える。掃除方は幕府による人夫役の賦課にともなう東寺への掃除人夫の不参を防ぐために規定を設け、継続的かつ強力な統制を加えていこうとしたのである。

室町期は供僧学衆組織による荘園支配の相対的安定、寺僧の止住条件の安定、常住意識の向上という状況のもと、寺僧集団総体としての可動域が広がる一方、室町幕府を中心とした新しい秩序が形成されるなかで、衆中の新たな活動がみられるようになった。それが若衆の自立的・排外的な活動と宿老の対外的な関係を重視する活動だったのであり、室町期の衆中は、室町幕府権力の安定という状況への対応として宿老・若衆としての活動が表裏一体に活発化して、供僧学衆組織からその活動に関わる組織・部門が分化していった点に特徴があったのである。そして、老若は、一時的にはそれぞれの活動が突出する場合もみられるものの、中長期でみるとおおむねバランスを取って機能していた点にこそ意味があると思われる。それは衆中のなかの中央政権に対する自立性と、中央政権による宗教勢力の再編成への対応という、二つの動向のなかで生まれる矛盾を調整していくシステムとして老若が機能したことを意味した。この老若のバランスにこそ、室町期衆中の特質を求めることができるのではないか。

おわりに

最後に本章の成果と課題を示しておこう。

本章ではまず、これまで部分的に触れられるにとどまっていた宿老・若衆としての活動を幅広く示し、同じ寺僧の集団でありながら、権力者に対する祈禱や荘園支配に関与する供僧・学衆組織と異なり、宿老・若衆の組織・部門が対外関係や寺内秩序に関わっていた点に特徴があることを明確にした。

その上で若衆としての活動の画期が、伊藤氏の注目した十五世紀中葉を少しさかのぼる応永二十年代頃に置け、その背景には宿老の活動と密接に関わる五方と同様に、安定期を迎えた室町幕府権力への対応という側面がみられることを指摘した。その結果、宿老・若衆の分業には、室町幕府権力の確立に対する衆中の自立性の維持と、幕府の寺社編成への対応という、二つの動向により生じる矛盾を調整する機能のあったことがわかった。室町期の東寺衆中は、祈禱・荘園支配にとどまらず、安定度を高めつつあった室町幕府権力の登場に硬軟両側面で敏感に対応して組織改革を進めていたのであり、老若としての活動活発化という動向は、その室町期衆中の改革の一端であった、ということができるだろう。

なお、本章では十五世紀前期を画期として重視したが、それ以後しだいに若衆の活動が目立つようになること自体は否定していない。このことはしだいに深まる室町幕府体制の矛盾とも軌を一にしていると思われる。このような室町期社会の変容と、宿老・若衆の関係の変質という点については、今後の課題としたい。

註

（1）大石雅章「寺院と中世社会」（同『日本中世社会と寺院』清文堂出版　二〇〇四年、初出一九九四年）、河内将芳『中世京都の都市と宗教』（思文閣出版　二〇〇六年）など。

（2）特に大田壮一郎氏が包括的な検討を加えている。「室町幕府の追善仏事に関する一考察」（同『室町幕府の政治と宗教』塙書房　二〇一四年、初出二〇〇二年）、同「室町殿の宗教構想と武家祈禱」（同前、初出二〇〇四年）、同「足利義満の宗教空間」（同前、初出二〇〇七年）、同「足利義持政権と祈禱」（同前、初出二〇〇九年）、同「室町殿と宗教」（同前、初出二〇一二年）。このほか室町殿の寺院政策に関わる先行研究は、同「室町幕府宗教政策論」（同前、初出二〇〇七年）で整理されている。

（3）下坂守『中世寺院社会の研究』（思文閣出版　二〇〇一年）、同『京を支配する山法師たち』（吉川弘文館　二〇一一年）、前掲註(1)河内著書、三枝暁子『比叡山と室町幕府』（東京大学出版会　二〇一一年）など。

（4）網野善彦『中世東寺と東寺領荘園』（東京大学出版会　一九七八年）。

（5）伊藤俊一「南北朝～室町時代における東寺「寺僧」集団の変容」（同『室町期荘園制の研究』塙書房　二〇一〇年、初出一九八八年）。本章では特に断らない限り、伊藤氏の説はこの論文に依っている。

（6）たとえば富田正弘氏は、東寺衆中に関するさまざまな組織・活動を整理したが、その評価については基本的には網野氏の評価を継承しており、祈禱など中央の統制を受ける部分については、自治の限界というような評価をしている（富田正弘

「中世東寺の寺院組織と文書授受の構造」(『資料館紀要』八　一九八〇年))。

(7)たとえば、横山和弘氏は鎌倉中後期の東寺供僧の自治について、組織発展の過程に仁和寺御室が介在する点から国家的・権力的な自治と評価し、東大寺・延暦寺の衆徒による自治や中世後期における弘法大師信仰を核とする東寺の自治との性質の違いを指摘している(「鎌倉中・後期の東寺供僧と仁和寺御室」〈『年報中世史研究』二六　二〇〇一年〉)。

(8)富田正弘「室町時代における祈禱と公武統一政権」(日本史研究会史料研究部会編『中世日本の歴史像』創元社　一九七八年)参照。

(9)佐々木銀弥「荘園領主経済の諸段階」(同『中世商品流通史の研究』法政大学出版局　一九七二年、初出一九六九年)、岡田智行「東寺五方について」(『年報中世史研究』七　一九八二年)、田中浩司「中世後期における『礼銭』『礼物』の授受について」(『中央大学〉経済学論纂』三五―四　一九九四年)参照。

(10)なお、以下では特に断らないが、本文・表における寺僧・公人の人名、仮名、僧位・僧官の比定については、前掲註(6)富田論文、東寺文書データベース作成委員会編『東寺文書検索システム』によっている。

(11)網野善彦『無縁・公界・楽』(平凡社　一九七八年)。

(12)中世史では、清水三男『清水三男著作集第二巻　日本中世の村落』(校倉書房　一九七四年、初版一九四二年)、藤木久志「村の若衆と老若」(同『戦国の作法　村の紛争解決』平凡社　一九八七年)、蔵持重裕「太良荘の古老」(同『日本中世村落社会史の研究』校倉書房　一九九六年、初出一九八一年)、同「中世古老の機能と様相」(同前、初出一九八七年)、飯沼賢司「『村人』の一生」(日本村落史講座編集委員会編『日本村落史講座6　生活Ⅰ』雄山閣出版　一九九一年)、坂田聡「村社会のしくみ」(坂田聡・榎原雅治・稲葉継陽『日本の中世12　村の戦争と平和』中央公論新社　二〇〇二年)、薗部寿樹『日本中世村落内身分の研究』(校倉書房　二〇〇二年)、清田善樹「荘園と在地法」(網野善彦ほか編『講座日本荘園史3　荘園の構造』吉川弘文館　二〇〇三年)など。近世史では、古川貞雄『増補村の遊び日　自治の源流を探る』(農山漁村文化協会　二〇〇三年、初版一九八六年)など。

(13)瀬川清子「若者組」(同『若者と娘をめぐる民俗』未来社　一九七二年)、福田アジオ「性と年齢の民俗」(同『時間の民俗学・空間の民俗学』木耳社　一九八九年)、平山和彦「年齢と性の秩序」(谷川健一責任編集『日本民俗文化体系八　村と村人』小学館　一九八四年)、岩田重則「年齢秩序と年齢集団」(福田アジオ・赤田光男編『講座日本の民俗学三　社会の民俗』雄山閣出版　一九九七年）など。

(14)　高野山については、山陰加春夫「金剛峯寺五番衆について」（同『中世高野山史の研究』清文堂出版　一九九七年、初出一九八一年）、中村直人「中世後期金剛峯寺の権力構造」（『ヒストリア』一七三　二〇〇一年）など。興福寺については、渡辺澄夫「興福寺六方衆の研究」（同『増訂　畿内庄園の基礎構造』下　吉川弘文館　一九六九年）、稲葉伸道「興福寺寺僧集団の形成と発展」（同『中世寺院の権力構造』岩波書店　一九九七年、初出一九八八年）など。延暦寺・園城寺については、前掲註(3)下坂論文など。

(15)　前掲註(5)伊藤論文、川戸貴史「戦国期東寺の頼母子講」（同『戦国期の貨幣と経済』吉川弘文館　二〇〇八年、初出二〇〇三年）、辰田芳雄「納所乗珎の寄進状」（同『中世東寺領荘園の支配と在地』校倉書房　二〇〇三年、初出一九九九年）。このほか、本多毅「中世東寺における寺僧集団」（『仏教史研究』三七　二〇〇〇年）も若衆につき言及がある。

(16)　「東百」追加之部一七。

(17)　「論義条目」正長二年十月十三日若衆論義方評定引付引用部分。

(18)　「論義条目」応永二十九年正月二十七日若衆論義方評定引付引用部分。

(19)　東寺霊宝蔵中世文書（以下、「霊宝蔵」と略記する）二箱の文書群のなかには、多くの結番状・着到状が残されている。

(20)　「論義条目」宝徳三年正月二十七日若衆論義方評定引付引用後「私云」部分。

(21)　論義方の経営状況については、「霊宝蔵」二箱に多数納められている文明から永正年間にかけての若衆論義方の各種算用状より知ることができる。

(22)　中世の掃除・キヨメに関する代表的な研究としては、さしあたり大山喬平「中世の身分制と国家」（同『日本中世農村史の研究』岩波書店　一九七八年、初出一九七六年）、丹生谷哲一『検非違使』（平凡社　一九八六年）をあげておく。

(23)　詳細は拙稿「室町期東寺の寺院運営に関わる夫役と膝下所領」（東寺文書研究会編『東寺文書と中世の諸相』思文閣出版　二〇一一年）参照。

(24)　引付の正式な名称は「掃除方引付」「若衆方評定引付」「若衆掃除方評定引付」など各年で異なるが、引付の記載内容をみてみると掃除に関する事項、寺内秩序に関する事項に大別しうる点で共通している。よって、以下の本章本文では、これらの引付を「若衆掃除方評定引付」に統一して表記することにする。

(25)「若衆掃除方評定引付」正長二年六月二十三日条（「霊宝蔵」一箱一八）。
(26)たとえば公人の敬舜は、掃除奉行として散所の催促に「粉骨」したとして給分の増額を訴えている（「廿一口方評定引付」応永二十八年六月十一日条〔「東百」ち函四〕）。
(27)「霊宝蔵」一箱二〇。
(28)「霊宝蔵」二箱三六。
(29)「東寺文書」御宸翰之部、『山城国上桂庄史料　上』二九号。
(30)「最勝光院方供僧引付」応永三十三年七月晦日条（「東百」る函三五）、「廿一口方評定引付」応永三十三年十二月二十四日条（「東百」く函一二）。
(31)前掲註(5)伊藤論文参照。
(32)「若衆掃除方評定引付」文安六年正月四日、宝徳元年八月四日条（「東百」ナ函三六）など参照。
(33)「若衆掃除方評定引付」宝徳二年三月二十九日条（「東百」け函六）など参照。
(34)「廿一口方評定引付」寛正五年十一月二日・十三日条（「東百」ち函一八）、「若衆掃除方評定引付」応仁二年五月〜六月条（「東百」ナ函四九）。
(35)前掲註(22)大山・丹生谷論文参照。
(36)「若衆掃除方評定引付」宝徳元年八月二十三日条（「東百」ナ函三六）。
(37)前掲註(6)富田論文、同「観智院宗宝の生涯にみる教学と寺役」（中世寺院史研究会編『中世寺院史の研究』下　法蔵館一九八八年）、畑野順子「鎌倉期東寺供僧の訴訟と法印厳盛」（『鎌倉遺文研究』一一　二〇〇三年）。
(38)「廿一口方評定引付」応永二十三年十月十七日条（「東百」く函八）。
(39)「廿一口方評定引付」応永二十年七月四日条（「東百」く函六）。
(40)「廿一口方評定引付」応永二十三年四月二十六日条（「東百」く函八）。
(41)「廿一口方評定引付」応永十三年四月二日条（「東百」天地之部一八）。
(42)宿老評定の存在については、前掲註(37)富田「観智院宗宝の生涯にみる教学と寺役」三七一頁でも触れられている。
(43)前掲註(5)伊藤論文参照、酒井紀美『中世のうわさ』（吉川弘文館　一九九七年）参照。

(44)　富田正弘「中世東寺における法の制定と編纂」(『資料館紀要』一六　一九八八年)。
(45)　寺僧において廿一口方と宿老とが渾然一体のものとして認識されていたことは、「若衆掃除方評定引付」で、「廿一口方」と「宿老」とが混用されている場合がみられることからもわかる。たとえば、宝徳二年七月二十八日条(「東百」け函六)では、「廿一口・若衆一味以同心之儀」という表現が、のちに「老若一味同心」と言い換えられているのは、その一例であるといえよう。
(46)　「若衆掃除方評定引付」宝徳元年十二月十八日条(「東百」ナ函三六)。
(47)　前掲註(9)岡田論文。
(48)　前掲註(6)富田論文。
(49)　この点は、村落研究で指摘されている分業関係と極めて類似する(前掲註(12)清水三男著書一五五頁など参照)。ただし、東寺寺僧と中世村落・他寺院と決定的に異なるのは、若衆が寺内秩序守護に関わる武力行使の主体としては現れない点である。この点は東寺の性格を考える上で重要な問題であると思われるが、今後の課題としたい。
(50)　前掲註(9)岡田・田中論文。
(51)　前掲註(37)畑野論文。
(52)　前掲註(44)富田論文一一九頁。なお富田氏は、この法式をもって「根本法式」にあたると指摘している。
(53)　前掲註(44)富田論文一〇二頁。
(54)　ただし、享徳四年(康正元〔一四五五〕)の引付番号のみ他の年と異筆と思われる。また、宝徳四年(享徳元〔一四五二〕)・応仁二年(一四六八)の引付には番号が付されていない。このうち応仁二年については、元は掃除方奉行の慶清が記していたようであるがこれは現存せず、現存しているのは論義方奉行の厳信が別に記した特殊な引付である。あるいはこのような特殊な成立事情が関係しているのかもしれない。宝徳四年については理由は全く不明であり、今後の課題としておくことにしたい。
(55)　なお、十七世紀後期、前田綱紀による東寺文書の謄写事業に際して作成された『東宝蔵書品目録』には、文安六年(宝徳元)・宝徳二年・同四年・享徳二年・同四年の若衆掃除方評定引付の存在が記録されている。これら五冊はいずれも東寺百合文書中に現存しており、ここから近世の早い段階には、現状とほぼ変わらない状況だったことがわかる。よって、引付番号は少なくとも十七世紀後半以前に付されていたことになる。この点は高橋敏子氏よりご教示いただいた。

(56) 七年間に五つの整理番号、すなわち五冊の引付しかなかったことになる。なお、その事情は不明である。

(57) 前掲註(44)富田論文一〇〇頁、表六「東寺評定引付年代別伝存分布表」参照。

(58) 「鎮守八幡宮方評定引付」応永二十年十二月十三日条（「東百」ワ函二九）では、掃除方の浮足が他の用途に流用されている記事が確認できる。ここから、すでに応永二十年以前には「掃除方」という枠組み自体は存在し、独自の財源を有していたことは確認できる。

(59) 「学衆方評定引付」文和四年五月二十二日条（「東百」天地之部七）、「廿一口方評定引付」正長元年十二月二十四日条（「東百」ち函七）参照。

(60) 「若衆掃除方評定引付」文安六年三月三日条、六月十三日条、六月十九日条（「東百」ナ函三六）参照。

(61) 「廿一口方評定引付」応永二十年九月二十日条（「東百」く函六）。

(62) 「廿一口方評定引付」応永二十三年五月二日条（「東百」く函八）。

(63) 「廿一口方評定引付」応永二十三年五月六日条（「東百」く函八）。

(64) 「廿一口方評定引付」応永二十三年五月九日条（「東百」く函八）。

(65) 「廿一口方評定引付」応永二十三年六月二日条（「東百」く函八）。

(66) 宝徳二年九月二十一日宝生院杲覚等連署起請文（「東百」ム函六四）。

(67) 前掲註(63)参照。

(68) 前掲註(37)富田「観智院宗宝の生涯にみる教学と寺役」三八〇頁。

(69) 前掲註(15)本多論文。

(70) 中世後期の東寺散所については、宇那木隆司「東寺散所研究序説」（津田秀夫先生古稀記念会編『封建社会と近代』同朋舎出版　一九八九年）、同「中世後期における東寺散所について」（『（財団法人世界人権問題研究センター）研究紀要』三　一九九八年）参照。

(71) 「霊宝蔵」一箱一八。

(72) 「東百」天地之部一八。

(73)　伊藤俊一「中世後期における『荘家』と地域権力」(前掲註(5)著書、初出一九九三年)、岸田裕之「室町幕府・守護と荘園」(網野善彦ら編『講座日本荘園史4　荘園の解体』吉川弘文館　一九九九年)。
(74)　「廿一口方評定引付」応永十二年十月二十八日条(「東百」く函二)。
(75)　応永十二年十二月十九日山城国守護高師英遵行状(「東百」ニ函三二)。
(76)　「若衆掃除方評定引付」宝徳二年四月六日条(「東百」け函六)。南小路散所の人夫は夫役を無沙汰した理由として、「公方様普請」にともなう「地下公事用途」の賦課により、「計会過法」となったことをあげている。
(77)　前掲註(70)宇那木「中世後期における東寺散所について」表1参照。

第二部　室町期東大寺寺僧集団の変容

第一章　東大寺衆中の本寺意識高揚と弘安徳政

はじめに

中世寺院史研究は、中世前期の分析を中心に進められてきた。しかし近年、中世後期の研究もしだいに積み重ねられつつあり、鎌倉後期から南北朝期という時期は中世後期の展開の起点としてまず注目されてきた。本章で取り上げる東大寺についてもこの点は同様である。

東大寺では、鎌倉期を通じて、それまで寺家運営の中核にあった東大寺別当・三綱を中心とした政所に加え、学侶衆中（衆議）とその中核にある年預所・年預五師が、寺家の意思決定に影響力を及ぼすようになっていった。とりわけ鎌倉後期以降には、在地勢力の抵抗により、別当・有力院家による寺家領荘園の支配が行き詰まりを見せ始めたこともあり、衆中とその衆中の意を受けた年預所が「惣寺」「寺門」を標榜して、寺家領荘園では荘務権を獲得・行使し、寺内においては法会を主催し、寺家経済のシステム（惣寺財政）を確立させ、政治権力に対しては神輿入洛を指揮して圧力をかけるなどの動きをみせ、寺家運営において主導権を発揮するようになった。

そして、もう一つ鎌倉後期における東大寺衆中の動向として注目されるのは、仁和寺・醍醐寺・勧修寺など「真言宗」を標榜する諸寺（以下、「東密系諸寺院」と総称する）との関係における変化である。東大寺と東密系諸寺院とは、平安期以来、僧個人の間の交流のほかに僧団間での牒状・返牒のやりとりもみられ、さらには東密系諸寺院出身の東大寺別当も就任するようになっていた(5)。しかし、以上のような両者の関係は鎌倉後期に転機を迎える。東大寺衆中が東密系諸寺院に対する本寺意識を高揚させ、諸寺院に対する末寺扱いを現実化させせようとしたのである(6)。ただし、先行研究ではこの東大寺衆中による本寺意識の高揚について、高揚に基づく行為の総合的な把握がなされておらず、その把握がなされていないため本寺意識が高揚した背景、あるいは衆中による他の動向との関係性といった点の把握においても課題を残している。

そこで本章では、まず第一節で、これまでの研究史で指摘されてきた末寺扱いの現実化を示す行動に共通してみられる性質を確認した上で、同様の性質をもつ事例をより幅広く収集し、その作業を通じて東大寺衆中がそれらの動向をみせるようになった背景を検討する。次に第二節では、同じく東大寺衆中による本寺意識の高揚を背景とする動きでありながら、訴訟への介入とは異なる形で現れてくる東密系諸寺院僧の東大寺別当からの排除という動向を示し、この動向についても、その背景と他の動向との関係を検討したい。

第一節　末寺扱いの現実化と弘安徳政

永村眞氏によると、寺院間の本末関係とは、「「本寺」が「末寺」の経営に関わる様々な分野に口入できると認識している関係」であるという。平安期以来、訴訟において東大寺衆中は東密系諸寺院の衆中に協力を求める牒状を送付し、東密系諸寺院側も返牒を返した。牒状・返牒のやりとりのなかでは、東大寺が東密系諸寺院を末寺視したが、実態は東大寺が東密系諸寺院の経営に実際に口入しうるほどのものではなかった。ゆえに永村氏はこの関係を「虚構の本末関係」と評した(7)。

ところが、以上の関係は鎌倉後期に大きく変化した。その変化を象徴する事件が延慶年間の東密系諸寺院と延暦寺の間で争われた益信に対する本覚大師諡号の可否をめぐる相論(8)（以下、「本覚大師号相論」とのみ記す）、正和年間の東大寺と醍醐寺の間で争われた東大寺・東寺の本末関係をめぐる相論(9)（以下、単に「本末相論」とのみ記す）である。両事例で東大寺は真言宗の本所・本寺であるとする自己認識を前面に押し出した。真木隆行氏はこのような動向を東密系諸寺院に対する「末寺扱いの現実化」と表現した(10)。東大寺が右のような主張を展開した背景については、平安期以来の公家の崇敬による東密系諸寺院の隆盛との関係性が指摘されており、特に鎌倉後期の動向としては後宇多法皇の密教興隆政策にともなう東密系諸寺院の優遇との関係が重視されている。

しかし、東大寺による末寺扱いの現実化の動きについては、いまだ先行研究において把握されていない事例がみられる。それらの事例を総合的に把握した上で、以上の背景についても検証を加える余地が残されている。

そこで本節では、まず、東大寺の東密系諸寺院に対する末寺扱い現実化を示す動向として取り上げられてきた諸事例の検討から、それらの事例に共通する特質を把握する。次に、この共通する特質にあてはまる事例のさらなる捕捉をこころみる。以上の検討を経た上で、本寺意識の高揚が生まれた背景を示すことにしたい。

一　末寺扱いの現実化を示す行動

まず、先行研究で取り上げられている、本覚大師号相論、東寺執行職をめぐる相論、本末相論の三つの事件を取り上げ、東大寺衆中による東密系諸寺院に対する末寺扱いの現実化を示す具体的な行動を確認するなかで、三事件に共通する特質を示しておきたい。

（1）本覚大師号相論

徳治三年（一三〇八）、後宇多法皇は仁和寺真光院禅助から東寺で伝法灌頂を受けた勧賞として、真言宗広沢流の祖師とされた益信に対して本覚大師の諡号を追贈した。このことに端を発し、延慶年間を通じて争われた本相論については、すでに先行研究で詳細に検討されている。よって、その経過について詳しくは述べないが、相論の基本的な争点は益信に対する大師号追贈の停止を求める延暦寺と停止に抗議する東密系諸寺院との対立という点にあった。東大寺は東密系諸寺院に与して相論で中心的な役割を果たした。東大寺の役割が「中心的」とされるのは、衆中が神輿入洛など過激な示威行動を行いつつ主張を展開したからである。なお、当相論での東大寺側の動向については、東寺長者を兼ねた東大寺東南院聖忠の存在を重視する見解[11]もあるが、筆者は稲葉伸道氏が主張しているように、神輿入洛を主導した惣寺（衆中）の動向を重視すべきであると考える。[12]なぜなら、以下で触れる他の事例では、聖忠が東寺長者を兼帯していない時期の事例もある一方で、いずれの事例でも衆中が東大寺側の動きを主導していたことが確認できるからである。

（2）東寺執行職をめぐる相論

網野善彦氏によると、厳伊・厳増の間で争われていた東寺執行職をめぐる相論において、応長元年（一三一一）頃、厳増の補任を東大寺が激しく非難したという。[13]

また次の史料によると、東大寺衆中がそれ以前の延慶二年（一三〇九）にも相論に介入していたことがうかがえる。

〔史料1〕

（包紙上書）「執行職還補幷稲荷祭礼　院宣案」

被二衆徒僉議一偁、依二清時事一、可レ抑二留稲荷祭礼一之由下知了、而今彼清時已被二罪科一之上者、任レ例、可レ相二随神事一之由、可レ被レ相二触寺官等一、次執行職、無二相違一令二還補一給之上者、両条同所レ開二眉目一也、彼　院宣案文進レ之、殊為二本末両寺大慶一之由、一同僉議所レ候也、仍執達如レ件、

（延慶二年）十二月十八日卯刻　　　　年預五師賢俊

謹上　東寺執行（厳伊）僧都御房[14]

〔史料1〕は東大寺の年預五師賢俊が衆中での決定事項を東寺執行厳伊に伝えた奉書である。賢俊は東大寺衆中の衆議をうけて、稲荷祭礼にともなう神事への参加命令（詳細は後述）とともに、東寺執行職が還補された件を厳伊に伝えている。そして、〔史料1〕とともに還補を認める旨の院宣案文も送付したことを伝えた上で、これらの措置が「本末両寺大慶」であると述べている。ここでの「両寺」とは東大寺・東寺を指す。

本覚大師号相論が延暦寺という東密系諸寺院にとっての外部勢力との相論であったのに対して、この場合は東寺内部の対立であった点で異なる。しかし、東大寺衆中と直接的な利害関係、あるいは支配・被支配の関係にあったとも思われない東寺執行職の問題に本末関係を強調しつつ介入している点で本覚大師号相論と類似している。

（3）本末相論

先にも述べたように、本末相論とは東大寺と醍醐寺の間で争われた東大寺・東寺の本末関係に関する論争である。相論は正和二年（一三一三）二月、東大寺が訴状を提出したところから始まった。ただし、ここで注目したいのは相論そのものではなく、相論のきっかけとなった東大寺側の動向である。

この点について、先行研究では、東大寺による東寺閉門の断行に注目している。[15]東寺を閉門したのは、東大寺末寺

の山城国光明山寺が争っていた同寺領と近衛家領古河荘との堺相論を有利に進めるためであった[16]。閉門は、醍醐寺が「為レ達二我寺之嗷訴一、閉二他寺之門戸一」[17]と非難したように、東密系諸寺院の利益ではなく、東大寺の利益のための強訴と認識された。確かにこの点で、真木氏が指摘したように、東寺閉門は延慶年間の本覚大師号相論からは逸脱した行為だったといえよう。東大寺の措置をうけて醍醐寺側では、公家政権に開門と閉門の張本人の罪科を求めた。その結果、公家政権側では醍醐寺の要求を認める院宣を発給したが、今度は東大寺側がその院宣の発給に抗議し、訴状を提出することになるのである。

以上のように、確かに東寺閉門は相論の重要なきっかけであった。ただ、きっかけはそれだけではない。もう一つ醍醐寺は「乱二妨鎮守稲荷之社一」[18]、すなわち東大寺が稲荷社に乱妨したことも非難の理由の一つとしてあげている。

稲荷社については先述の〔史料1〕にもみられるように、延慶年間から東大寺が関わりをもっており、東大寺による神輿入洛が決行された際には、「稲荷社神輿事、（中略）所詮本寺（東大寺）八幡之神輿既御入洛、末寺（東寺）擁護之霊神、争無二動坐之儀一、重非レ可レ引二載陣頭一、只相二従宗廟之御遷座所一、可レ奉レ移二当寺（東寺）一也」とあるように、東寺の鎮守であることを理由として、同社の神輿を東大寺八幡宮の神輿が安置されていた東寺に移すよう命じられている[19]。このように、稲荷社は東寺の末社であるがゆえに、その東寺を末寺視していた東大寺からも末社のような扱いを受けていた。そして相論のなかで醍醐寺が非難していた「乱妨」とは、正和元年の東大寺による稲荷社閉門事件を示すものと思われる。ここでは、この正和年間の事件に注目したい。

そこでまず、先行研究によりつつ事件の概要を整理しておこう[20]。正和元年、稲荷社祭礼に関わる敷地役をめぐり、稲荷社と山門の間で相論となった。そのため稲荷社旅所神主清氏と清氏に肩入れをした東大寺衆中は、十二月に稲荷社旅所の閉門に及び、稲荷祭の開催を拒んだ。しかし、当時の稲荷社内部では、稲荷祭礼の開催権をめぐって三社神主と旅所神主が対立しており、三社神主の親氏は旅所神主清氏の措置に対抗するため醍醐寺と結び、稲荷祭礼の開催、旅所の開門を画策した。結局、親氏・醍醐寺の画策が功を奏し、年末に稲荷社は開門され、稲荷祭も開催されたのである。

さて、この事件での東大寺による介入の具体的なあり方を知るために、次の史料をあげておこう。

〔史料2〕

（端裏書）「付㆓稲荷事㆒　院宣御請案」

為㆓稲荷祭礼㆒、旅所可㆑開候之由事、以㆓　院宣之趣㆒、披㆓露衆徒㆒之処、被㆓僉議㆒偁、五条以南敷地役幷三社神主等事、無㆓相違㆒被㆓仰下㆒者、可㆑随㆓勅定㆒由、仰㆓含清氏㆒候了、所詮、遂否、只可□□□候歟之由、僉議所㆑候也、以㆓此旨㆒、可㆑有㆓御　奏聞㆒候哉之由、僉議所㆑候也、恐々謹言、

（正和元年）十二月十七日巳刻　　年預五師清寛

謹上　大夫律師御房(21)

〔史料2〕では、稲荷社の閉門実施の後、開門を命じる院宣が東大寺寺務代の尊勝院公暁を通じて下された(22)のをうけ、東大寺衆中の意向を奉じた年預五師清寛が、敷地役問題の解決、東大寺の意向に従わない三社神主親氏の処罰を条件として、旅所神主に開門させる意向を寺務代側に返答している。史料より、稲荷社の問題に対して、稲荷社旅所神主ではなく、東大寺年預五師が公家政権との交渉を実質的に行う主体として現れている点に注意しておきたい。本末相論は、東寺閉門のような逸脱が重要なきっかけとなって始まった。ただ一方で、稲荷社閉門のように東密系諸寺院（この場合はその末社）の問題に、東大寺自身の訴訟のごとく介入する、という本覚大師号相論・東寺執行職相論以来の動向も醍醐寺の反発を招いていた。醍醐寺の非難は、繰り返し行われる東大寺による末寺扱いの現実化を示す動

きそのものにも向けられていたのである。

以上、延慶から正和初年にかけての三つの事件の概要を検討したが、これらの例から、東大寺衆中が東密系諸寺院(あるいはその末社)の内部対立や外部との相論について、本末関係を前面に押し出して介入する、という共通点がみられることがわかる。

ここでの「介入」とは、東密系諸寺院の利益を代表して、東大寺の訴訟として公武両政権に主張し、院宣などを得、それを東密系諸寺院に伝達する、というような具体的な活動を示す。また、これらの訴訟は神輿入洛や閉門などの示威行動をともない主張されたように、東大寺の重要案件として扱われた。以上のような東大寺衆中の動向こそが、「末寺に口入できる」という本末関係の原則を現実化させようとする行動であったといえよう。

二 正応・永仁年間の介入事例

これまで先行研究で取り上げられてきた例について検討を加えたが、末寺扱いの現実化を示す行動は他にも確認できる。ここでは、その例として正応・永仁年間頃の勧修寺・石山寺への介入事例を取り上げ、それらの事例も加えた上で、平安後期以来の「虚構」の本末関係を鎌倉後期に「現実化」させようとした背景について、考察を加えることにしたい。

(1) 勧修寺領郡家荘をめぐる相論への介入

正応二年(一二八九)十月日東大寺衆徒等解案(23)によると、東大寺は「末寺」の勧修寺領加賀国郡家荘で濫妨を続ける房信阿闍梨以下の悪党人等の召出・禁獄を求めた。また、『三会定一記』正応三年条によると、「勧修寺僧都信忠所領加賀国群（郡）家庄者、鳥羽殿平等院領也、彼御領為二禅林寺殿（亀山上皇）之御管領一間、令レ収二公件庄一給、以二三ヶ郷一給二一方訴人安祥寺法印良宝一、以二六ヶ郷一、宛二給別人一云云、依二勧修寺之訴訟一、東大寺令二嗷訴一之」と、鳥羽殿平等院領を管領する亀山上皇が勧修寺信忠から同院領である郡家荘を収公し、同荘の内、三ヵ郷を安祥寺法印良宝に、六ヵ郷を別人に与えたために東大寺が信忠に与同して強訴に及んだと伝えている。

両史料を総合すると、郡家庄をめぐる争いは、亀山上皇による知行者改補を発端とした、信忠と良宝・「別人」との所職をめぐる争いであり、荘園現地における房信阿闍梨の濫妨も、実態としては良宝や「別人」の当知行を主張する行為であったものと思われる(24)。

相論当事者の内、一方の良宝は真言宗の小野勧修寺流の血脈を受け継ぐ僧であり(25)、「安祥寺法印」という肩書きより、安祥寺を拠点とする僧であったと思われる。他方の信忠は勧修寺長吏であり、のち延慶三年から正和二年にかけて東大寺別当も勤めることになるが、正応段階には東大寺において何らかの職を有していた形跡はない(26)。勧修寺長吏は安祥寺寺務を兼帯していたから、良宝とは何らかの関わりはあったのかもしれない(27)が、両者の関係についてこれ以上のことはわからない。

両者の属性よりこの相論が、基本的には東密系諸寺院に属する僧の所職争いという性格をもっていたことがわかる。『三会定一記』の筆者も「勧修寺之訴訟」と言い切っているので、少なくとも郡家荘で東大寺衆中が、何らかの利権をもっていたわけではないようである。

しかし、東大寺衆中では、以上のような性格をもつ郡家荘の訴訟に介入した。しかも、この訴訟のために、正応三年には興福寺維摩会を一日延引させ、永仁二年（一二九四）の神輿入洛をともなった強訴においても要求の一つとされた[28]ように、同荘の問題は東大寺の訴訟において重要案件として取り扱われた。勧修寺領郡家荘の事例は、これまでに検討してきた延慶～正和年間の東大寺衆中の動向と同一線上に置くことができるだろう。

（2）　石山寺の内部対立への介入

石山寺は小野・広沢両派の影響を受けた真言宗寺院である。[29] 石山寺では延慶年間に内部対立が深刻となっていたことが、次の史料よりうかがわれる。

〔史料3〕

（端裏書）「石山寺沙汰起請文延慶三」

敬白　起請文事

右、子細者、石山寺者、本願　聖武皇帝之御願、良弁僧正草創之霊場也、然者、当寺規模之末寺、其寄異レ他、令レ同二憂苑之旧好一、于レ今不レ変、(a)而当座主成就院（守恵）僧正坊、無レ故引□□寺僧、令レ荒二廃寺中一云々、(b)如二申状一者、其科尤重、末寺愁吟者本寺大訴也、何可レ見二放之一哉、早訴二公家一、触二武家一、可レ及二大訴一者也、其間、(c)殊更不レ可レ得二座主之語一、又□□（不可カ）得二山僧之語一、不レ存二矯餝一、各住無相興（後欠）[30]

〔史料3〕は後欠であるため、起請主体が特定しづらいが、①東大寺文書として残存し、二月堂牛玉宝印二枚を貼り継いだ裏に記されている点、②多くの東大寺衆徒起請文が二月堂牛玉宝印を翻した裏に記されている点から、[31] 東大寺衆徒起請文であると考えられる。

史料では、延慶三年当時の石山寺座主仁和寺成就院守恵が、寺中を荒廃させたことを非難している（傍線部(a)）[32]。応長二年二月二十五日の文書勘渡帳では「石山座主、彼寺々僧等於多令レ殺二害之一、令二召禁一之間、座主与二住侶等一訴陳状等一結」と、座主守恵が石山寺寺僧を殺害・拘禁したため、座主と寺僧の間で訴訟となっていることがわかる。座主による「寺中荒廃」も寺僧との抗争に関連するものと考えられよう。東大寺衆徒は石山寺座主だけでなく、「山僧」すなわち延暦寺僧にも与同しないよう誓約している（傍線部(c)）ので、あるいは座主守恵が延暦寺僧と提携関係にあったのかもしれない[33]。

以上の事態をうけ、座主と対立する石山寺寺僧より東大寺に「申状」が捧げられた（傍線部(b)）。そして、「申状」をうけて東大寺より公家・武家に訴訟することになり、起請文で結束を固めようとしたのであろう。東大寺が訴訟を提起する理由は、末寺の愁吟を見放すことはできないという認識であった。石山寺の事例でも、これまでの諸事例と共通する東大寺衆中の認識・行動パターンを読み取ることができる。

注意したいのは、石山寺座主の件も、勧修寺領郡家荘と同じく正応・永仁年間頃から問題化していた点である。『伏見天皇宸記』正応五年正月十九日条によると、「石山寺別当、向後以二東大寺僧一可レ令二補任一事」と、石山寺「別当」職への東大寺僧補任を求めている。西田友広氏によると、日記類において石山寺の座主が別当と記されることがあるので[34]、ここで東大寺僧が補任を望んだのも座主職であったと考えられる。石山寺の寺務職である座主は、鎌倉期には主に石山寺勝南院や仁和寺の慈雲寺・成就院出身の僧によって相承されていた[35]（表11参照）ので、東大寺僧の座主就任という主張は極めて突飛な主張であったといえよう[36]。また永仁二年の神輿入洛でも、石山寺座主職の問題は要求の一つとされた[37]。

このように、石山寺座主職、あるいは石山寺の寺内における対立についても、正応年間頃より東大寺が介入し、神輿入洛をともなう激しい訴訟を展開していたのである[38]。

以上の検討から、東大寺衆中による東密系諸寺院の訴訟への介入は正応・永仁年間にまで遡って確認できることがわかる。このことは、本寺意識高揚の背景を探る上で無視できない点であると考える。なぜなら、東大寺衆中にとっての正応・永仁年間は、弘安徳政での寺社領興行政策[39]に連動して旧領回復訴訟、神輿入洛の頻繁な実施、縁起・寺誌類の編纂、荘務権の獲得などさまざまな動きが活発化する時期にあたるからである[40]。なかでも注目したいのは、旧領回復要求が東大寺の所領をもとある姿に戻すという徳政の原理[41]に沿った要求であった点である。東密系諸寺院の訴訟への介入という動向も、「本寺が末寺の諸分野に口入できる」という本末関係の原則への回帰という性質をもつ以上、徳政という時代状況と無関係ではあるまい[42]。

表11　石山寺座主職一覧（鎌倉中期〜後期）

座主名	出身寺院	補　任　年	補　任　根　拠
実　位	石山寺勝南院	文暦 2(1235)	教深(前石山寺座主)与奪
公　遍	仁和寺慈雲寺	建長 8(1256)	実位与奪
長　能	？	正嘉元(1257)	「無指由緒，為別儀臨時恩補」
守　恵	仁和寺成就院	文永 2(1265)	実位与奪
道　朝	？	弘安 9(1286)	御産御祈賞
守　恵	仁和寺成就院	正応 4(1291)	道朝配流跡
道　耀	勝宝院	永仁 6(1298)	「守恵御勘気故」「御室御計」
守　恵	仁和寺成就院	正安元(1299)	依関東両度吹挙也
益　守	仁和寺成就院	正和 2(1313)	守恵与奪

註　「石山寺座主幷禅林・観心両寺座主相承次第」(「東百」乙外三)，「尊卑分脈」「仁和寺諸院家記」などをもとに作成．

その際、旧領回復訴訟と同時に活発化した強訴において、東密系諸寺院に関する要求が含まれている点にも注意したい。公武両政権の徳政に対応して活発化した訴訟において、旧領回復訴訟と並んで、「末寺」訴訟に対する案件も重要課題とされたのである。

以上のように、東大寺では弘安徳政以後、衆中による訴訟行動の活発化、旧領回復への動き、末寺扱いの現実化、という諸動向が一体となって進行していったのである。

しかし、東大寺側の動きは、東寺閉門にみられるようにしだいにエスカレートしていった結果、醍醐寺の反発を招き、本末相論にいたる。そして、相論は東大寺と東密系諸寺院との義絶という結末を迎え、以後、東大寺が訴訟に介入する事例はみられなくなるのである。

第二節　東大寺別当の性格変化と弘安徳政

前節では、東大寺衆中における本末意識高揚の志向が、弘安徳政以後の東密系諸寺院の訴訟への介入という形で表現された点を確認した。ただ、行動はこれにとどまらない。そこで本節では、もう一つの具体的な行動として、東大寺別当からの東密系諸寺院僧の排除、「寺住」僧補任という志向もみられるようになることを示したい。その上でこの動向は、訴訟への介入という動向と異なり、中世後期においても規定性をもち続けたことも示したい。

東大寺別当の性格について論じた永村氏によると、元来、東大寺「常住」を重要な就任条件とした東大寺別当は、平安後期以降に大きく変化した。「大師の門跡」であることが新たな条件として加わり、寺外に居住し、真言宗を本宗とする別当が多く生まれるようになるのである。別当の寺外散在は、東大寺のなかでたびたび問題視されるが、公家の崇敬を受け、隆盛を誇っていた真言宗教団の前に、学侶らは東密系諸寺院出身の別当を受容せざるを得ず、その傾向は近世まで継続することになった(43)。

確かに東密系諸寺院出身の別当は近世にいたるまで継続した。しかし、その東密系諸寺院別当の就任状況は、その間一定だったわけではない。鎌倉後期以降になると、それ以前に比べて極めて限られた範囲でしか東密系諸寺院出身の別当が就任していないのである。表12は中世〜近世にいたるまでの東大寺別当の一覧表である。表をみてみると、正和五年（一三一六）聖忠の再々任（番号33）以降、中世の末期にいたるまで仁和寺・醍醐寺など東密系諸寺院出身の僧（表中▲印）が激減し、ほぼ勧修寺・東大寺内諸院家出身の別当（表中△・○印）に絞られることがわかる(44)。

（表 12 つづき）

番号	別当名	拠点寺院・院家	分類	就任年(西暦)・月
67	秀雅(1)	東大寺普門院 東大寺尊勝院	○ ○	文明 2(1470)・12～
68	覚尋(3)	東大寺東南院	○	文明 5(1473)・6～
69	光任	東大寺東室	○	文明 7(1475)・12～
―	未補			文明 9(1477)～
70	厳宝	随心院 東大寺東南院	▲ ○	文明13(1481)・6～
71	公恵(3)	東大寺西室	○	文明14(1484)～
72	実誉	東大寺尊勝院	○	延徳 3(1491)～
73	秀雅(2)	東大寺普門院	○	明応 5(1496)・12～
74	公順(1)	東大寺西室	○	明応 8(1499)・2～
75	実真	東大寺尊勝院	○	永正 2(1505)頃～
76	公怡(1)	東大寺尊勝院	○	永正 5(1508)・3～
77	忠厳	随心院 東大寺東南院	▲ ○	永正 5(1508)・8～
―	未補			永正 8(1511)頃～
78	光通	東大寺東室	○	永正10(1513)頃～
79	公怡(2)	東大寺尊勝院	○	永正14(1517)・閏10～
80	実怡	東大寺尊勝院	○	？
81	公順(2)	東大寺西室	○	天文 3(1534)・3～
―	未補			天文11(1542)～
82	智経	東大寺尊勝院 東大寺普門院	○ ○	元亀元(1570)頃
83	「三条西殿息」	東大寺西室	○	天正 2(1574)頃
―	未補カ			
84	増孝	随心院 東大寺東南院	▲ ○	慶長12(1607)・閏 4～
85	栄厳	随心院 東大寺東南院	▲ ○	寛永21(1644)・7～
86	俊海	随心院 東大寺東南院	▲ ○	寛文 4(1664)・7～
87	斎深	勧修寺	△	貞享 5(1688)・2～
88	道恕	仁和寺蓮華光院 東大寺尊勝院	▲ ○	元禄15(1702)・2～
89	尊孝	勧修寺 東大寺東南院	△ ○	享保10(1725)・11～
90	寛宝	勧修寺	△	延享元(1744)・6～
―	未補			安永 3(1774)～
91	尊深(1)	仁和寺蓮華光院	▲	寛政10(1798)・正～
92	了尊	仁和寺蓮華光院	▲	文政元(1818)・12～
93	尊深(2)	仁和寺蓮華光院	▲	文政 4(1821)・8～
94	済範	勧修寺 東大寺東南院	△ ○	文政12(1829)・11～
95	慈性	大覚寺 仁和寺蓮華光院	▲	天保13(1842)・8～
―	未補			弘化 3(1846)～
96	増護	随心院	▲	万延元(1860)11～

註 1　分類欄の○印は東大寺の院家を拠点とする僧を示す．△▲印は東大寺以外の院家を拠点とし，真言宗を本宗とする僧を示す．この内，△は勧修寺僧，▲はそれ以外の仁和寺・醍醐寺・随心院，あるいは関東を活動拠点とした真言宗僧を示す．

註 2　66～68 の時期には，応仁・文明の乱にともない西軍方の補任により，西室公恵も別当を名乗っていた（本書第 2 部第 3 章参照）．

表 12　中世〜近世の東大寺別当一覧

番号	別当名	拠点寺院・院家	分類	就任年(西暦)・月
1	定遍	仁和寺	▲	寿永 2(1183)〜
2	雅宝	勧修寺	△	文治 2(1186)・3〜
3	俊証	仁和寺心蓮院	▲	文治 5(1189)・5〜
4	勝賢	醍醐寺三宝院 東大寺東南院	▲ ○	建久 3(1192)・10〜
5	覚成	仁和寺保寿院	▲	建久 7(1196)〜
6	弁暁	東大寺尊勝院	○	正治元(1199)・正〜
7	延杲	仁和寺	▲	建仁 2(1202)・7〜
8	道尊(1)	仁和寺 西院・蓮華光院	▲	建永元(1206)・3〜
9	成宝(1)	勧修寺	△	承元 4(1210)・4〜
10	定範	東大寺東南院	○	建保元(1213)・12〜
11	成宝(2)	勧修寺	△	承久 4(1222)・3〜
12	道尊(2)	仁和寺西院 蓮華光院	▲	嘉禄 2(1226)・11〜
13	定豪	関東住 仁和寺華蔵院	▲	安貞 2(1228)・8〜
14	頼恵	東大寺西室	○	天福 2(1234)・10〜
15	親厳	随心院	▲	文暦 2(1235)・閏 6〜
16	真恵	仁和寺金剛幢院	▲	嘉禎 2(1236)・11〜
17	良恵	仁和寺上乗院	▲	延応元(1239)・2〜
18	定親	関東住 仁和寺威徳寺	▲	仁治 2(1241)・正〜
19	宗性	東大寺尊勝院	○	文応元(1260)〜
20	聖基	勧修寺	△	弘長 2(1262)〜
21	定済	醍醐寺三宝院 東大寺西南院	▲ ○	文永 4(1267)・4〜
22	道融	仁和寺西院	▲	文永10(1273)・12〜
23	聖兼(1)	東大寺東南院 醍醐寺三宝院	○ ▲	建治 2(1276)・12〜
24	道宝	勧修寺	△	弘安 4(1281)・3〜
25	勝信	勧修寺	△	弘安 4(1281)・8〜
26	聖兼(2)	東大寺東南院 醍醐寺三宝院	○ ▲	弘安 6(1283)・12〜
27	了遍	仁和寺菩提院	▲	弘安10(1287)・10〜
28	聖忠(1)	東大寺東南院	○	正応元(1288)〜
29	頼助	佐々目遺身院 仁和寺真乗院	▲	正応 5(1292)〜
30	聖忠(2)	東大寺東南院	○	永仁 4(1296)〜
31	信忠	勧修寺	△	延慶 3(1310)・3〜
32	実海	仁和寺五智院	▲	正和 2(1313)・10〜
33	聖忠(3)	東大寺東南院	○	正和 5(1316)・5〜
34	公暁	東大寺尊勝院	○	文保元(1317)〜
35	教寛(1)	勧修寺	△	元応 2(1320)〜
36	聖尋	東大寺東南院	○	元亨 2(1322)〜
37	教寛(2)	勧修寺	△	元弘元(1331)〜
38	聖珍(1)	東大寺東南院	○	建武元(1334)〜
39	良性	東大寺西南院	○	建武 3(1336)〜
40	定暁	東大寺尊勝院	○	建武 3(1336)・7〜
41	実暁	東大寺尊勝院	○	延元元(1336)・7〜
42	寛胤(1)	勧修寺	△	暦応元(1338)〜
43	聖珍(2)	東大寺東南院	○	康永 2(1343)・8〜
44	寛胤(2)	勧修寺	△	観応元(1350)〜
45	聖珍(3)	東大寺東南院	○	文和元(1352)・10〜
46	寛胤(3)	勧修寺	△	貞治 6(1367)〜
47	尊信	勧修寺	△	応安 6(1373)・9〜
48	経弁(1)	東大寺尊勝院	○	康暦元(1379)・10〜
49	観海(1)	東大寺東南院	○	至徳 2(1385)〜
50	経弁(2)	東大寺尊勝院	○	応永 3(1396)・4〜
51	観海(2)	東大寺東南院	○	応永 6(1399)・4〜
52	経弁(3)	東大寺尊勝院	○	応永 9(1402)・5〜
53	観覚	東大寺東南院	○	応永14(1407)・12〜
54	光経	東大寺尊勝院	○	応永21(1414)・6〜
55	興胤	勧修寺	△	応永33(1426)・2〜
56	房俊	東大寺西室	○	応永35(1428)・3〜
57	公顕	東大寺西室	○	永享 4(1432)・10〜
58	持宝	東大寺尊勝院	○	嘉吉 2(1442)・3〜
59	珍覚	東大寺東南院	○	文安元(1444)・7〜
60	隆実	東大寺東室 東大寺西南院	○	文安 4(1447)・12〜
61	恒弘	勧修寺	△	宝徳 3(1451)・2〜
62	公恵(1)	東大寺西室	○	享徳 4(1455)・4〜
63	公深	東大寺尊勝院	○	寛正 2(1461)・11〜
64	覚尋(1)	東大寺東南院	○	寛正 5(1464)・10〜
65	公恵(2)	東大寺西室	○	寛正 6(1465)・8〜
66	覚尋(2)	東大寺東南院	○	応仁 2(1468)・閏10〜

別当の補任における性格変化の事情を知る上で興味深いのは、次にあげる『建内記』文安四年（一四四七）十月二十五日条である。文安四年、当時の別当であった東南院珍覚の後任をめぐって東室隆実と随心院祐厳が競合し、問題となった。史料として引用した部分は、そのなかで東南院坊官の祐舜が、別当の資格について述べた部分である。

〔史料4〕

今日、播磨上座祐舜（東南院使也）折節参会、性恵僧都聞二此事一、仍祐舜示二僧都一之趣、無二寺住一之門室、号二辺山衆一、上古有レ例歟、而寺門申二所存一、不二叙用一之間、随心院・三宝院等近比更不レ被レ補レ之、此条無二存知一哉之由也、僧都答二不レ知之旨一云々、勧修寺者、於二東大寺一有二管領之僧坊一、仍以二寺住之准拠一、寺門承引無二相違一云々、

〔史料4〕では、随心院使の性恵僧都が東南院使の祐舜に別当の資格を尋ねたところ、祐舜は「寺住していない門室は『辺山衆』と呼んで昔は例があった。しかし、寺門（東大寺衆中）が意見を申し、受け入れないので、随心院や三宝院などは近ごろ補任されていない」と述べ、さらに「勧修寺は、東大寺に管領する僧房があり、寺住とみなされているので、寺門も承認することは間違いない」と述べている。史料より、室町期の東大寺では、随心院・三宝院など「辺山衆」が近ごろ別当に補任されていないこと、勧修寺僧は東大寺内に勧修寺管領の僧坊があるため「寺住の准拠」として別当の就任が認められたこと、これらの条件は、「寺門」すなわち東大寺衆中の意向によるものであることを確認することができる。[45]

永村氏は、東大寺の寺僧が東密系諸寺院出身の別当の存在を「他寺」僧ではなく、「末寺」僧の本寺別当就任と認識することで受容しようとした、と指摘した。氏の指摘は主に鎌倉初期の尊勝院弁暁の主張に基づいているが、室町期には、寺門（衆中）の意向により、勧修寺を「寺住の準拠」とする以外は、「辺山衆」（ここでは末寺僧と同義と考えていいだろう）とされた東密系諸寺院出身の別当が根本から否定されている。そして、たしかに表12をみると、その時

期には東密系諸寺院の僧は、「寺住の準拠」とされた勧修寺僧を例外としてほとんど補任されていないのである。

このような鎌倉初期と室町期との間で確認される論理の変化は、鎌倉後期以降に確認されるようになる。次にあげる正応二年（一二八九）十月日東大寺衆徒奏状土代[46]の一節は、その点を確認する上で興味深い史料である。

〔史料5〕

一、以二末寺僧一、不レ可レ被レ当寺《（東大寺）》別当職一事

右、中院《（亀山上皇）》御時于レ時弘安十年、被レ経二御沙汰一、自今以後、為二末寺僧一之輩、可レ停二止本寺々務所望一之旨、被二仰下一了、仍向後雖レ不レ可レ有二子細一、当御代尤賜二件　院宣一、可レ備二末代亀鏡一之旨、先度令二言上一之処、中院々宣以被二成下一之上者、当御代雖レ不レ被二　宣下一、何可レ有二子細一哉之由、被二仰下一之旨、使者之申詞、且雖レ令二悦予一、無二子細一者、弥被レ成二下　綸命一之条、所二望申一也、今度尤欲レ被レ成二下分明　鳳詔一矣、

〔史料5〕で東大寺は、まず亀山上皇の治世である弘安十年（一二八七）に、今後末寺僧が本寺である東大寺の別当を所望することを停止する旨、仰せ下された、と述べ、それゆえに当代の後深草上皇の治世においても同じ趣旨の院宣をいただきたいと言上した。そうしたところ朝廷では、亀山上皇の院宣が下されたのだから、後深草上皇よりあらためて命令をせずとも問題はないと返答したが、東大寺側は、問題ないのであれば、いよいよご命令を下していただくことを望むしだいである、と述べている。

これ以前にも、衆中側が別当個人の解任を求める訴訟はみられた[47]。しかし、東密系諸寺院出身の別当の存在を根本から否定する動きがみられるようになるのは、この〔史料5〕で示された弘安末年の亀山上皇に対する要求以後のことである。もっとも〔史料5〕における要求の内容は、全く新しい主張かというとそうでもなく、本節冒頭でも示したように、東密系諸寺院出身の別当が現れ始める平安後期以前の時期には、別当の「常住」原則は機能していた。鎌

倉後期における主張は、その一度は廃れた「常住」原則をあらためて主張するものであったといえる。

別当の寺住という原則への回帰を目指す動きが弘安末年以降にみられるようになるのは、偶然の史料残存というわけではないと思われる。すなわち、前節の東密系諸寺院の訴訟への介入の場合と同様、弘安徳政に対応した、もとある姿に戻そうとする動きの一環であったと考えられる。本寺意識の高揚は、訴訟への介入とともに、東大寺別当職からの東密系諸寺院僧の排除という動向をも生んでいたのである。

ただし、当初から公家政権側が東大寺の意向を受け入れたわけではない。〔史料5〕で、東大寺は亀山上皇より末寺僧の東大寺別当所望の停止が認められたと主張しているが、『伏見天皇宸記』正応五年正月十九日条では、東大寺が「東大寺別当職事、他寺僧補任欝訴事」と訴えているように、再度他寺僧の別当補任について訴訟を提起している。しかし伏見天皇はこの案件について「追被二尋究一、可レ有二沙汰一之由仰了」と判断を保留している。そのため東大寺側はついに離寺閉門に及んだが、伏見天皇側は「近日不レ可レ有二其沙汰一候」とやはり判断を保留した(48)。伏見天皇は東大寺側の要求に対して好意的ではなかったようである。

表をあらためてみてみると、東大寺の要求に沿うような別当補任の傾向をみせるようになるのは、正和年間以降である。注意したいのは、同時期が東大寺衆中と東密系諸寺院とが本末相論で争い、義絶にいたった時期にあたる点である。別当補任の傾向の変化と本末相論という両事象が何らかの関連性をもつことは、興福寺大乗院尋尊により記された文明十三年（一四八一）六月日の「東大寺別当職事条々(49)」よりうかがうことができる。

「東大寺別当職事条々」は、文明十三年に尋尊の兄弟である随心院厳宝が東大寺別当に補任されたのをうけて、尋尊が東大寺と厳宝とのやりとりを仲介するなかで、そのやりとりを整理して記録したものである。厳宝の補任で重要なのは、彼が随心院を拠点とした僧だった点である(50)。久しぶりに勧修寺以外の東密系諸寺院の僧が別当に補任された背景には、東南院と衆中の対立など、十五世紀後半に東大寺が抱えていたさまざまな事情が関係していたのである[51]が、いずれにしても鎌倉後期以後の動向からすると、極めて異例の補任であったことは確かである。

さて注目したいのは、「東大寺別当職事条々」における厳宝就任をめぐるやりとりのなかで、当時奈良を離れていた厳宝が、次のような書状を尋尊に出していることである。

〔史料6〕

東大寺与二東寺一、元応二年聊儀〔義〕絶之子細在レ之歟、然而、其以来、東南院両代令レ任二一長者職一給、其外、両寺之門跡、自他之先途被レ遂之上者、自今以後、弥以可レ為レ如二往古一候、東寺可レ為二東大寺之末寺一候、此等之趣、可レ有レ伝二達年預五師方一候也、恐々謹言、

八月一日　　厳宝

大乗院殿

〔史料6〕は、厳宝が大乗院尋尊を通じて東大寺年預五師に伝達してほしい事項を伝えた書状である。これに関連して『大乗院日記目録』文明十三年八月六日条では、「東大寺別当職事、畏入之由満寺書状到来、朔日寺務御書付、付二彼寺一了」とある。「朔日寺務御書付」とは、〔史料6〕を指すものと思われるので、六日条は〔史料6〕を受けて東大寺衆中が厳宝の別当補任を承認したことを示す。ここから〔史料6〕は厳宝が補任について衆中の承認を求めるために出した書状であることがわかる。

史料で厳宝は、元応二年（一三二〇）に東大寺と東寺が義絶したものの、それ以後も東南院主が東寺一長者に任じられたように、東寺・東大寺の貴種僧がそれぞれの寺で最高の官位（東寺長者・東大寺別当）に就任したことを主張している。その上で今後も往古のような（交流の盛んな）関係であることを求め、自らの補任への承認をも暗に求めて

いる。

注意したいのは、最後の、東寺は東大寺の末寺である、と述べている部分である。正和年間に本末関係をめぐり激しく対立した両寺の関係を前提とするなら、東寺を東大寺の末寺と言い切った厳宝の態度は極めてへりくだったものといえ、ここからは厳宝が一五〇年以上も前の鎌倉時代における東大寺と東寺の本末関係や義絶という点について、東大寺の年預五師に対して各別の配慮をしていることがうかがわれる。このことは、随心院を拠点とする「末寺」僧の厳宝が東大寺別当に就任する際、最大のネックとなるのが、鎌倉末期の本末相論、両寺の義絶であったことを示している。

本末相論と義絶が、なにゆえ東大寺側の主張に対する公家政権側の譲歩をもたらしたのか、これ以上はわからない。ここでは、本末相論・義絶と同時期に衆中の意向をくみ取った公家政権側が、東大寺別当補任のあり方に変更を加えたという事実を確認しておきたい。

以上、本節では、東大寺衆中による本寺意識の高揚を示す動向として、訴訟への介入に加えて、東密系諸寺院に属する僧の別当就任の否定、寺住別当への回帰という志向がみられ、後者の志向も前者の動向とほぼ同時期の弘安末年以降に確認されることから、弘安徳政を背景として生まれてきた志向であることを確認した。ただ、この別当に関する動向は、訴訟への介入の場合と異なり、中世後期においても規定性をもち続けた。弘安徳政に対応して起こった本寺意識の高揚は、別当職における寺住僧補任の条件付き復活という形で、中世後期の東大寺に爪跡を残すことになったのである。

なお、東大寺内の職が鎌倉後期以降に寺住僧で占められる傾向は、別当だけではない。鎌倉期には他寺僧が補任されることの多かった大勧進も、建武年間以降には衆徒の推挙により、寺内の戒壇院長老が独占的に補任されるようになった(52)。また、衆中を構成する学侶に対しても、鎌倉後期には集会・法会出仕が強く求められ、遠出が制限されるようになる(53)。

鎌倉後期以降の東大寺では、寺職において寺住の原則が強調されるような志向が確かにみられるのであり、別当の動向もこのような傾向のなかに位置づけられるべきであろう。

おわりに

鎌倉後期、東大寺衆中の東密系諸寺院に対する本寺意識の高揚は、①東密系諸寺院の訴訟への介入、②「末寺」とみなされた醍醐寺・仁和寺・随心院など東密系諸寺院僧の東大寺別当就任の否定、寺住別当への回帰、という二つの形で具体的に表現された。

両動向はいずれも、東大寺で過去に原則とされたものが、平安期以降に東密系諸寺院の隆盛という動向のなかで変更を加えられたことを前提にして、鎌倉後期に元の原則に回帰しようとする運動であった点で共通しており、弘安徳政以後の衆中による旧領回復訴訟、荘務権獲得・行使、という動向と軌を一にして盛んに主張されるようになった。

二つの動向の内、①の動向については、醍醐寺の反発を招いた結果、「義絶」という結末にいたり挫折したが、②の動向については、当初は公家政権に受け入れられなかったが、本末相論から両寺の義絶に到る過程で、勧修寺僧を寺住僧と認めるという点で譲歩しつつも、中世後期における原則としてほぼ定着していった。中世後期の東大寺は、衆中の意向で、寺職において閉鎖性を示すようになる点に一つの特質を見出せるのである。

なお、注意しなければならないのは、寺職補任の条件において閉鎖性を強める一方で、学侶個人としての宗派を超えた交流自体は、中世後期においても依然としてみられる点である。寺院運営を担う寺職の補任における閉鎖性と学侶個人の交流とのギャップを、いかに考えるべきであろうか。この点は今後の課題としたい。

註

(1) 竹内理三『寺領荘園の研究』(畝傍書房　一九四二年)。
(2) 稲葉伸道「東大寺寺院構造研究序説」(同『中世寺院の権力構造』岩波書店　一九九七年、初出一九七六年)。
(3) 永村眞『中世東大寺の組織と経営』(塙書房　一九八九年)。
(4) 稲葉伸道「鎌倉後期の東大寺とテクストの形成」(『総合テクスト科学研究』三―二　二〇〇五年)参照。
(5) 永村眞「東大寺別当・政所の変容」(前掲註(3)永村著書)、同「『真言宗』と東大寺」(中世寺院史研究会編『中世寺院史の研究　下』法蔵館　一九八八年)参照。
(6) 前掲註(5)永村論文、永村眞「寺院と天皇」(永原慶二ほか編『講座前近代の天皇3　天皇と社会諸集団』青木書店　一九九三年)、真木隆行「鎌倉末期における東寺最頂の論理」(東寺文書研究会編『東寺文書にみる中世社会』東京堂出版　一九九九年)参照。
(7) 前掲註(5)永村「『真言宗』と東大寺」参照。
(8) 前掲註(6)永村・真木論文参照。
(9) 前掲註(5)永村論文参照。
(10) 前掲註(6)真木論文参照。
(11) 前掲註(6)真木論文参照。
(12) 前掲註(4)稲葉論文。
(13) 網野善彦「東寺供僧と供料荘の発展」(同『中世東寺と東寺領荘園』東京大学出版会　一九七八年)参照。
(14) (延慶二年)十二月十八日東大寺年預五師賢俊奉書(「阿刀文書」B甲六五九―一四七)。この史料の翻刻については黒川直則「史料・東寺執行職の相伝と相論」(科学研究費報告書〔研究代表者高橋敏子〕『東寺における寺院統括組織に関する史料の収集とその総合的研究』二〇〇五年）参照。なお、黒川氏はこの史料を徳治二年（一三〇七）のものと推定しているが、差出人の賢俊が年預五師であったのは、徳治二年ではなく延慶二年（一三〇九）であること（前掲註(3)永村著書、二九二頁参照）、史料中の「院宣案文」にあたると推測される文書として、延慶二年十二月十六日伏見上皇院宣写（「阿刀文書」B甲六六五—五四、前掲黒川「史料・東寺執行職の相伝と相論」参照）が確認されることなどから、延慶二年のものであると考えられる。

(15) 前掲註(5)永村論文参照。

(16) この相論については、畠山聡「中世東大寺の別所と経営」（鎌倉遺文研究会編『鎌倉時代の政治と経済』東京堂出版　一九九九年）参照。

(17) 醍醐寺初度陳状案（醍醐寺初度事書）。なお、この陳状案の影印・翻刻については、国文学研究資料館編『東大寺本末相論史料—古文書集二—』（臨川書店　二〇〇八年）参照。

(18) 前掲註(16)醍醐寺初度陳状案。

(19) （延慶二年）三月六日年預五師賢俊奉書案（「阿刀文書」、『鎌倉遺文』二三六二一）。

(20) この相論や、相論に関わる稲荷社祭礼敷地役、稲荷社の組織については、小島鉦作「京都五条以南の稲荷社祭礼敷地役と東大寺」（山折哲雄編『稲荷信仰事典』戎光祥出版　一九九九年、初出一九七四年）、宇津純「中世における稲荷神社とその祭礼課役」（桜井徳太郎編『日本宗教の複合的構造』弘文堂　一九七八年）、馬田綾子「稲荷祭礼役をめぐって」（『朱』二七　一九八三年）、五島邦治「稲荷旅所神主について」（『朱』三八　一九九五年）など参照。

(21) （正和元年）十二月十七日年預五師清寛書状案（土代）（「東図未」三—一二—一四六）。

(22) （正和元年）十二月十六日伏見上皇院宣案（「東南院文書」三九二号）。

(23) 「東図未」一—二四—三三六、『鎌倉遺文』一七一七三。

(24) なお前掲註(23)東大寺衆徒等解案では、郡家荘とともに近江国清水荘が係争地となっているが、良宝は清水荘に悪党を「差し入れ」た人物としても東大寺より非難されている。

(25) 櫛田良洪『真言密教成立過程の研究』（山喜房仏書林　一九六四年）五四五・五五一・五五七頁参照。

(26) ただし、同時期に、信忠は鎮守八幡宮の祭礼に使用する絹を寄進しており（正応二年二月二十五日東大寺年預五師宗算文書勘渡帳（「東図未」三―一一―八、『鎌倉遺文』一六八九七））、全く東大寺と無関係であったわけではない。

(27) 安祥寺については、上田進城編『山科安祥寺誌』（安祥寺　一九二九年）、堀川敏夫・上原真人「安祥寺の歴史と環境」（京都大学大学院文学研究科二一世紀COEプログラム「グローバル化時代の多元的人文学の拠点形成」成果報告書『安祥寺の研究Ⅰ』二〇〇四年）など参照。

(28) 「三会定一記」正応三年条、永仁三年七月九日伏見天皇綸旨（「東図未」四―九五、『鎌倉遺文』一八八六五）など参照。

(29) 石山寺については、佐和隆研「石山寺の歴史と文化財」（石山寺文化財綜合調査団編『石山寺の研究―一切経編―』法蔵館　一九七八年）参照。

(30) （延慶三年）某起請文（後欠）（「東図未」三―三―一一七）。

(31) 東大寺の起請文の特質については、千々和到「東大寺文書にみる牛玉宝印」（『南都仏教』三九　一九七七年）、綾村宏「東大寺文書の起請文」（奈良国立文化財研究所創立三〇周年記念論文集刊行会編『文化財論叢』同朋社出版　一九八三年）参照。

(32) 石山寺座主の名・経歴については、「石山寺座主幷禅林・観心両寺座主相承次第」（「東寺文書」乙外三）参照。なお、西田友広「鎌倉後期の石山寺と権門寺院」（『東京大学史料編纂所紀要』一八　二〇〇八年）では、近世の編纂物や西田氏が紹介した（応長元年）八月二十五日年預五師実専衆議披露状土代（前半「筒井寛秀氏所蔵東大寺文書」、後半「東図未」四―一九三）から、守恵が座主就任にともない多くの門人とともに石山寺に移住してきた事実を明らかにした上で、傍線部(a)における「無故引□□寺僧」の部分が「無故引入他寺僧」であったと想定している。

(33) ここで気にかかるのは、なぜ山門が相論に関わるのか、という点である。一つには、距離的な近接さがあげられる。もう一つには、石山寺と教学上の交流があった点もあげられる。前掲註(29)佐和論文では、石山寺所蔵聖教類には比叡山系統のものが混じっていることから、石山寺と天台宗の僧との深い交流があったことを指摘している。

(34) 前掲註(32)西田論文。

(35) 前掲註(32)「石山寺座主幷禅林・観心両寺座主相承次第」。

(36) 同日条において伏見天皇は東大寺の訴えに対して、「於二石山事一ハ、雖二山門訴申一、無二裁許一、其上者、今何別当職事令二訴申一哉」と感想を記している。ここからは、山門が石山寺座主を求めたことへの対抗措置として、東大寺側が寺僧の補任を望んだ可能性が考えられる。

（37）前掲註(28)永仁三年七月九日伏見天皇綸旨参照。

（38）なお、鎌倉後期における石山寺の混乱は、座主職の補任状況からもある程度うかがわれる。鎌倉期の石山寺座主職は、主に石山寺・仁和寺の僧が前座主の付属を前提にして宣旨・院宣により補任されるという手続きをとった。しかし、常に付属を前提としたわけではなく、公武両政権の意向で付属を経ない座主も補任された。注意したいのは、守恵が座主職を得た文永年間以降しばらくの間、付属による補任がみられなくなり、守恵と別の座主とが短期間の間に朝廷・幕府や仁和寺御室などの意向により、補任・解任を繰り返すという状況がみられるようになる点である（後掲表11参照）。守恵の地位の不安定さは、正応・永仁年間の東大寺僧・延暦寺僧による座主職の競望、延慶年間の石山寺僧との対立・抗争と密接な関係にあったのではないか。

（39）公武政権による寺社領興行政策については、海津一朗『中世の変革と徳政』（吉川弘文館　一九九四年）など参照。

（40）前掲註(2)稲葉論文、註(4)稲葉論文参照。

（41）徳政の観念については、笠松宏至「中世の政治社会思想」（同『日本中世法史論』東京大学出版会　一九七九年、初出一九七六年）、勝俣鎮夫「地発と徳政一揆」（同『戦国法成立史論』東京大学出版会　一九七九年）参照。

（42）なお、伊勢神宮でも社内の徳政推進勢力が、神領興行法を利用して地域寺社を神宮の末寺・末社化しようとする動きをみせた。この点は前掲註(39)海津著書参照。

（43）前掲註(5)永村「東大寺別当・政所の変容」。

（44）なお諸事例の内、西南院良性は「東大寺別当次第」（『東図薬師』二―一九〇、翻刻については、堀池春峰「東大寺別当次第」（角田文衞編『新修国分寺の研究　第一巻　東大寺と法華寺』吉川弘文館　一九八六年）参照）によると「真言宗」僧とされるが、東寺側の史料では、「東寺門下に非ざる」別当（東寺門流東大寺別当経歴先例〔『東百』観智院二九〕）とされている。おそらく東大寺の院家の一つ、東大寺西南院ではなかろうか。また、寛正・応仁・文明と三度別当に就任した覚尋は、東南院と随心院を兼帯したとする記録もみられるが、永村氏はこの兼帯につき「裏付ける典拠は未だ見いだし難い」と慎重な姿勢を示している（永村眞「中世東大寺の『門跡』とその周辺」〔『史艸』四二　二〇〇一年〕）。よって、表では永村氏の指摘に従い、「分類」欄のように性格づけた。

(45) ただし、「寺住」「常住」といっても、東南院主がしばしば在京していたように、文字通りにその寺院敷地内に居住し続けていたことを示すわけではない。ここでは、「寺内に拠点を有している」というほどの意味で使用されているようである。また、勧修寺出身の別当は、全く寺住別当と同じ扱いを受けたわけではない。東大寺では寺内院家以外の僧が別当に就任した場合、東大寺学侶が寺務代として別当の業務を一部代行したが、鎌倉後期以降でも勧修寺僧が別当となった時、寺務代が設置された(前掲註(44)『東大寺別当次第』参照)。

(46) 「東図未」一—二四—三三三、『鎌倉遺文』一七一六八。

(47) 鎌倉時代では、天福二年(一二三四)随心院親厳の別当就任に抗議した事例(平岡定海氏所蔵『東大寺別当次第』、同史料の翻刻は遠藤基郎「平岡定海氏所蔵『東大寺別当次第』について」〔『東京大学史料編纂所研究紀要』一三 二〇〇三年〕参照)、文永九年(一二七二)醍醐寺三宝院定済の別当改替を求めた事例(『三会定一記』同年条)などをあげることができる。

(48) (正応五年)四月十三日伏見天皇綸旨案(「東図未」一—一五—一八六、『鎌倉遺文』一七八七五)。

(49) 『増補続史料大成 大乗院寺社雑事記』所収。なお、現状では断簡の形で残存しているため、七巻三〇五〜三〇六頁、十二巻一八三〜一八五頁、十二巻二二〇〜二二一頁に分載されている。

(50) 厳宝は応仁二年(一四六八)十月に、応仁・文明の乱を避け、尋尊を頼って奈良に下向しており(上島享「随心院と随流の確立」〔荒木浩責任編集『小野随心院所蔵の密教文献・図像調査を基盤とする相関的・総合的研究とその探求』大阪大学大学院文学研究科荒木浩研究室 二〇〇五年〕など参照)、奈良との縁は深い。ただし、下向後は大乗院坊官の在所に寄住した(前掲註(44)永村論文)ように、東大寺に「寺住」していた僧ではない。また、東南院と兼帯していたともいわれるが、東南院主としての活動も全く確認できない。よって、少なくとも実態として東南院を拠点にし得たとは考えられず、その意味で東密系諸寺院の僧に分類してよいだろう。

(51) 当該期に東大寺が抱えていた矛盾については、前掲註(44)永村論文、本書第二部第四章参照。

(52) 東大寺の大勧進については、永村眞「東大寺大勧進職の機能と性格」(前掲註(4)著書)、畠山聡「建武新政期における東大寺と大勧進」(山本信吉・東四柳史明編『社寺造営の政治史』思文閣出版 二〇〇〇年)参照。

(53) 永村前掲註(3)著書、正中二年三月八日東大寺花厳会出仕定文(「東大寺文書」、『鎌倉遺文』二九〇三五)など参照。

第二章　室町期東大寺の寺家運営と学侶方

はじめに

東大寺では、鎌倉後期に寺家運営の主導権が別当政所から惣寺方（非貴種学侶の衆中を母体とし年預五師を代表者とする組織）へ移った。(1) この稲葉伸道氏の指摘に対しては、惣寺方の主導性の貫徹度について批判が出されたが、(2) 惣寺方が一元的な支配を志向し、ある程度その志向に沿った体制を築いたこと自体は疑いない。そして惣寺方への注目にともない、その権力構造についても永村眞氏が詳細に検討し、訴訟の主導、寺内諸階層の統制、寺領支配といった諸側面が示され、惣寺方の寺家運営を支える学侶や油倉の動向も明らかにされた。(3)

ただ以上の研究は問題点も残している。一連の論争では惣寺方の寺家主導体制の確立を中世東大寺の権力構造の到達点と位置づけ、確立以後の時期はその体制の枠内での発展・衰退といった点から評価された。そのため中世後期の展開についての論点化が妨げられる結果となった。しかし中世後期の不安定な政治・社会状況のなか、経済面で困難な状況に直面しつつも東大寺が存続しえたことを踏まえると、寺家内部でその変化に何らか適応していったであろうことは想像に難くない。実際この点は全く指摘がないわけではなく、永村氏は南北朝期以降の段階に油倉が寺家運営への貢献度を高めた点を示している。(4) しかし、いまだ全面的な解明には至っていない。

ゆえに本章では、中世後期の入り口にあたる南北朝後期から室町期の寺家運営の構造を解明したいのであるが、その際、学侶方なる組織に注目したい。学侶方については、「前衛的教学集団」とされる鎌倉期の世親講との連続性が指摘され、「新助成方」の散在所領を集積し、財務単位化も遂げ、南北朝後期以降に活動を活発化させたとされる。また東大寺領荘園の個別研究でも、学侶方の寺家領支配への関与が示されている(5)。ここから学侶方が室町期の寺家運営を考える上で、重要な組織の一つだったことを予想させる。ただその全容は明らかにされていない。

そこで第一節では、学侶方の基本的な性格の検討を通じて室町期における寺家運営の特質を示し、第二節では、学侶方が生まれた南北朝後期の状況から室町期的な寺家運営の体制が生まれる背景を示したい。

第一節　学侶方にみる室町期の寺家運営

本節では、南北朝後期以降に活動を活発化させた学侶方の基礎的な考察を行うなかで、室町期における寺家運営のあり方の一端を明らかにしたい。その際、以下の二点に注意する。

第一に、同じ学侶を構成員とする惣寺方や世親講との関係である。惣寺方は前述のように、年預所を中心とし鎌倉後期に寺家運営の主導体制を確立させた。また世親講は、建久六年（一一九五）に若繭学侶が維摩会や寺内大会の出仕に備えて教学研鑽をする場として成立したが、講衆は大会の参加僧に経済的な助成も行い、鎌倉中期に活発な活動をみせた(6)。しかし鎌倉後期には惣寺方に吸収され、南北朝後期に学侶方がその世親講の機能を継承したとされる。ただ学侶方の組織や役割の全容は明らかにされておらず、惣寺方や世親講との関係全てが明確になったわけではない。ゆえにこれら組織との関係に注意したい。

第二に、寺家運営のなかでの位置づけである。学侶方は先述のように室町期の寺家運営に関わったが、寺家における学侶方の位置づけの全容も明確ではない。よってこの点も注意したい。

一　構成員と組織

学侶方の構成員は東大寺の学侶であった。まず次の史料からその点を確認しておこう。

〔史料1〕

記録　学侶方新助成用途沙汰人間事

右、（中略）依学侶評定記録如件、

永和元年乙卯九月廿六日　　学侶年預賢春（花押）

快尋（花押）　良海（花押）

俊英（花押）　尋盛（花押）

行曇（花押）　弁玄（花押）

専暁（花押）　善兼（花押）

良恵（花押）　信瑜（花押）

舜忠（花押）　慶海（花押）(7)

〔史料1〕は学侶方の新助成方沙汰人の問題を扱った文書だが、連署部分をみると、学侶年預を筆頭に僧の名前が記されている。これらの僧が永和元年（一三七五）の学侶方の主要メンバーだったといえよう。この点を踏まえた上で、次の史料も検討しよう。

〔史料2〕
記録　大井庄沙汰間事
　条々
一、法花会者学業規模之大会、寺僧昇進之洪基也、
（中略）
以前条々、（中略）諸篇更不レ可レ有二冥加一之状如レ件、
　応安三年庚戌二月　日　　年預五師**専暁**（花押）
覚舜（花押）
擬講顕済（花押）　**尋盛**（花押）
大法師宗兼（花押）　快恵（花押）
大法師専円（花押）　**慶海**（花押）
大法師秀海（花押）　暁円（花押）
大法師宗専（花押）　**舜忠**（花押）
大法師行誉（花押）　**良恵**（花押）
大法師**俊英**（花押）　寛忠（花押）
大法師**快尋**（花押）　実演（花押）(8)

〔史料2〕は〔史料1〕と同時期の応安三年（一三七〇）の作成で、年預五師が日下に署判し学侶の署判が続く。彼らは惣寺方の意思決定を支えたメンバーだったといえよう。注意したいのは、そのなかに〔史料1〕と重なるメンバー（ゴ

シック参照）がみえる点である。ここから学侶方が惣寺方と同様に、学侶とその衆中を基盤に置いたことがわかる。南北朝後期には衆中を母体とする惣寺方・学侶方の二つの組織が併存した。

次に組織を検討しよう。学侶方は「当年秋季談義中評議云[9]」とあるように、寺内法会の場で惣寺方と別に衆議を行った。また「重書櫃二合惣寺・学侶符付替了[10]」「惣寺日記・学侶日記引合[11]」とあるように、惣寺方と別に文書箱をもち、運営の記録もつけた。このように学侶方の運営は惣寺方と一線を画していた。そしてその運営の中心にあるのが学侶年預と沙汰人（納所）である。学侶年預は学侶から一名選ばれた。在任状況[12]や「年預」の名称から一年交替だったと考えられる。表13は学侶年預と年預五師を両方勤めた僧の一覧だが、学侶年預は年預五師より浅い臈次で就任する傾向が確認できる。ここから学侶方が惣寺方の下部組織的な位置にあったことが推測される。学侶年預は、学侶方の連署状に筆頭で署判し、学侶方を代表して他組織に書状を出したり[13]、受け取ったりした[14]。学侶年預は学侶方の代表者だったといえる。沙汰人（納所）は、新助成方・勧学講方・世親講方など法会に関わる名前を冠する場合と、石包方（大井荘下司名）・仁井令方・高瀬方のように所管の荘園名を冠する場合がある[15]。その役割は、①零細な田畠・家地や荘園からの年貢の収納責任者、②各法会の用途調達に大別できる。納所・沙汰人という二つの呼称は、所領年貢を収納（納所）する、指定の用途に資金を融通（沙汰）するという二つの役割を示していたといえよう。

表13　学侶方年預・年預五師の就任年

僧名	年預就任年	
	学侶方	年預五師
清覚	応永 6(1399)	応永20(1413) 応永30(1423)
延営	文安 3(1446)	文安 4(1447)
盛緑	文明 3(1471)	明応元(1492)
英順	延徳 3(1491)	文亀 2(1502)
頼賢	永正 7(1510)	享禄 3(1530)
英厳	永正 8(1511)	享禄元(1528)
澄芸	永正10(1513)	大永 5(1525) 享禄 3(1530) 天文 2(1533) 天文 5(1536) 天文 8(1539)
宗助	永正11(1514)	大永 6(1526) 享禄 4(1531)
宗芸	永正17(1520)	天文元(1532)
浄芸	享禄 2(1529)	天文12(1543) 天文16(1547) 天文21(1552) 永禄 4(1561) 永禄 6(1563)

以上のように、学侶方は惣寺方と学侶衆中を母体とする点で共通するが、組織面では全く別組織だったといえよう。

学侶方の機能は（1）法会出仕僧への助成、（2）寺家の法会・祈禱への関与、（3）独自の法会運営、（4）長日参籠、の四点に大別できる。

二　機　能

（1）　法会出仕僧への助成

学侶年預は「普門院・東室両人宸筆御講被二参勤一之間、為二彼助成之不足一所レ令二借用一也」[16]とあるように、東大寺僧が宸筆八講に参勤するための助成銭を借用したり、「維摩会聴衆御助成」[17]にも関与していた。ここから学侶方が法会出仕僧に金銭を助成したことがわかる。この点は鎌倉期の世親講の機能に通じる。学侶方はこの助成方に沙汰人を六人据えており[18]、助成事業を重視していたようである。

（2）　寺家の法会・祈禱への関与

寺家法会には供料の調達・下行という形で関わった。まず八幡宮談義では料所からの用途を調達し下行した[19]。談義料については正応二年（一二八九）の史料に、「毎年無二懈怠一、悉可レ納二置于世親講蔵一」とあり、かつて世親講も収納に関わった[20]。ここから学侶方の関与は世親講の立場を継承したものといえる。ただ学侶方はそのほかの寺家法会用途の調達・下行にもあたった。たとえば表14では、南北朝後期以降に眉間寺十講・兵庫関談義用途の借銭状に年預五師（惣寺年預）とともに学侶年預が連署している。また、法華会でも諸用途の下行日記に年預五師とともに学侶年預が連

表14　学侶年預署判の利銭借請状の用途

年	西暦	月	用途	年預署判		典拠
				惣寺	学侶	
応安 3	1370	7	普門院・東室宸筆御八講参懃助成		○	「東図未」3-6-1
至徳元	1384	3	恒例三月談義料	○	○	「東図未」1-15-164
至徳元	1384	5	眉間寺十講布施物		○	「東図未」1-15-167-3
至徳 2	1385	3	兵庫関談義供料	○	○	「東図未」1-15-167-1
至徳 2	1385	5	恒例眉間寺十講御布施物	○	○	「東図未」1-15-167-2
至徳 3	1386	3	兵庫関所談義供料	○	○	「東図未」1-15-167-6
至徳 3	1386	5	眉間寺十講布施		○	「東図未」1-15-167-7
嘉慶 2	1388	3	両宗談義供料	○	○	「東図未」1-15-167-4
嘉慶 2	1388	5	眉間寺十講布施	○	○	「東図未」1-15-167-5
明徳 2	1391	4	恒例八幡宮談義供料	○	○	「東図未」1-15-135
応永 5	1398	3	恒例八幡宮談義供料	○	○	「狩野亨吉氏蒐集文書」18
応永 5	1398	5	恒例眉間寺十講之供料	○	○	「東図未」3-6-46
応永 6	1399	4	関方談義供料	○	○	「東図未」3-6-47
応永 6	1399	5	関方眉間寺十講料足	○	○	「東図未」3-6-48
天文16	1547	11	法花会・維摩会竪者助成	○	○	「東図未」3-6-3

署している。(21)このほか臨時の法会でも祈禱・立願を目的とした講問・談義・読経で通常年預五師が署判する請定に学侶年預が署判する場合があり、その招集に学侶年預が関わっていたことがわかる。(22)

（3）学侶方独自の法会運営

右のような惣寺方と共同で関与する例のほか、学侶方主導の法会もある。一例が世親講である。室町期の世親講は学侶方が沙汰人を任命し、(23)学侶年預が費用調達にあたった。(24)同じく世親講により鎌倉期に始行した三季講も、室町期には大乗講・夏季講・因明講を行う法会として継続しており、学侶年預が奉行した。(25)かつて世親講衆が関与した伴寺でも南北朝期には学侶方が付近の開発を進め、同寺の修正会・修二月会を奉行した。(26)このように学侶方の法会には、世親講に由来するものがあった。ただ一方で、学侶方成立後から確認されるようになる法会もある。まず勧学講である。この法会は毎年五月に鎮守八幡宮で行われ、両宗勧学講とも呼ばれたことから三論・華厳両宗学侶が参加したものと思われる。その内容・

次第はよくわからないが、助成方と同じく六人の沙汰人を据えており、[27]学侶方の核となる法会だったようである。このほか理本講・賢海寄進講・英乗講・観音講・倶舎講・経宗講・十仏坊寄進談義といった法会も学侶方の関与が確認できる。[28]これらには実態の不明な法会が多いが、そのなかでも注目されるのは、東大寺僧の名を冠した法会が多い点である。このうち成立の経緯がわかるのは、賢海と英乗の例である。まず賢海は、文安三年（一四四六）に自らの死後に大井荘高橋郷司職を「学侶」に寄進し、そのかわりに毎年賢海命日に、鎮守八幡宮で十講を催すよう求めた。また英乗は、死後に弟子の英弘が田地を寄進し、英乗の回向を願い、鎮守八幡宮新造屋で両宗学侶の講問一座を設けるよう求めた。中世後期には僧俗が零細田畠を寄進して、寺院に供養法会を求めることが一般的に行われるようになったが、東大寺の学侶方もそのような宗教サービスを行ったことが確認できる。

（4）　長日修学の参籠

嘉吉元年（一四四一）、東大寺僧見賢の発願で鎮守八幡宮新造屋が建てられたが、そこでは修学者四名が長日の参籠に入った。[29]修学者は毎月三日に八幡講を勤仕した。[30]

以上、学侶方の機能を検討した。そのなかには法会出仕僧の助成、八幡宮談義料の調達・下行、世親講や三季講の実施など世親講方の活動を引き継ぐ面があったが、一方で世親講を越える活動もあった。それは法華会など寺家法会の費用調達や下行、寺家の臨時法会への学侶の招集という形でみられる。そこでは学侶年預が年預五師とともに運営に関与した。また勧学講など学侶方独自の法会もあった。学侶方は単純な世親講の継承組織とのみ捉えられず、寺家の教学活動に広く関わりをもった組織だったのである。

三　組織経営――所領経営と経済活動

（1）所領経営

学侶方の財源は散在所領・荘園からの収入である。これらの財源は各所領ごとで個別の検討があるものの、それらを総合して学侶方の特質が示されるには至っていない。そこで以下では、諸財源の概要を検討するなかで、所領支配全体の特徴を見極めたい。

散在所領　学侶方は十四世紀半ばから十五世紀前期頃に、寺辺地や美濃大井荘で散在所領を買得した。所領は、田地を米散在方、畠地・家地を銭散在方に繰り入れ、助成方沙汰人六名のうち銭・米各一名ずつが納所となり収納にあたった。なお十五世紀には、八幡宮に関わる散在所領の寄進も確認できるが、そのなかには先述の賢海・英乗講や新造屋参籠料の例が含まれる。学侶方は室町期の八幡宮の散在所領にも関わりをもった。(31)

美濃大井荘下司職　大井荘は、平安期より東大寺法華会・華厳会料を負担し、寺務（別当）得分も負担した。鎌倉期には在地の下司大中臣氏が抗争するなか、下司職得分の一部が学侶の袈裟料絹（のち手搔会田楽料絹）・新袈裟料絹として寄進された。正応二年に大中臣氏が没落し、寺僧隆実が下司職に補任されると、さらに得分の一部が八幡宮談義料として寄進された。その後、下司職は隆実・長命丸（賢円）・隆賢・源隆と相承されたが、隆賢の永和〜明徳年間頃には経済的に逼迫し、たびたび得分の一部が新助成方に売却された。結局、源隆の時代には借金のかたに下司職が東大寺学侶見賢に売却され、見賢が職を八幡宮参籠料として学侶方に寄進した。(32)このように鎌倉期から室町期に、下司職得分は東大寺の諸供料に吸収された。このほか南北朝期以降には、荘内の地主得分の一部も寺僧個人や各組織に寄進された。室町期の大井荘は、東大寺内の諸階層・諸組織の経営を支える所領となったのである。そしてこのうち学侶方が関わりをもったのは下司名の石包名である。同名は見賢の寄進以後「学侶御領」と認識されて独自に代官が任命され、八幡宮談義料・法華会料・新袈裟絹など「寺家方」年貢、「寺務方」所役、「学侶方」二〇〇貫を収納した。[33] 一方、用途の下行は、法華会・華厳会料を執行が行い、[34] 寺務方用途も別に下行されたようだが、[35] そのほかは学侶方で下行した。それは永正・大永年間の「濃州年貢納下帳」[36] で学侶年預が署判を加え、新袈裟料・八幡宮談義料・八幡宮定籠方（石包方）が納所を介して下行されたことからもわかる。石包名では学侶方の代官が収取を請け負い、寺家方の一部と学侶方の得分を、納所（沙汰人）が管理したのである。

長洲荘間別用途　長洲荘は、東大寺領猪名荘に付属する空閑地が開発されて成立した所領で、東大寺は平安期から鎌倉期にかけて諸勢力との抗争を経ながら、しだいにその支配を確立させた。[37] また、東大寺内部でも利権がわかれ、長洲開発田・野地村は法華堂料所となる一方、正和四年（一三一五）には「間（別）用途」が、「公請名僧幷甲乙寺僧」への助成にあてられた。[38] この「間用途」の収納は学侶方があたり、助成方沙汰人の一人が納所となった。[39] 学侶方の関与は戦国期頃まで確認できる。[40]

周防東仁井令地頭方給主職　東仁井令は、鎌倉中期に地頭職が法華堂料所とされ、[41] その給主職を東大寺学侶の快春が拝領し、その後も一族の叡兼が相伝した。[42] 南北朝後期には学侶方が叡兼の負物のかたに得た三〇貫文、叡兼「連子」の良海・叡承等から買得した二〇貫文、併せて五〇貫文を年貢として受け取っており、[43] その後も連子作成の借銭状・年貢売券がみられる。[44] そして応永三十三年（一四二六）、幕府が給主職を叡春から取り放ち、「寺家」「直務」を「学侶中」に命じた。[45] そのため以後は「学侶御領」と呼ばれ、学侶年預に対して直接代官が責任を負う体制となった。年貢は法華堂用途や守護方一献料を除いた残りを八幡宮談義・毎月勧学講・両宗勧学講・助成方など学侶方の諸用途にあてた。[46]

周防白石寺・勝間神社領　白石寺は東大寺領としての史料上の所見は南北朝期に下る。(47)当初東大寺三面僧房・真言院の得分にあてられたが、応安元年に八幡宮談義料所とされた。応永十五年には勝間神社領も料所とされた。東大寺の支配は天文年間頃まで確認され、代官職は寺内の新禅院・油倉や現地の周防目代・国衙候人・国人内藤氏とさまざまだったが、代官から年貢を収納したのは一貫して学侶方だった。

伊賀内保荘　内保荘は東南院領として知られるが、康暦二年（一三八〇）三月二十日「法眼俊禅奉書案」では、俊禅が「談義供料」について学侶年預に報告しており、一時学侶方が関わる八幡宮談義料所とされたことがわかる。(48)ただ俊禅は「地下無二所務之実一」と述べており、その後も関係史料がないことから、学侶方の支配が実態をともなったとは考えにくい。

周防与田保納所職　新僧坊供料所の与田保納所職は、長洲荘預所職としても知られる乾賢舜の子孫俊賢らが相伝したが、永和二年に俊賢らはその得分を「新助成方」に売却した。(49)ただ同職もその後は関係史料を見出せず、支配の実態はともなわなかったようである。

越中高瀬荘地頭方給主（預所）職　高瀬荘は南北朝初期に足利尊氏の寄進で東大寺領となった。(50)領家方・地頭方に分かれ、領家方は「八幡宮神祭之料所」、地頭方は「八幡宮日次御供料所」とされた。地頭方の給主職は、東仁井令給主職も保有した手掻叡春が相承した。しかし応永二十七年に叡春は借銭返済が滞り、学侶方が同職を質流れとして直務支配にし、以前から代官だった下長五郎左右衛門尉を学侶中があらためて代官職に任命した。以後、学侶方は叡春の給主復帰要求を退け、戦国期まで知行を続けた。

以上の学侶方の寺領支配からは、以下のような特徴を見出せる。

第一に、世親講との関係である。学侶方はかつて世親講が関わっていた美濃大井荘に関与しており、ここに世親講の後継組織としての性格を読み取れる。ただ組織の成立した南北朝後期以降になると、世親講時代の枠を越えて多くの寺家領に関わるようになっていた。

第二に、学侶方の所領は学侶からの獲得が多い。鎌倉後期以降、惣寺方の運営は学侶の経済活動が支えたが、学侶方は南北朝後期にその学侶の活動を組織のなかに吸収していたのである。

第三に、学侶方の荘園は全て東大寺の寺家領で、八幡宮談義や法華会・華厳会などの法会を支える所領であり、学侶方は下司職・給主職・預所職・納所職など下級所職の得分や所職を集積した。学侶方は寺家領支配の請負という形で所領支配に関わったのである。ここで想起したいのが、油倉の機能を論じた永村氏の指摘である(51)。油倉は鎌倉期に燈油聖のもと燈油興行に従事したが、鎌倉中後期になると寺内の造営事務を担う勧進所と一体化が進み、燈油興行・造営修理を軸に惣寺方が管理する文書や物資の保管、惣寺方が荘務を握った所領の年貢収納にも関わった。さらに南北朝期になると、年貢収納・寺内下行・年貢減免・所職補任といった寺家領支配の請負や寺家の米銭下行・寺内金融にも従事した。注意したいのは、氏が「南北朝時代以降」とした油倉の寺家領請負の成立期が、氏の示した史料をみる限り南北朝「後期」以降と限定しうる点である。つまり、油倉と学侶方は時を同じくして、惣寺方のもとで寺家領を請け負う機能を果たすようになったのである。ただ両者は油倉が造営料所、学侶方が法会料所を請け負った点で異なる。南北朝後期以後、寺家領は惣寺方の一円的・直務的な支配から惣寺方のゆるやかな統制のもと、造営料所を油倉が、法会料所を学侶方が請け負う体制へと移ったのである。

(2) 経済活動

学侶方は所領からの年貢収入以外に、沙汰人となった学侶個人の経済活動に依存する部分もあった。それは次の史料からもうかがえる。

〔史料3〕

新助成方結解　応永卅二年九月廿八日

重弁渡　百七十三貫七百卅九文　憲延渡　百四十三貫七十八文
経兼請　利分十貫八百文三分二　賢恵請米散在　利分十二貫文三分二
経宗渡　百六十四貫三百五十三文　重融渡　百三十九貫四百卅文
祐俊請間方巳年分　利分六百六十五文三分二　盛賢請銭散在　リ十貫文三分二
経乗渡　百四十五貫九百七十七文　澄春渡　百六十二貫百七十三文
弁範請新袈裟　リ廿一貫九百卅三文　光真請　リ十一貫三百八文(52)

〔史料3〕は新助成方の沙汰人が交替する際に、各沙汰人が新しい沙汰人に渡す銭の額を記したものである。名前の下に「渡」とあるのが旧沙汰人、「請」とあるのが新沙汰人である。新沙汰人の下に記された「米散在」「(長洲荘)間方」「銭散在」「(大井荘)新袈裟」は、その沙汰人が各所領の納所となったことを示す。注意したいのは銭の額である。重弁の場合、一七三貫文余が次の沙汰人に渡された銭、「利分」一〇貫八〇〇文は、一七三貫文のうち前年受け取った時より上積みされた額だろう。そして「三分二」は利分のうち三分一を旧沙汰人が受け取り、残りの三分の二を学侶方に組み入れたことを示すのだろう。ここから各沙汰人が任期の間に利益を生み出していたことがわかるが、注意したいのは、全ての沙汰人が納所として所領からの収入を保証されたわけではないのに、どの学侶も「利分」を生み出した点である。[53] ここから学侶個人の経済活動が「利分」を生んだことがわかる。学侶の経済活動が学侶方の経営で重視されたことは、衆議で「近日学侶人数減少之間、沙汰人之器用闕如、興隆之要脚空令㆓失墜㆒」[54]と、学侶減少による沙汰人の器用欠如が学侶方の財政に直結すると認識していたことからもわかる。ゆえに学侶は沙汰人を忌避できず、「称㆑有㆓難義子細㆒固辞之間、雖㆑須㆑擯㆓出一列㆒」と、固辞した学侶に厳しい措置をとるよう定めている。[55] 永村氏は鎌倉期の学侶の経済活動について、「惣寺財政は、その循環経路の一環に、学侶の経済能力の成果としての利銭を、有機的に組み入れることになった」と述べたが、室町期には、学侶方が学侶の経済能力の成果を組み入れていたのである。

以上学侶方の性格を検討した。最後に冒頭に示した視点からその性格を整理しよう。

まず惣寺方や世親講との関係からみた学侶方の特質である。学侶方は惣寺方同様に学侶衆中を母体として寺家運営に寄与する組織であった。しかし学侶方は、学侶年預・沙汰人（納所）など惣寺方と異なる組織をもち、活動も寺務全般に関わる惣寺方と異なり、法会の開催・運営といった教学・教学支援に特化していた。その点で学侶方は鎌倉期の世親講に近い。鎌倉中期に教学面で活発な活動を展開した世親講は、鎌倉後期に惣寺方の寺家主導体制が確立するなかで影が薄くなるが、南北朝後期以降には再び教学に特化した学侶方が生まれ、世親講の役割を受け継いだのである。ただ学侶方は、世親講の後継組織の一面をもつ一方、それにとどまらない性格ももった。実はそこにこそ、室町期の寺家運営における学侶方特有の位置づけを見出せるのである。

よって次にその特質に注目すると、以下の二点が指摘できる。

第一に、法会の運営では惣寺方と並んで関与し、寺家領支配の面でも造営料所を請け負う油倉とともに惣寺方のもとで法会料所の経営を請け負う活動がみえる。この点は世親講方にくらべて活動に格段の広がりを見出せる。稲葉氏は鎌倉後期に惣寺方は荘務権を吸収して寺家領の一円的・直務的支配を確立させたことを示した(56)が、室町期には惣寺方のゆるやかな統率のもと造営料所を油倉、法会料所を学侶方が請け負う体制に移ったのである。

第二に、学侶方は、学侶個人が保有した荘園所職を吸収し、学侶の経済活動の成果も吸収し、その運営では学侶を招集して衆議を行い、衆中に対して強い求心力をもった。永村氏は学侶方の財務単位化という動向を示す一方で、南北朝後期に惣寺方の集会の形骸化、学侶の院家への分立といった動向から、寺家＝惣寺方の衆中に対する求心力の低下を示唆した。しかし、学侶方の動向も加えると、惣寺方の衆中に対する求心力低下は必ずしも寺家の求心力低下を意味せず、室町期には惣寺方の寺務統括に関わる活動の比重が下がる一方、そのぶん学侶方の教学活動に関わる活動にシフトしたと解釈すべきであろう。つまり室町期は寺務＝惣寺方、教学＝学侶方と二つの組織が衆中と寺家をつなぐことになったのである。

これまでの研究は鎌倉後期の惣寺方による広範な寺家経営主導の体制の確立を中世東大寺の確立とし、油倉の活動拡大もその発展過程に位置づけた。しかし南北朝後期以後の学侶方や油倉による寺家領支配の請負化、衆中に対する求心性の惣寺方と学侶方への分散という動向をみると、この時期以後の運営体制は、もはや鎌倉後期における惣寺主導体制の単純な延長線上には位置づけられないのではないか。

第二節　神輿動座と寺家運営の変化

では、なぜ南北朝後期という時期に前節で示した体制変化がみられたのだろうか。次にこの点を考察したいのだが、その際、以下の二点に注目したい。

第一に、転機となる南北朝後期における惣寺方の寺家支配のあり方である。惣寺方の機能を論じた永村氏は、鎌倉中後期に掌握した権限を、①惣寺代表格としての権限（武家・寺社など寺外との連絡、朝廷への訴訟提起など）、②寺内経営に関する権限（執行所・勧進所など寺内機関の統轄、寺家用途の配分・流用・下行など財務管理、寺家法会の運営など）、③寺領支配に関する権限（荘務職の宛行、年貢額の決定、年貢の催促・収納など）と整理した。[57] ただ鎌倉後期に確立した惣寺方の権限のその後の展開については不明な部分を残しており、前章でみたように、室町期に油倉や学侶方が寺家運営に広く関与するようになったことを想起すると、この時期の惣寺方には何らかの変容を想定せざるを得ない。ゆえにこの点に注目したい。

第二に、惣寺方の諸動向のなかでも神輿動座とそれに付随する訴訟活動に注目したい。これは鎌倉後期以後に東大寺で神輿動座が頻発し、それが①の惣寺代表格としての立場を象徴したこと、またその動向は②に含まれる寺家運営と衆中の関係や③に含まれる寺家領支配の動向にも影響を与え、惣寺方の推移全体を考える上でも重要な意味をもちうると考えられるからである。

そこで本節では、神輿動座の遂行状況とそれが惣寺方の衆中統制や寺家領支配に与えた影響の検討を通じて、室町期的な寺家運営の体制が生まれた背景を明らかにしたい。

一　神輿動座の盛衰

中世の権門寺社は公家の崇敬を背景に、閉門・逐電や神輿（神木）動座などの示威行動をまじえた強訴に訴えた。強訴は弘安徳政以後の鎌倉後期から南北朝期に一つのピークを迎える。[58] 表15は東大寺側や公家側の記録・文書類から、

（表 15 つづき）

年）12 月 21 日年預五師顕寛牒状案（「東図未」1-24-66（1），『兵庫県史史料編　中世五』東大寺文書・摂津国兵庫関45），（文保 3 年 2 月）東大寺衆徒学侶等連署起請文（「東図未」3-3-29）

10 「覚永訴訟上洛日記」（勝山清次編『南都寺院文書の世界』）

11 「三会定一記」嘉暦 3 年条（『大日本仏教全書』123），嘉暦 3 年 10 月 14 日東大寺年預五師慶顕衆議記録（「東図」，『鎌倉遺文』30423）

12 建武 2 年 10 月 21 日年預五師顕寛書状案（「東図未」4-161），建武 2 年 10 月 22 日東大寺衆徒僉議事書案（「東図未」4-103）

13 暦応 3 年 10 月 25 日東大寺離散宿老等会合事書土代（「東図未」1-1-56，『大日本古文書　家わけ第十八』〔以下，『大古』と略〕10　138 号文書），暦応 4 年 10 月 7 日東大寺離散宿老等会合事書（「内閣文庫所蔵東大寺文書」，『大古』5　96 号文書），康永 2 年 8 月 27 日東大寺宿老等集会事書土代（「東図未」1-1-46，『大古』10　141 号文書）

14 『師守記』康永 3 年 8 月 15〜17 日条，康永 4 年 4 月 1 日条，貞和 3 年 12 月 15 日条，『園太暦』康永 3 年 8 月 15〜17 日条，貞和 2 年正月 21 日条，「東寺長者補任」康永 3 年条（『続々群書類従』第 2），貞和 2 年閏 9 月 5 日東大寺宿老等列参事書案（『大古』10　143 号），貞和 2 年 12 月「東大寺宿老等事書土代」（『大古』10　145 号）

15 貞和 2 年閏 9 月 5 日東大寺宿老等列参事書案（『大古』10　143 号），貞和 2 年 12 月東大寺宿老等事書土代（『大古』10　145 号），貞和 2 年 12 月日東大寺衆徒申状案（「東図未」1-1-55・1-12-77，『大古』10　144 号・19　1166 号）

16 『師守記』貞和 3 年 11 月 12 日条，12 月 29 日条，『園太暦』貞和 3 年 12 月 16 日条

17 『園太暦』延元元年 7 月 18〜19 日条，延文 5 年 3 月 16 日条，「東寺長者補任」延文元年条（「阿刀家伝世資料」B 甲 665-5-6），「東寺長者補任」延文 5 年条（『続々群書類従』第 2），「大乗院日記目録」文和 5 年 7 月 17 日・延文 5 年 3 月 16 日条（『大乗院寺社雑事記』12），「三会定一記」文和 4 年条（『大日本仏教全書 123），文和 5 年 4 月 25 日東大寺宿老群議事書土代（『大古』10　148 号），（延文 5 年頃）東大寺八幡宮神輿帰座記録（「狩野亨吉氏蒐集文書」，「東図未」1-25-424・1-12-60・1-25-564，『大古』18　1151 号），延文 2 年 6 月 29 日某御教書案（「東図未」4-133），延文 3 年 3 月日東大寺五師三綱等申状案（「東図未」1-20-3，『兵庫県史史料編　中世五』東大寺文書・猪名荘・長洲荘 80）

鎮守八幡宮神輿の動座事例を列挙したものである。この表から東大寺でも鎌倉後期の永仁年間以降に頻繁に神輿動座を起こしたことがわかるが、ここでは南北朝期半ば頃の延文年間を最後にして途絶えている点に注目したい。永和元年（一三七五）六月日東大寺衆徒僉議事書案では、「若御沙汰及㆓遅々㆒、料所無㆓其実㆒者、貴㆓三所之神輿㆒、可㆑令㆓動座進発之[59]大儀㆒」と、神輿動座を行う意思を示したが、その後はそのような文言もみられなくなる。ここから一三六〇〜七〇年代に東大寺で神輿動座を行う姿勢が失われたことがわかる。大田壮一郎氏は十四世紀後半の幕府の権門寺社政策について、権限や財政基盤を保障して室町殿の優越的地

（表 15 つづき）

16	貞和 3(1347)	●		（要求内容不明）
17	文和 4(1355)～延文 5(1360)		●	猪名荘内杭瀬村・長洲荘返付 伊賀国人の鎮守八幡宮神主殺害の事

《主な典拠一覧》

1 「東大寺八幡験記」（『続群書類従』第 3 輯上），『殿暦』康和 4 年 9 月 28 日条，『中右記』康和年 9 月 28 日条，「東大寺別当次第」永観条（角田文衞編『新修国分寺の研究』），「東大寺記録」（真福寺所蔵，『真福寺善本叢刊』第 8 巻）

2 「東大寺八幡験記」（『続群書類従』第 3 輯上），「東大寺記録」（真福寺所蔵，『真福寺善本叢刊』第 8 巻），『師守記』康永 3 年 8 月 15～17 日条，康永 4 年 4 月 29 日条，貞和 3 年 11 月 12 日条，『園太暦』康永 3 年 8 月 15 日条，「東寺長者補任」永仁 3 年条（『続々群書類従』第 2），「三会定一記」永仁 3 年条（『大日本仏教全書』123），「興福寺略年代記」永仁 2 年 7 月 11 日条（『続群書類従』第 29 輯下），『勘仲記』永仁 2 年 7 月 13・14 日条，『実躬卿記』3 年 12 月 19 日条，永仁 2 年 8 月 28 日平仲親書状案（「山城阿刀文書」，『鎌倉遺文』18653），永仁 2 年 8 月日東寺八幡宮社司申状（「山城阿刀文書」，『鎌倉遺文』18654），（永仁 3 年）東大寺衆徒等起請文（「東図未」3-3-114・115）

3 「東大寺記録」（真福寺所蔵，『真福寺善本叢刊』第 8 巻），「三会定一記」永仁 6 年条（『大日本仏教全書』123）

4 「東大寺記録」（真福寺所蔵，『真福寺善本叢刊』第 8 巻），『師守記』康永 3 年 8 月 15～17 日条，康永 4 年 4 月 29 日条，『園太暦』康永 3 年 8 月 15 日条，「東寺長者補任」延慶 2 年条（『続々群書類従』第 2），延慶 2 年 8 月日実玄大法師等連署起請文案（「東図未」3-3-285・286），年未詳 2 月 16 日光明山寺一和尚永実書状（「東図未」3-12-224），文保 2 年 6 月 13 日東大寺五師三綱等僉議事書（大和東大寺文書，『鎌倉遺文』補 1988）

5 「東大寺記録」（真福寺所蔵，『真福寺善本叢刊』第 8 巻），「三会定一記」正和元年条（『大日本仏教全書』123）

6 「東大寺記録」（真福寺所蔵，『真福寺善本叢刊』第 8 巻）

7 「東大寺記録」（真福寺所蔵，『真福寺善本叢刊』第 8 巻），正和 4 年 9 月日東大寺五師三綱寄進状案（「京都大学蔵法華堂文書」，『鎌倉遺文』25622），正和 4 年 9 月日東大寺申状案（「東図未」1-15-32，『鎌倉遺文』25626）

8 「東大寺記録」（真福寺所蔵，『真福寺善本叢刊』第 8 巻），『師守記』康永 3 年 8 月 15 日条，「東寺長者補任」正和 4 年条（『続々群書類従』第 2）

9 「東大寺記録」（真福寺所蔵，『真福寺善本叢刊』第 8 巻），『師守記』康永 3 年 8 月 15 日条，康永 4 年 4 月 29 日条，『園太暦』康永 3 年 8 月 15 日条，「東寺長者補任」元応元年条（『続々群書類従』第 2），「二月堂修中練行衆日記」文保 3 年・元応 3 年条（『東大寺二月堂修二会の研究　史料編』），『花園天皇宸記』文保 3 年正月 19 日条・同元亨元年 6 月 8 日条，文保 2 年 6 月 13 日東大寺五師三綱等僉議事書（「東図」，『鎌倉遺文』補 1988），文保 2 年 12 月 16 日東大寺衆徒等連署起請文（「東図成巻」30 号，『鎌倉遺文』26910），元応 2 年 3 月 12 日東大寺衆徒等連署起請文（「狩野亨吉氏蒐集文書」18，『鎌倉遺文』27406），（元応 2 年）6 月 6 日後宇多上皇院宣案（「東百」，『鎌倉遺文』27500），（元応 2 年）6 月 6 日西園寺実兼御教書案（「東百」，『鎌倉遺文』27501），元亨元年 5 月 18 日神輿帰座実入記録（「東図未」2-12，『鎌倉遺文』27791），元亨元年 5 月 18 日良明供奉請文（「東図」，『鎌倉遺文』27792），元亨元年 5 月 18 日神輿随従諸荘神人支配状（「東図薬師」1-23，『兵庫県史史料編　中世五』東大寺文書・播磨国大部荘 98），（文保 2

表15　東大寺八幡宮神輿動座事例一覧

番号	期間(年・月)	動座場所		要求内容
		大仏殿	入洛	
1	康和 4(1102)		●	興福寺の濫妨を訴える
2	永仁 2(1294)～永仁 3(1295)	●	●	備前野田保・神崎村・南北条・長沼郷寄付
				石山寺座主職について
				勧修寺領加賀郡家荘について
				摂津杭瀬荘について
				大和赤尾荘堺相論について
				光明山寺・古河荘堺相論について
				伊賀黒田新荘内三谷龍口について
3	永仁 6(1298)	●		河上荘について
4	延慶元(1309)～延慶 2(1310)	●	●	本覚大師号返付の要求
				備前国南北条・長沼荘内久富・三楽両名寄進
				光明山寺の事について
5	正和元(1312)	●		光明山寺・古川荘堺相論について
				稲荷社五条以南敷地役・三社神主について
6	正和 2(1313)	●		兵庫関について
7	正和 4(1315)・9～10	●		兵庫升米について
8	正和 4(1315)・12	●	●	兵庫置石について
9	文保 3(1318)～元亨元(1321)		●	兵庫関所の返付
				尊智上人への大勧進職還補
				神崎・渡辺・兵庫三ヶ津目銭返付
				備前久富・三楽両名返付
				伊賀内保荘に関する院宣の武家下付
				東寺の末寺認定
10	嘉暦 2(1327)	●		長洲・大持浜・尼崎の領有について
11	嘉暦 3(1328)	●		興福寺土打段米催促に抗議
12	建武 2(1335)	●		東大寺西室信聡僧都停廃
13	暦応 3(1340)～康永元(1342)	●		伊賀南北荘々地下凶徒退治
				周防大前村幷植松荘の事
				摂津兵庫関雑船役課役の勤仕
14	康永 3(1344)～貞和 2(1346)・正		●	伊賀南北荘々悪党の退治
15	貞和 2(1346)・12	●		伊賀南北荘々悪党の退治

位の確立を図る一方、強訴は禁止し、幕府・寺社間の直接交渉を進めたことで強訴が沈静化したとするが、(60)右の政治状況と東大寺の神輿動座の消滅は無関係ではないだろう。ただ注意したいのは、この神輿動座の消滅のなかで、寺内の惣寺方による寺家運営の様相も変容している点である。次にその点を検討しよう。

二　惣寺方の衆中に対する求心力と神輿動座

神輿の動座・帰座では、勧進所（油倉）・楽人・神人・学侶・荘官・郷民など寺内諸階層を動員し、(61)東大寺が末寺・末社とみなした東寺供僧・稲荷社にも供奉の命令を出した。また動座中の閉門・逐電や中央政府との交渉でも堂衆や執行所の人々を動員した。(62)このように神輿動座とそれにともなう訴訟は、惣寺方が寺内諸階層に対する統制力を発揮する場として機能した。(63)もっとも久野修義氏が指摘するように、東大寺内は一枚岩だったわけではなく、(64)神輿動座でも諸階層は常に協力的だったわけではない。ただ注意したいのは、そのなかでも鎮守八幡宮の神人とともに最も忠実に惣寺方に従い続けたのが、（ある意味当然なのだが）学侶衆中だった点である。学侶たちは、神輿の動座・入洛の際は京都まで神輿に同行し、(65)神輿の在京時も閉門・逐電のほか、訴訟も進め、列参により朝廷に圧力もかけた。(66)そして帰座の際も京都から神輿に同行して奈良に戻った。(67)これら一連の活動の間には法会のサボタージュや用途の流用も併行して行っており、彼らの本来の役割である教学活動をも犠牲にしていた。

しかし南北朝後期にはこの傾向が変化する。まず衆中に対する惣寺方の求心性が低下した。それは永村氏が、鎌倉末期の嘉暦年間には月六度開催(68)された惣寺方の集会が、南北朝期後半の貞治年間には三度に半減していたこと、(69)出仕僧の負担軽減の措置もとったことを示して、そこに「寺僧の意識の動揺」、集会の「形骸化」「儀式化」をみていることからもわかる。(70)また前章で示した通り、教学組織として学侶方が新たな求心力をもつ組織として形成された。注意したいのは、その惣寺方の求心性低下、学侶方の形成が神輿動座の沈静化する時期と重なる点である。鎌倉後期の神輿動座と衆中動員との連動性を踏まえると、両動向は無関係ではあるまい。鎌倉後期に神輿動座と激しい訴訟を遂行し、教学活動に犠牲を強いてでも衆中を動員した惣寺方は、南北朝後期に神輿動座の意義を失い、訴訟への動員の機会を失った。そして、そのなかで学侶の本分である教学面の活動が再興され、学侶方が生まれたのである。

三　寺家領支配と神輿動座

鎌倉後期以後、惣寺方は寺家領の荘務権を握り、荘務権を握った荘園の年貢をしばしば別用途に「立用」した。(71)この立用の目的の一つは神輿動座や訴訟の用途調達にあった。元亨元年（一三二一）の神輿帰座では、帰座に出立する東大寺僧を憐れむ名目で、寺家の諸法会料二年分が「入実」された。(72)これは諸供料にあてる荘園年貢を質に入れて他者から借銭し、衆中に下行したものと解される。また鎌倉後期以後、訴訟による京上・関東下向粮物や滞在用途捻出のため、惣寺方を借り主として兵庫関、周防国衙領、伊賀・美濃東大寺領、大部荘などさまざまな造営・法会料所の年貢を質物に置き、多くの借銭状が作成された。(73)このように神輿動座とそれにともなう訴訟は多額の出費を生み、ゆえに惣寺方は荘園年貢での返済を約束して融資を取り付けた。この神輿動座・訴訟と寺家領年貢の立用との連動をみたとき、立用の前段階にあたる荘務権の獲得活発化を「永仁頃」からとした稲葉氏の指摘は、(74)あらためて注目される。惣寺方の荘務権獲得の活発化もまた神輿動座・訴訟費用の確保が目的の一つだったのではないか。

しかし、その傾向が南北朝後期に変化したことはすでに述べた。惣寺方による寺家領の一円的・直務的支配の体制は崩れ、惣寺方の緩やかな統制のもと、油倉・学侶方が経営を請け負う体制となったのである。ただここでも注目したいのは、その請負体制の形成時期が神輿動座の終結する南北朝後期だった点である。惣寺方の荘務権獲得や用途立用といった動向が、神輿動座・訴訟の遂行と連動したことを想起すると、神輿動座の終結と油倉・学侶方の請負化(惣寺方の一円・直務支配の放棄)は決して無関係ではないだろう。惣寺方の寺家領一円・直務支配を維持する動機を失わせたのも神輿動座の終結だったのである。

以上、南北朝後期の寺家運営の変容と神輿動座の関係性を検討した。鎌倉後期の神輿動座は惣寺方の寺家主導体制を確立させる一つの原動力となり、神輿動座や訴訟への衆中の動員、寺家領の一円的・直務的な支配とその年貢の神輿動座・訴訟への「立用」といった動向は、その一端を示すものだった。ゆえに南北朝後期に室町幕府の政策転換にともない神輿動座が終焉の時を迎えると、惣寺方の衆中に対する訴訟への動員、寺家領の一円・直務支配の動機は失われ、それが学侶本来の役割である教学への回帰とその統括組織たる学侶方の成立、あるいは寺家領支配での油倉(造営料)・学侶方(法会料)の請負化進展という動向を生んだのである。つまり惣寺方による一元支配を目指す体制は決して「中世東大寺」の到達点ではなく、鎌倉後期から南北朝前期の神輿動座と訴訟を優先する時期特有の体制だった。そして室町期の体制は、神輿動座と訴訟の時代の終焉にともない、寺家運営の重心が、訴訟を核に置いた寺務から寺院本来の教学・造営活動へ回帰するなかで生まれた体制だったのである。

おわりに

本章は学侶方の基礎的な考察を入り口として、室町期の寺家運営のあり方を検討した。その結果、惣寺方による一元支配を目指す体制は「中世東大寺」の確立と位置づけられず、神輿動座をまじえた強訴が盛んだった鎌倉後期から南北朝前期特有の体制だったこと、その神輿動座が終息する南北朝後期になると、惣寺方主導の訴訟優先の体制から教学・造営など平常の寺務に重心を移した体制へ移り、そのなかに学侶方の成立、油倉の活動拡大といった動向が位置づけられることを指摘した。この南北朝後期に形成される体制こそ東大寺の室町期的な体制と位置づけられよう。以上が結論となるが、この結論は、多くのものを失う側面をもっていた中世後期の顕密寺院が一方で決して保守化・硬直化せず、社会の変化に適応して組み替えが柔軟に行われたことを示した点で重要である。顕密寺院は少なからぬ寺院が近世まで生き残るが、それは決して偶然ではなく、こういったそれぞれの時代における営みの一つ一つが大きな意味をもったのではないか。本章はその一端を示した点に意義がある。

なお本章は、東大寺の室町期的な体制の存在を示したが、その全体像を十分に説明しきったわけではない。その検討のためには、別当・惣寺方・執行所・堂衆・神人・公人といった集団が、室町期の寺家運営のなかでどのように位置づけられるのか、という点をそれぞれあらためて考えていく必要がある。この点については、今後も地道な検討が必要であろう。また本章では、教学活動を統括する組織として学侶方の性格を規定したが、寺家の法会すべてに学侶方が関与したわけではない。このように考えると、学侶方の活動が東大寺僧の教学活動全体のなかでいかなる位置づけを与えられるのか、という点も検討が必要となるだろう。この点も今後の課題である。

註

（1）稲葉伸道「東大寺寺院構造研究序説」（同『中世寺院の権力構造』岩波書店　一九九七年、初出一九七六年）。

（2）永村眞『中世東大寺の組織と経営』（塙書房　一九八九年）、久野修義『日本中世の寺院と社会』塙書房　一九九九年）。

（3）前掲註（2）永村著書。

（4）「東大寺油倉の成立とその経済諸活動」（前掲註（2）永村著書）。

（5）活動は、前掲註（4）永村論文、拙稿「中世東大寺の寺領経営再編と散在所領」（『鎌倉遺文研究』一四　二〇〇四年）、遠藤基郎「「世親講唐櫃」蓋裏貼付文書」（科学研究費報告書〔研究代表者綾村宏〕『東大寺所蔵聖教文書の調査研究』二〇〇五年）参照。寺領支配は『岐阜県史　通史編中世』（岐阜県　一九六九年）、『富山県史　通史編二』（富山県　一九八四年）など参照。

(6) 永村眞「東大寺講衆集団の存立基盤」（前掲註(2)永村著書）。

(7) 永和元年九月二十六日東大寺学侶集会評定記録（「東図未」二―五一）。

(8) 応安三年二月日大井荘条々記録（「ハーバード大学所蔵文書」、『岐阜県史　史料編古代・中世三』大井荘古文書〔以下『岐』と略記〕四六六）。

(9) 至徳二年十月二十五日学侶方記録（「東図未」二―四八）。

(10) 「学侶方諸記録」（「東図」一一三―三一〇―一）。この記録の大半は応永三十二年から三十三年にかけての学侶方運営の記録であり、末尾に十六世紀前半の記事が続く。

(11) 前掲註(10)「学侶方諸記録」。この記録が史料中の「学侶日記」なのだろう。

(12) 学侶方年預や年預五師の一覧は、WEBサイト「遠藤基郎―編纂と研究のノート」中「東大寺文書研究の高度化科研site」掲載の「東大寺年預五師他一覧表」参照。

(13) （応永十九年）八月二十八日学侶年預賢重書状案（「東図未」四―五九）など参照。

(14) （文安年間）八月十六日興福寺六方衆等書状（「東図未」一―三―八三、『大日本古文書家わけ第十八　東大寺文書』一三巻四六一号〔以下、『大古』(13)四六一〕）参照。

(15) 享禄五年三月六日学侶納所差定（「東図未」三―九―二五）、天文三年八月十六日諸納所引付交名（「東図未」一―二五―二一）。

(16) 応安三年七月十四日学侶衆議借状（「東図未」三―六―一、『兵庫県史　史料編中世五』〔以下『兵』〕猪名荘・長洲荘八二三六、『岐』九一七）参照。

(17) （年未詳）十二月十五日僧永慶書状（「東図未」一―二五―六六五）。

(18) 前掲註(15)天文三年八月十六日諸納所引付交名参照。

(19) 前掲註(10)「学侶方諸記録」。応永三十三年に八幡宮談義料として八〇貫文を調達している。

(20) 正応二年六月日東大寺惣寺大井荘下司職補任状案（「筒井寛聖氏所蔵文書」一、『岐』二五七）。なお、前掲註(6)永村論文も参照。
(21) 明徳四年十二月五日法華会始行新袈裟幷本会料納下日記（前半「松田福一郎氏所蔵文書」、後半「東図未」一―二五―五一）。
(22) 明徳五年三月日学侶年預盛円願文（「東図未」一―二〇―一二、『大古』(22)一七九一）。
(23) 前掲註(10)「学侶方諸記録」参照。
(24) 天文七年十二月日世親講方納下帳（「東図未」一―二四―一九六）。
(25) 前掲註(6)永村論文、嘉吉二年三季講幷散華次第記（「東図未」三―一二―五）、前掲註(10)「学侶方諸記録」。両史料では学侶年預が講師・散花の担当者を把握している。
(26) 前掲註(10)「学侶方諸記録」。
(27) 前掲註(10)「学侶方諸記録」応永三十二年九月二十八日条。
(28) ［理本講］応永二十九年十月十八日光春起請文（「東図未」三―三―一三〇）、〔賢海寄進講〕文安三年三月十四日僧賢海高橋郷司寄進状（「東図未」一―三―二五、『大古』(12)四〇五）、〔英乗講〕寛正四年十月八日僧英弘八幡宮講問料田寄進状（「東図未」三―二―四〇）、〔観音講・倶舎講・経宗講〕前掲註(15)学侶納所差定、〔十仏坊寄進談義〕永正七年三月十一日十仏坊寄進談義着到状（「東図未」三―九―一七〇・一七一）など参照。
(29) 本書第二部第三章参照。
(30) 興福寺所蔵「八幡講式」（「興福寺文書」六一函一二号）参照。
(31) 前掲註(5)拙稿参照。
(32) 以上の大井荘の基本的な歴史は、前掲註(5)『岐阜県史　通史編中世』参照。
(33) 文安二年二月二十五日清貞石包名代官職請文（「東図未」一―三―一四三、『岐』八三六）。
(34) （永享年間）「執行執事記」（「東図」薬師院文書二一―一四二）。
(35) （永正七～九年）「寺務方納下帳」（「東図」一四二―一二五四）。
(36) 「東図」一四一―三九〇。

(37) 長州荘については『尼崎市史』第一巻（尼崎市役所　一九六六年）、早島大祐「乾家と法華堂領荘園」（勝山清次編『南都寺院文書の世界』思文閣出版　二〇〇七年）参照。

(38) 正和四年七月十三日某長洲荘雑掌職請文（「東図未」三―四―三九、『兵』猪名荘・長洲荘四九）、年月日未詳東大寺評定記録案（「東図未」一―二〇―五、『大古』㉒一七八四）参照。

(39) 前掲註(10)「学侶方諸記録」。後掲〔史料3〕参照。

(40) 東大寺年貢結解状（「東図未」一―二四―六九二、『防府市史　史料Ⅰ』「東大寺図書館所蔵文書」〔以下『防』〕一二二）。

(41) 秋山伸隆ほか「周防国の国衙領・荘園」（『山口県史　通史編中世』山口県　二〇一二年）。

(42) 康暦二年三月二十九日良海等連署東仁井令地頭方年貢売券案（「東図未」三―四―一〇〇、『防』三六）。

(43) 至徳元年八月良海仁井令年貢契状案（「東図未」三―四―一一〇、『防』三八）。

(44) 嘉慶二年六月十三日良海・叡承等勧学講料足借銭状案（「東図未」三―五―三三六、『防』四〇）、明徳四年八月十三日僧叡承新助成方用途借状案（「東図未」三―六―五三、『防』五一）、応永三十四年八月二十四日桶井後家等東仁井令地頭方給主職年貢売券（「東図未」三―五―一〇、『防』六九）。

(45) 応永三十三年八月二十八日沙弥道詮足利義持御教書（「東図成巻」、『大古』⑻六九九）。

(46) 至徳元年九月日東大寺八幡宮秋季談義料足評定記録（「東図未」二―四六、『防』三九）、明徳元年閏三月日仁井令年貢支配契約注文案（「東図未」一―七―二二、『防』四三）参照。

(47) 岩本修一「熊毛町域の動向（一）」（『熊毛町史』熊毛町　一九九二年）。

(48) 「東図未」一―二四―六二二（『三重県史　資料編古代中世（下）』伊賀玉滝荘四二四）。

(49) 大法師俊賢等与田保新僧坊供納所得分売券（「東図未」三―五―一一）。

(50) 前掲註(5)『富山県史　通史編Ⅱ中世』三四九～三五五頁、四〇二～四一七頁参照。

(51) 前掲註(4)永村論文参照。

(52) 前掲註(10)「学侶方諸記録」。

(53) 若狭明通寺も如法経会料として寺家に寄進された米を法会に利用せず、坊に貸し付けた利分を法会用途にあてた（林文理「地方寺社と地域信仰圏」〔『ヒストリア』九七　一九八二年〕）。こういった寺僧の経済活動を寺家運営に組み込むことは広く行われたのだろう。

(54) 前掲註(9)学侶方記録。
(55) 前掲註(7)東大寺学侶集会評定記録。
(56) 前掲註(1)稲葉論文。
(57) 「寺内僧団の形成と年預五師」(前掲註(2)永村著書)。
(58) 稲葉伸道「南北朝時代の興福寺と国家」(『名古屋大学文学部研究論集』史学四四　一九九八年)、同「鎌倉後期の東大寺とテクストの形成」(『総合テクスト科学研究』三―二　二〇〇五年)、同「鎌倉末期の王朝と寺社政策」(『名古屋大学文学部研究論集』史学六〇　二〇一四年)、同「後醍醐天皇親政期における王朝の寺社政策」(『年報中世史研究』四〇　二〇一五年)、大田壮一郎「室町殿と宗教」(同『室町幕府の政治と宗教』塙書房　二〇一四年、初出二〇一一年)など参照。
(59) 「東図未」一―一二―一二二(『兵』大部荘二〇五)。
(60) 前掲註(58)大田論文。
(61) 「東大寺八幡験記」(『続群書類従』神祇部)、「東大寺記録」(真福寺所蔵、国文学資料館編『真福寺善本叢刊』第八巻　臨川書店　二〇〇〇年)など参照。
(62) 正和四年二月七日東大寺衆徒評定事書追加(「東図未」三―九―一三五、『兵』兵庫関三〇)、『三会定一記』永仁三年・正和元年条、嘉暦二年三月五日年預五師頼昭書状案(「東図未」一―二〇―一〇、『兵』猪名荘・長洲荘五二)。
(63) 延慶二年二月二十九日年預賢俊奉書案(「阿刀文書」、『鎌倉遺文』〔以下『鎌』〕二三六〇九)、(貞和二年)正月二十日執行忠救書状(「東百」り函一二四)。
(64) 「中世寺院の僧侶集団」(前掲註(2)久野著書、初出一九八八年)。
(65) 『園太暦』康永三年八月十五日条など参照。
(66) 貞和二年閏九月五日東大寺宿老等列参事書案(「東図未」一―一―五―一、『大古』⑽一四三)など参照。
(67) 前掲註(61)東大寺記録、『花園天皇宸記』元亨元年六月八日条参照。
(68) 嘉暦三年十月六日東大寺衆議評定事書案(「東図未」二―五、『鎌』三〇四一一)。
(69) 貞治七年二月二十九日東大寺満寺評定記録(「東図成巻」、『大古』⑼八五四)。

（70）前掲註（57）永村論文。
（71）前掲註（57）永村論文。
（72）元亨元年五月十八日神輿帰座実入記録（「東図未」二―四〇、『鎌』二七七九一）。
（73）前掲註（4）永村論文。
（74）前掲註（1）稲葉論文。

第三章　室町期の足利氏・東大寺西室と南都

はじめに

黒田俊雄氏の権門体制論・顕密体制論(1)提唱以後も検討の遅れていた中世後期の顕密寺院については、近年大田壮一郎氏が(2)、室町殿の顕密寺院政策について包括的な検討を加えた。また一方でその政策を支えた寺院側の動向に関する検討も進み(3)、室町期の武家政権と顕密寺院の関係はしだいに明らかにされつつある。ただし、特に寺院側の動向は京都の寺院に関する分析が中心であり、他地域の検討は遅れている(4)。それは南都も例外ではない。

室町期南都の顕密寺院と武家政権の関係については、興福寺衆徒・国民との軍事面での関係が早くから注目され(5)、近年では義満期以後の室町殿が南都支配でこの衆徒を重用した点も注目されている(6)。一方、貴種僧やその院家に目を向けると、室町殿側近の公家との血縁を通じて室町殿と親密な関係を築いた貴種僧の存在が早くから指摘されている(7)。また、室町殿の南都下向(8)、前足利氏家督の追善を目的とした法華八講（武家八講）(9)など、室町殿の政策を論じるなかで貴種僧を対象とした施策も取り上げられている。しかしその貴種僧や院家の動向自体は注目されていない(10)。例外的に武家政権との関係で注目されてきたのも応仁・文明の乱で東西両勢力に対して中立を示した興福寺大乗院尋尊の立場であり(11)、この点も南都の貴種僧や院家の政治的な動向に注目が集まりづらい一因となっている。このような研究状況は、貴種僧との関係形成や対貴種僧の施策を通じて武家政権が南都社会に与えた影響を不明瞭にする結果となっている。本章は、武家政権に近い立場の貴種僧や院家の動向を掘り起こすことで、興福寺衆徒・国民を通じた軍事面の影響とは別の角度から武家政権が南都社会に与えた影響を明らかにしようとするものである。

なおその際、特に東大寺の西室に注目する。西室は東大寺三面僧坊を構成する北室・東室・西室の内の西室を指すが、中世段階では私坊化が進み、院主も存在した。[12] 本章で室町期の西室に注目する理由は、先行研究で指摘された武家政権と親密な関係を結ぶ東大寺僧二人が、ともにこの院家に関わるからである。一人は学侶の西院大夫見賢である。[13] 見賢は東大寺の一学侶ながら奈良・京都・近江坂本に屋敷を構えて大量の米銭を蓄え、足利義教の金銭も預かり、幅広い経済活動を展開した一方で、義教の南都政策の決定にも関与し、南都社会で政治的な影響力をもったことで知られるが、彼は西室院主の候人・同宿と呼ばれた。もう一人は公恵である。[14] 公恵は応仁・文明の乱中に西幕府の首班足利義視の推挙で東大寺別当に補任され、別当の東西並立を招いたことで知られるが、彼は西室院主であった。足利義教・義視という室町殿あるいは室町殿に準じる地位の足利氏一族（以下、本章ではこの意味で「足利氏」を使う）と親密な関係を築いた二人の存在は、西室という院家が室町期の武家政権と南都の関係を読み解く上で重要な存在であったことを示している。ただし、先行研究では彼らの動向を個別に把握し、西室の動向として位置づけていない。また公恵の場合は右の事績以外ほとんど検討されておらず、義視に関する諸研究でも公恵の位置づけについて触れた研究はほとんどない。[15] よって西室を通じて武家政権と南都の関係を解明するためには、まず見賢・公恵の動向を検出・整理し、それを西室の動向として位置づける必要がある。

そこで本章では、まず第一節で東大寺別当をめぐる西室院主の動向を探るなかで、室町期の足利氏と西室の関係性の変遷を概観し、同時にその関係性の推移における候人見賢の位置づけも示す。その上で第二節では見賢の活動した永享期、第三節では公恵の活動期のうち、特に応仁・文明の乱中の時期に注目し、それぞれの時期に西室が足利氏との関係を背景に、武家や南都諸勢力との間で結んだ関係を明らかにする。そして以上の検討を通じて武家政権が西室を通じて南都社会に与えた影響を示し、室町期の武家政権と南都の関係に新たな側面を見出したい。

第一節　室町期の足利氏と西室

西室は院家成立期（十二世紀後半～十三世紀前半）に代々の院主が天皇家と親密な関係を結び、二人の東大寺別当を輩出し、中央政権と東大寺の協調関係を象徴する存在となった(16)。鎌倉後期になると北条氏との関係も見出せるようになるが(17)、一方で別当には就任しなくなり、南北朝期に入ると中央政権との関係はよくわからなくなる。再びわかるようになるのは応永年間以降で、それは武家八講の証義・講師として出仕が確認できることによる(18)。すなわち応永元年（一三九四）の房顕の出仕を初見として、以後房俊（彼は房宣・房恵・房俊と名を変えるが、以下では房俊に統一する）・公顕・公恵と四名の院主の出仕が確認されるのである(19)。この武家八講は室町殿の正統な相承を可視的に示す意味をもつ法会だったので、ここに西室は足利氏に認知されることになったといえる。ただ、武家八講には他にも東大寺・興福寺・延暦寺・園城寺の僧が出仕しており、西室院主はそのうちの一人にすぎない。西室院主が足利氏との関係で突出するようになるのはいま少し後のことであり、それは東大寺別当の補任状況よりわかる。そこで本節では、その別当の補任状況を検討するなかで、室町期の足利氏と西室院主の関係性の特質とその変遷を概観したい。また同時に見賢もその足利氏と西室院主の関係のなかに位置づけておきたい。

（表16 つづき）

年(西暦)	将軍	別当名 ○：就任回数
	義尚	随心院厳宝
文明14(1482)	義尚	西室公恵④
文明15(1483)	義尚	西室公恵④
文明16(1484)	義尚	西室公恵④
文明17(1485)	義尚	西室公恵④
文明18(1486)	義尚	西室公恵④

年(西暦)	将軍	別当名 ○：就任回数
長享元(1487)		西室公恵④
長享2(1488)		西室公恵④
延徳元(1489)	（空位）	西室公恵④
延徳2(1490)	（空位）	西室公恵④
延徳3(1491)	義材	尊勝院実誉

註　本表は「東大寺別当次第」（註(31)参照），「東大寺別当統譜」（東大寺図書館所蔵記録聖教類〔雑部〕，本表作成にあたっては東京大学史料編纂所所蔵写真帳〔請求番号6115-102-53〕を利用），『満済准后日記』『経覚私要鈔』，『大乗院寺社雑事記』「東大寺別当職事条々」（註(25)参照）を参考にして作成した．

一　東大寺別当と西室院主

東大寺別当は同寺の貫主だが、鎌倉後期以降になると学侶衆中の自治的運営能力の向上により寺院運営の主導権を失ったとされる。[20] ただし、それ以後も祈禱・訴訟の取次を通じて中央政権に対して寺家を代表する役割は果たし、[21] 実際に室町期でも祈禱命令は「仰二別当一」とされ、[22] 永享二年（一四三〇）の東大寺法華堂領長洲荘預所職安堵を求める訴訟でも寺側からの上申は別当を通じてなされ、足利義教の仰せも別当を通じて伝達された。[23] 室町殿の南都下向でもメインの春日若宮祭見物後に行われた東大寺巡礼では別当が先達をつとめ、別当坊で一献を設けたように寺家を代表する役割を果たしていた。[24] また経済面でも中世前期ほどではないものの美濃国大井荘・茜部荘・山城国玉井荘に別当得分が設定されていた。[25] この得分については、文安四年に解任を恐れた別当東南院珍覚が、困窮のため「憑二寺務之余慶一」んでいるので、解任しないよう朝廷に懇願している。[26] ここからは別当の得分が貴種僧にとって軽視できないものであったことがわかる。以上の性格ゆえに、室町期の別当職は貴種僧の間で競望の対象となっていた。[27]

その別当の顔ぶれの変遷をみると、鎌倉後期にはそれまでみられた東密系諸寺院の僧の補任がほぼなくなり、その後は寺内の東南院・尊勝院と勧修寺（東

表16　室町期東大寺別当一覧表

年(西暦)	将　軍	別当名　○：就任回数
応永15(1408)	義持	12月任 東南院観覚
応永16(1409)		
応永17(1410)		
応永18(1411)		
応永19(1412)		
応永20(1413)		
応永21(1414)		6月任 尊勝院光経
応永22(1415)		
応永23(1416)		
応永24(1417)		
応永25(1418)		
応永26(1419)		
応永27(1420)		
応永28(1421)		
応永29(1422)		
応永30(1423)	義量	
応永31(1424)		
応永32(1425)	(空位)	
応永33(1426)		2月任 勧修寺興胤
応永34(1427)		
正長元(1428)	義教	3月任 **西室房俊**
永享元(1429)		
永享2(1430)		
永享3(1431)		
永享4(1432)		10月任 **西室公顕**
永享5(1433)		
永享6(1434)		
永享7(1435)		
永享8(1436)		
永享9(1437)		
永享10(1438)		
永享11(1439)		
永享12(1440)		
嘉吉元(1441)	(空位)	
嘉吉2(1442)	義勝	3月任 尊勝院持宝
嘉吉3(1443)		
文安元(1444)		

年(西暦)	将　軍【東】	将　軍【西】	別当名　○：就任回数【東方別当】	【西方別当】
文安2(1445)	(空位)		7月任 東南院珍覚	
文安3(1446)				
文安4(1447)			12月任 東室隆実	
文安5(1448)				
宝徳元(1449)	義政			
宝徳2(1450)				
宝徳3(1451)			2月任 勧修寺恒弘	
享徳元(1452)				
享徳2(1453)				
享徳3(1454)				
康正元(1455)			4月任 **西室公恵①**	
康正2(1456)				
長禄元(1457)				
長禄2(1458)				
長禄3(1459)				
寛正元(1460)				
寛正2(1461)			11月任 尊勝院公深	
寛正3(1462)				
寛正4(1463)				
寛正5(1464)			10月任 東南院覚尋①	
寛正6(1465)			8月任 **西室公恵②**	
文正元(1466)				
応仁元(1467)				
応仁2(1468)	【東】義政	【西】義視	閏10月任 東南院覚尋②	
文明元(1469)			【東方別当】	【西方別当】
文明2(1470)			12月任 普門院秀雅	7月任 **西室公恵③**
文明3(1471)				
文明4(1472)				
文明5(1473)	義尚		6月任 東南院覚尋③	
文明6(1474)				
文明7(1475)			12月任 東室光任	西室公恵？
文明8(1476)				
文明9(1477)			(未補)	
文明10(1478)				
文明11(1479)				
文明12(1480)				
文明13(1481)				

大寺寺住僧に准拠するとされた）の三院家がほぼ独占した。[28] しかし、応永二十五年三月に西室院主として久しぶりに房俊が就任した[29]（表16参照）。就任後の房俊は永享元年九月の足利義教の南都下向で義教や扈従の公家・貴種僧をもてなしたが、そのとき三宝院満済は「房恵（房俊）僧正被二召出一、着二座御前一、希代面目歟」[30]と記し、別当房俊の存在を強く認知している。このように別当の就任は、京都の公家衆・貴種僧に室町殿と西室院主の関係を認知させる上で重要な意味をもった。

　ただここでさらに注目したいのは、房俊に次ぐ院主の公顕・公恵である。なぜなら彼らの時代になると別当との関わりが異例ともいえる状況になるからである。まず公顕は、「東大寺別当次第」に「去八月出家、未受戒寺務是始云々、年十一」[31]とあり、院主を継承した永享四年に十一歳で未受戒だったにもかかわらず別当に補任された。また公恵も康正元年（一四五五）に初めて補任されたのち実に四度も就任した。そして二度目の別当在任中の寛正六年（一四六五）には足利義政の南都下向で巡礼を終えた義政らを別当として自坊に迎えた。[32] このように永享期以降の西室は、中央政権に対して東大寺を代表するような格をもつ院家となっていたのである。

　このような西室の性格が公顕・公恵期に現出した背景として注意されるのは、彼らがともに正親町三条実雅の猶子として入室している点である。[33] 正親町三条家は永享三年に尹子が足利義教の正室となって以降、当主実雅が急速に昇進し、所領も給付され、優遇されるようになったが、[34] 永享四年の公顕の別当就任はこの正親町三条家の台頭と軌を一にしていた。また同家は足利義政の時代にもおおむね側近の地位を維持したが、一方で幼少期の足利義視の養育に関わった関係で義視とより親密な関係にあった。[35] そのため応仁・文明の乱で義視が西幕府の首班に据えられると正親町三条公躬は西幕府に身を投じ、[36] 公恵も寛正六年・文明元年（一四六九）の別当就任は義視の推挙によるものだった（後述）。以上から、公顕・公恵の就任の背景には、足利氏と正親町三条家の親密な関係があったことがわかる。

応永期以後、武家八講を通じて足利氏との関係がみられるようになった西室は、公顕・公恵期に足利氏の縁者正親町三条家との関係が加わるに至り、その親密さが他をしのぐ域に達し、その結果、中央政権に対する寺家の顔ともいえる別当との関係を深めたのである。

二　候人見賢と西室院主

では以上の足利氏と西室院主の関係のなかで、候人見賢はどう位置づけられるだろうか。永享期に活動した西院大夫見賢は先行研究で東大寺僧の枠を越えた経済活動や義教との関係が注目されたため、両者の関係における院主の存在はあまり重視されていない(37)。しかし、義教のもとでの活動初見の記事では「東大寺西室召仕大夫坊(38)」として登場し、その後も公家社会では「西室大夫房(39)」「西室大夫得業見賢(40)」と西室の僧と把握された。また永島福太郎氏も指摘しているが、その活動初見の永享元年十二月は院主房俊が義教の南都下向で満済に強く認知された直後であった(41)。さらに義教が殺害された嘉吉の変後に興福寺勢に攻撃された際には「自二興福寺一別当坊（公顕）発向放火、僧正（公顕）没落、大夫法眼（見賢）同不レ知二行方一者也(42)」と、見賢とともに院主公顕の坊も攻撃対象とされ、見賢・公顕は揃って南都を没落した。これらの状況から見賢の地位は院主とも一体的であることがわかる。つまり、見賢と義教の関係は応永期以来の足利氏と西室院主の間に蓄積された関係の延長線上にあったといえ、永享期は見賢の存在も加わり、足利氏と西室を結ぶ回路が最も多様化した時期といえるのである。

以上の検討を整理すると、足利氏と西室の関係は、①武家八講を通じた関係がみられ始める応永期頃、②義教側近としての西室候人見賢の活動がみられ、足利氏側近の正親町三条家猶子を院主に迎えて別当との関係を深めた永享期頃、③見賢は没落したものの、永享期以来の院主と足利氏の関係はほぼ維持された公恵期（享徳年間以降）の頃、のおおむね三段階に分けられる。このうち特に親密さを増したのは②・③の時期であり、この親密な関係を形成した足利氏と西室（以下では「足利氏—西室」と表記する）が南都社会にも少なからぬ影響を与えることになるのである。ただし、影響の内容はその時々の足利氏・武家政権が直面していた政治状況とあいまって異なる。そこで以下では、第二節で②の時期、第三節で③の時期についてそれぞれ検討を加えることにしたい。

第二節　足利義教・公顕・見賢と南都

西室公顕と見賢は、嘉吉の変（一四四一年六月二十四日）直後の二十九日に興福寺勢の放火・財産没収に遭い、南都から没落した。この直前には「東大寺事、来月二日自二興福寺一可レ有二発向一之由、六方以下同心集会在レ之」[43]とあるように、襲撃を主導したのは興福寺六方衆だった。ところで襲撃の際には「大夫法眼披官人住屋幷玄慶専当・聖賢専当・窪転経院等破二却之一、六方沙汰也」と、見賢被官人や一部の興福寺僧も六方衆に襲撃され、東大寺学侶も「東大寺三面僧坊以下在々所々破却」とあるように襲撃された[44]。また東大寺学侶の衆中と興福寺の間ではその後も紛争が続いた。一つは嘉吉三年（一四四三）で、見賢による東大寺八幡宮への美濃大井荘下司職の寄進をめぐり、寄進をうけた衆中と同職の相伝を主張する東大寺僧山上隆胤との間で抗争が起こり、この抗争に六方衆は山上方として介入した[45]。介入の理由として六方衆は「於二見賢之乱悪一者、欺誑非拠之振舞、於二自国他国一其数非レ一也、仍且為レ静二当時之錯乱一、且為レ停二後代之悪逆一、不レ論二理非一、不レ嫌二親疎一、為二当寺《(興福寺)》一悉以令二停广《〔廃〕》一畢、随而於二当寺一雖レ有二寄附之子細一、於レ今者、不レ及二是非之沙汰一、令二棄捐一之上者、貴寺《(東大寺)》以可レ為二御同篇一候」[46]と、見賢のため生じた錯乱・悪逆を停廃した興福寺の措置に東大寺も従うべき、との論理を示している。二つめは文安四年（一四四七）で、春日社造替料の賦課をめぐり衆中と興福寺学侶・六方衆が武力抗争に及んだが、この際も幕府では抗争の背景として衆中と見賢の関係が取りざたされた(47)。

以上の例からは興福寺学侶・六方衆と見賢の鋭い対立を再確認できるが、一方で嘉吉の変以前の南都では見賢の与党勢力が少なからずいたこともわかる。これら見賢与党勢力のなかには永島氏が見賢の権勢の証左として示している例もある(48)。しかし前節でみたようにその見賢の権勢は足利氏—西室を基盤としたが、見賢と南都勢力の関係を足利義教—西室（公顕・見賢）と南都勢力の関係として位置づける検討はなされていない。そのため、見賢の動向を通じた義教政権と南都の関係は必ずしも明確になっていない。そこで本節では、見賢をとりまく諸勢力の関係が比較的よくみえる、権益保護、東大寺八幡宮興隆事業の例を取り上げ、見賢と南都勢力の関係における義教・西室院主の関わり方に注目し、その関係を当該期の足利氏—西室と南都勢力の関係として捉え直すことで、当該期の武家政権と南都の関係に新たな側面を提示したい。

一　見賢被官人の権益保護と義教の権威

まず、奈良符坂座と河内木村座の油売買をめぐる紛争に関する次の史料を検討しよう。

〔史料1〕

嘉吉元年ニ西室大夫得業(見賢)ニ令レ申、自二符坂一奈良中へ木村座不レ入レ之、以外悪行之由、寺門(興福寺)惣別及二其沙汰一了、

是木村之売人数輩罷入条、坂(符坂)難義之由訴申故云々、

同七月、自二六方一符坂座衆共及二厳蜜沙汰一之間、座衆等悉以逐電了(49)、

〔史料1〕より、嘉吉元年に符坂油座は見賢に頼って、油売買で競合した木村座を奈良西端の符坂から奈良中に入れさせない措置をとったこと、そのため木村座の訴えをうけた興福寺寺門が「沙汰」に及んだこと、また嘉吉の変直後の七月には符坂油座が興福寺六方衆から追補を受け、符坂座衆の悉くが逐電したことがわかる。先に見賢の被官人が嘉吉元年七月に六方衆の追補を受けたことを示したが、符坂油座もその被官のうちの一つだったのであろう。

しかし本来、符坂・木村両座は「春日神木入洛之時、為二白人神人一符坂油座衆御共申、木村座衆同御共申[50]」とあり、春日神人として興福寺寺門に従属し、興福寺大乗院からも符坂油座は「寄人」、木村座は「被レ加二扶持一」存在と把握されており[51]、いずれにしても興福寺の支配下にあった。よって〔史料1〕では唐突に見賢が符坂油座の権益を保護する主体として現れたことになる。

座衆が見賢を頼ったのは、興福寺の下で権益が確保できなかったためであり、その意味で嘉吉の変直前の見賢は興福寺の南都支配に不満を持つ勢力への権益保護によって権勢を発揮したといえるが、確認したいのは符坂座衆が嘉吉の変による義教の死の直後に追補を受けている点である。ここから見賢の権勢の源泉が足利義教にあったことがあらためて確認できる。

そして〔史料1〕を踏まえた上で注目したいのは、次の〔史料2〕である。この史料は先述の文安四年の興福寺学侶・六方衆と東大寺衆中の紛争で、東大寺側が自らの主張を支える証拠として永享十二年（一四四〇）興福寺五師請文を提出した際に、その取り扱いについて幕府奉行人飯尾為種が示した意見の一節である。

〔史料2〕

永享十二年比者、東大寺西室大夫得業見賢〔同宿故〕相二叶上意一普広院殿（足利義教）振二権威一、南都事任二所存一、無窮申成之時節歟、若然者、興福寺雖レ有二残所存一、事未レ達レ之、任二上意一及二請文一哉[52]、

〔史料2〕で飯尾為種は、請文が発給された永享十二年頃は見賢が義教のもとで権威を振るって南都のことを思いのままに進言した時期であること、それゆえ当時の興福寺は納得しないままに義教の上意で請文を作成したおそれがあることを指摘している。つまり飯尾は、東大寺衆中が見賢を仲介者として義教の権威を得ることで、興福寺から権益を守る内容の請文を得た可能性を指摘したわけである。むろんこれは飯尾の推論だから、請文自体が飯尾の指摘通りの流れで発給されたかはわからない。しかし重要なのは、飯尾が〔史料1〕の例と同じような状況を想定し、同時に権益保護への義教の関与をも想定している点である。このことは南都において見賢を通じて義教に権益を保護されたさまざまな勢力が（飯尾が容易に想定しうるほどに）、広範に存在したことを示唆している。

このような見賢の権益保護への関与は確かに権勢の表現ともいえる。しかしここで注目したいのは、見賢が興福寺の南都支配に不満をもつ勢力と義教の間を仲介するという役割を果たした点にこそある。嘉吉の変後、見賢の被官人が六方衆から追捕されたが、彼らの多くは単なる見賢の被官なのではなく、足利義教—西室候人見賢の関係に結びつき、権益保持を図ろうとする勢力だったといえよう。

二　東大寺八幡宮興隆と東大寺衆中・西室・足利義教

東大寺八幡宮は中世を通じてしばしば修造事業が行われたが、永享末年頃には大規模な事業の行われたことが指摘されている[53]。この事業については永島氏が「公顕個人に協力してやったのみのことである。彼（見賢—筆者註）の活動はすべて彼個人のためのもので、東大寺に向けられたものでないようである[54]」としているが、果たしてそうであろうか。

この事業では永享十二年九月に神体遷宮が行われ、そのなかで管絃講（四日・五日）・延年舞（二十七日）も催された。注意したいのは、その様子を記した「管絃講並延年日記(55)」によると、四日の管絃講は「西室殿御寺務」（公顕）が、五日は「西院大夫得業見賢」が沙汰し、延年舞は「衆中」が沙汰した、とある点である。永島氏はここから見賢の沙汰の部分に注目したわけだが、全体としてみると西室院主・衆中と沙汰を分担していたことがわかる。むろん実際には、公顕分の費用も見賢が負担した可能性なども考えられるが、ここではたとえ形式上でも、この事業が西室公顕・見賢と衆中の協調により進められた点を確認したい。またこのほか見賢は次のような寄進状も作成した。

〔史料3〕

奉二寄進一　東大寺八幡宮参籠所幷料所等事

合新造屋壱宇幷料所美濃国大井庄下司得分、本券文等別紙在レ之、

右、奉二寄附一基因者、見賢之先祖以来至二于今一蒙二神恩一繁多、而可二報謝申一事甚難、仍年来興隆志雖レ在レ之、指而无二思立一空過、然而我等去年申歳夏比、不慮之外発病存命不レ定之刻、色々御神詫〔託、以下同じ〕在之間、任二御神詫一長籠屋幷料所等事奉二立願一、其後連々令二本複一、大都如二息災一者、此併大菩薩之御助也、仍当年酉歳自二春比一新造屋建立、幷大井庄下司得分寺用所出之外残分、悉以限二永代一彼屋長籠用脚所レ奉二寄附一也、就レ中彼下司得分見賢知行之由来者、質物取流進止之条、敢無二子細一者也、随而源隆得業之永代去状其外本券文等数通相二副之一、奉二寄附一訖、如レ此成下上者、向後更以不レ可レ有二他違乱煩一、永代寄附申上者、経二未来際一無二退転之儀一様、学侶分而在二御計一者、可二悦喜申一候、万一於二此屋幷料所等一違乱煩出来之時者、時御寺務幷西室殿（検校所）様被レ談二合一中学侶二而、属二無為一之様在二御了簡一者、可二畏入存一候、口数者、長日修学者四人宛可レ有二御参籠一候、付二此屋一、雖二何事一宜レ有二学侶評定一可レ有二御計一候、依二此懇志一者、可レ蒙二西室院代々院主幷父母七世恩一、所詮、現二自身滅罪生善一、現当二世悉地兼者子孫繁栄之冥助一者也、仍為二後日支証一寄進状如レ件、

嘉吉元年辛酉十月　日　　大法師見賢在判
子息小法師丸在判(56)

〔史料3〕では、見賢が重病平癒の報恩として八幡宮に参籠所を建立し、大井荘下司職の得分を学侶四人の長日参籠料にあてるとしている。またその運営は学侶が行い、違乱が生じた時は別当（寺務）や検校所の西室院主と学侶で談合するよう求めている。

寄進状の作成された十月にはすでに六方衆の襲撃によって見賢は南都から没落していたが、この史料から没落後も見賢が東大寺八幡宮修造事業を通じて学侶の経済的支援を行うと同時に、西室と衆中・別当の協調関係の形成に尽力していたことがわかる。

以上から、永享末年の事業が西室（公顕・見賢）と衆中の協調のもとに進められており、見賢はその協調関係の形成を積極的に推進していたことがわかる。

そしてこの事業ではもう一つ注意したい点がある。それは事業がほかでもない八幡宮で行われた点である。八幡宮の興隆に代々の足利将軍が力を入れたことは周知の通りだが、東大寺八幡宮もその例外でなく、高瀬荘・堺浦・黒田荘など八幡宮領の寄進に足利将軍の関与がみえ(57)、南都では数少ない将軍家御師も任命された(58)。さらに『蔭涼軒日録』文正元年（一四六六）六月十三日条では「西室（公恵）、就㆓八幡宮祭礼㆒而、自㆓公方（足利義政）㆒御奉加金襴盆可㆑出之事被㆑申、与㆓伊勢（貞親）㆒先評㆑之、彼曰、西室（見賢）大夫得㆑時之日、与㆓即今㆒難相□之由被㆑申、仍閣㆑之」と、西室公恵が八幡宮祭礼に際して足利義政からの奉加を求めたところ、公方よりの八幡宮祭礼への奉加は見賢が勢威をもった時のことであるとして却下された。この記事は裏を返せば見賢・義教の時期には他の足利将軍と比較しても東大寺八幡宮の興隆に積極的だったことを示している。そして、その点をさらに裏づける史料として注目したいのが、次の〔史料4〕である。これは先述の「管絃講並延年日記」に掲載された衆中の僉議事書である。

〔史料4〕

夫聖武皇帝者、建二我寺一呈二三国無双之名一、八幡三所者、移二当社一和二百王鎮護之光一、自レ爾以来、一天風収二仏法王法共昌一、四海浪静二真諦俗諦双興一、偏依二大菩薩之神慮一、霊験新事既旧タリ、爰我君殿下、撫国安民之善政編〔偏カ〕唐堯虞舜之往事、敬神帰仏之御誠昌泰天徳之聖代、就レ中当社御尊崇当寺繁栄得レ時、然依二廟壇修営一尊神移二仮殿一、依レ之面々捧二事理礼奠一、備二顕密之法味一、懇志之余、重若輩等泰〔恭〕為レ奉レ慰二遷座旅天一、臨二社壇一奏二管絃歌舞之曲一、列二庭上一翻二児童廻雪之衫一、所レ催二一興一、方今白月光朗倍副二和光之影一、紅葉露染弥顕二感応之色一、然則神徳殊濃、吾君尊閣保二千秋万歳之貴運一、満寺群侶可レ蒙二寿域福禄之冥助一旨評定候、

史料では、まず聖武天皇による東大寺建立・鎮守八幡宮勧請以後の仏法・王法の共栄とその背後にある八幡大菩薩の神慮を称えている。次に現在の「我君殿下」の治世を称え、その「我君殿下」が東大寺八幡宮への尊崇にあついため東大寺の繁栄の時が今にあることを示し、そのため修造事業と管絃講・延年舞を行ったと述べている。そしてこの行事を通じて増した神の徳による「吾君」の永遠の発展とそのもとでの東大寺の発展を願っている。

この史料で注意を要するのは「我君殿下」が誰かということである。文脈から国政を総攬する上皇・天皇・室町殿が想定されるが、「殿下」とあるから上皇・天皇は考えづらい。一方室町殿は、義満を「准三后殿下」[59]、義持を「内相府殿下」[60]と呼んだ例から明らかなように「殿下」と呼ぶ例はあるので、ここでは室町殿義教を指すものと思われる。つまり〔史料4〕は修造事業が義教の八幡宮尊崇に後押しされて行われ、それによって武家政権と東大寺の共存共栄を確実なものにしようとしたことを示しているのである。

このように八幡宮興隆事業は西室・衆中に室町殿も加えた共存共栄を象徴する行事であった。嘉吉の変後、東大寺

衆中は興福寺から執拗な追捕を受けたが、それは単に見賢との関係だけでなく、西室・室町殿を積極的に支持する右の動向が興福寺を刺激した側面もあったのではないか。そして見賢は、その共存共栄をサポートする役割を果たしていたのであり、この事業での彼の動向は必ずしも「個人のため」とは言い切れないのである。

以上、二つの事例を検討したが、確認したいのは以下の二点である。

まず第一に、両事例における見賢の動向をみると、単に彼個人の権勢の発露というだけでなく、南都諸勢力の義教や西室院主への依存あるいは協調を仲介する「役割」を果たしていた点である。ここから見賢とその与党勢力の関係を足利義教—西室（公顕・見賢）とその与党勢力の関係として把握できることが確認される。「はじめに」では、義満期以来南都で官符衆徒が重用されたことを示し、また熱田公氏は、衆徒・国民間の内紛が全面的な軍事的衝突に発展した永享期に義教がその衆徒のなかでも特に筒井氏への軍事的な支援を鮮明にしたことを指摘した[61]。本節では、その衆徒筒井氏とは別に、南都における義教期の支持勢力として権益保護や東大寺八幡宮興隆事業を通じて形成された西室（公顕・見賢）と符坂油座・東大寺衆中らその与党勢力の存在を示したわけである。

そしてもう一つ確認したいのは、右のように読み替えると、あらためて義教派の対立勢力として興福寺学侶・六方衆の存在が注目される点である。大田氏は義満期の官符衆徒重用が南北朝期の強訴を主導した学侶・六方衆に対する抑圧という側面ももったことを指摘したが[62]、本節の検討で永享期には義教—西室のために学侶・六方衆がさらに抑圧されていたことになる。ただ大田氏は応永期の義満が抑圧だけでなく、寺社再興や法会興隆も約束したので当該期の学侶・六方衆に目立った反発はなく、強訴も沈静化したことを指摘しているが、義教期にはそのようなバランスに配慮した形跡はない。本節冒頭で示したように、嘉吉の変後になると、興福寺学侶・六方衆は西室とその与党勢力を弾圧し、熱田氏が指摘したように筒井氏も罪科に処した。また見賢の南都からの没落後に興福寺学侶・六方衆が管領にその身柄の引き渡しを求めた際には、「所詮、不レ可レ召二給其身一者、随二左右一及二大訴一、神木可レ企二御上洛之儀一」[63]と神木動座の可能性を示唆し、熱田氏によると翌嘉吉二年には筒井氏の河上五ヵ関代官解任を求めて実際に強訴に及んだ。学侶・六方衆の強訴は康暦元年（一三七九）の神木動座以降では応永二十年（一四一三）に一度確認できるだけであり、嘉吉二年まで約六〇年にわたってほとんど確認されなかったことになるが、この嘉吉二年以後になるとしばらく強訴が連続する。[64]このように義教期の均衡を欠いた優遇政策は、嘉吉の変後に学侶・六方衆の武力発動・強訴を誘発したのだが、南都でこの義教と学侶・六方衆の間で増幅していた矛盾の最前線に立つことになったのが筒井氏であり、そして西室とその与党勢力だったのである。

第三節　応仁・文明の乱における足利義視・公恵と南都

興福寺の襲撃で南都から没落した公顕・見賢は、その後表立った活動をしなくなるが、院主が公恵に替わると、足利氏との関係が再度確認されるようになったことは第一節で述べた。

では、その関係が南都社会に与えた影響はどのようなものだったのか。本節では次にこの点を検討したいが、その際特に注目されるのは応仁・文明の乱の時期である。なぜなら、乱について検討を加えた百瀬今朝雄氏が西幕府の機構に触れた際に「西幕府は、東大寺別当、石清水検校、青蓮院門主（延暦寺の天台座主となる有資格者）をそれぞれ任命したことが知られる。奈良、西国と京都を扼する淀川沿岸の八幡、および僧兵で有名な延暦寺を押えるための布石とみられる」[65]と指摘しており、公恵の東大寺別当補任が、西幕府による奈良掌握を目的としたことを示しているからである。これは乱における西幕府の寺社政策を示す指摘として、また南都に限れば興福寺衆徒・国民の参戦[66]とは別のルートでの乱と南都の関係を示す指摘として重要である。

ただ実際の公恵の動向をみると、東軍方より「自二乱初一有二敵陣一」[67]と指摘されたように、乱初から西軍陣地に身を置き、寺への帰還も乱終結の年の文明九年（一四七七）だったことから[68]、乱中奈良に定着していた可能性は低い。また先述のように中世後期の東大寺別当は寺家運営の主導権を失っていたので、西幕府が別当への補任をもって奈良掌握に有利に働くと認識したとは考えづらい。よって百瀬氏が公恵の別当補任を重視した点は尊重しつつも、その別当就任が南都社会に与えた影響と、そこから導き出される西軍方の意図については、いま一度検証する必要がある。

検証の際に注目したいのは、乱中に公恵が義視の力を背景に、南都諸勢力と荘園の知行権をめぐり抗争した例が複数確認できる点である。これらの抗争は義視・公恵の乱中での位置づけを考える上で見逃せない事実であり、実は別当補任の問題とも関係するが、公恵・義視に関する研究では抗争に関する言及がない[69]。そこで本節では、まず美濃国大井荘・越前国木田荘・越中国入善荘をめぐる抗争を紹介し、それらの抗争から足利義視―西室公恵が南都社会に与えた影響、そして公恵の別当就任の背景にある西軍方の意図を示し、応仁・文明の乱と南都の関係について、興福寺衆徒・国民の参戦とは異なる側面を示したい。

一　大井荘をめぐる東大寺東方別当覚尋・衆中との抗争

大山喬平氏・稲葉伸道氏によると、本来東大寺の法華会・華厳会料所であった美濃大井荘は、数度の下司職得分の寄進により、手掻会田楽料・新袈裟料なども負担するようになり、それらの諸供料は衆中が管理した。また先述のように別当得分も設定されており、同荘は別当以下の寺内諸階層の権利が錯綜する東大寺の基幹所領の一つだった[70]。

さて以上の研究では注目されていないが、大井荘では乱中に二つの抗争が起こっていた。一つめは次の『大乗院寺社雑事記』文明二年四月十六日条より確認できる。

〔史料5〕

一、先日東大寺雑掌普門院筑後公、於二竹田河原一被二打死一畢、畠山衛門佐(義就)手者沙汰云々、西室僧正(公恵)之所行云々、其故ハ三乃(美濃)国大炊(井)庄事、西室押二領之一、為二一寺一申二入今出川殿(足利義視)一、被レ退二西室僧正一了、其奉書等申出下向所、如レ此致二其沙汰一了、希有悪行也、

〔史料5〕によると東大寺雑掌の学侶筑後公が西軍方畠山義就の手の者に殺害されたが、それは西室公恵の指示によるものだったという。その理由は、公恵が大井荘を押領したため、衆中[71]がそれについて足利義視に申し入れ、公恵の押領を退ける奉書が下されたことにあった。筑後公はその奉書をもって下向したところを殺害されたのである。ここから、乱中の文明二年頃に西室公恵と東大寺衆中が対立していたことが確認できる。

もう一つの抗争は「門跡錯乱」事件に関わる次の史料より確認できる。永村眞氏によると、「門跡錯乱」事件とは、文明六年から七年に、寺領経営をめぐる対立を契機として、衆中・東南院門徒が九条家出身の東南院覚尋に対して東大寺別当・東南院門主からの辞任を求め、一条家出身の随心院厳宝や「一条若君」の擁立を企てた事件である[72]。次の史料は「門跡錯乱」事件について東南院覚尋が記した「東南擾乱縁起抄」[73]に掲載されており、抗争のさなか厳宝の別当所望の噂を耳にした覚尋が厳宝の兄大乗院尋尊にその実否を問う書状を送ったのに対して、尋尊が覚尋に返信してきた書状の一節である。

〔史料6〕

随門(厳宝)寺務事ハ、唐橋僧正(随心院親厳)例も候之間、被レ任て候ハ、可レ然之由、愚身(尋尊)存知候へ共、これ又ミ(美濃)の寺務領以下、一切

無二到来一候之間、無益之由、則（厳宝）躰申候、けにものをかしく存候、ミの事を得二才学一候様ニ候ハヽ、始終の寺務令レ存候て所望候、これ以前より事つきたる事にてありけに候間、不レ可二事行一之由被レ申候、ミのヽ一所ハ、西室（公恵）僧正定寺務にてとり候由聞候、返々くせ事共候、[74]

尋尊は、鎌倉期の随心院門主親厳が東大寺別当に補任された例もあるため、厳宝の別当補任も正当性はあると考えたが、当の厳宝が美濃寺務領（大井荘）以下より別当覚尋に年貢が到来していない現状をみて、別当に就任しても意味がないと述べたことを伝えている。また、美濃の所領（大井荘）で西室公恵が別当と称して支配しているのを非難している。

この史料の内容は一読しただけでは分かりづらいが、それは当時の東大寺別当が特異な状況にあったためである。別当は本来一名のみ補任される職である。しかし先述のように、乱初より西軍に身を投じた公恵は「東大寺別当職事、西室僧正公恵令二還補一旨、自二今出川殿一被レ仰二出之一」[75]とあるように、文明元年七月に義視の推挙で別当に補任された。史料で公恵が称した別当はこれである（以下、西方別当と呼ぶ）。一方、東軍方でも公恵と別に別当が補任され続けており（以下、東方別当と呼ぶ）、史料で覚尋と厳宝の間で問題となった別当とはこの東方別当を指す。要するにこの時期、東西で別当が並立していたのである（前掲表16参照）。

つまり史料で尋尊は、公恵が西方別当であることを根拠に東方別当覚尋の得分を押領しているので、弟の厳宝は東方別当に就任しても意味がないと考えていると覚尋に伝えたのである。ここから公恵の西方別当補任をきっかけとして、大井荘をめぐり東方別当覚尋との間でも抗争となっていたことが確認できる。なお先にみた衆中との抗争も公恵の西方別当補任の翌年であることからして、それが抗争のきっかけとなったものと思われる。つまり公恵は、文明元年の義視の推挙による西方別当就任をきっかけとして、乱の最中に大井荘をめぐって衆中や東方別当東南院覚尋と抗争していたのである。

このようにこの抗争では諸勢力が関与し、複雑な様相を呈していたが、のちの事例との関係で確認したいのは以下の三点である。第一に、公恵は知行権の獲得において別当への補任という形で義視に依存したが、権益確保のために畠山義就ら西軍方にも依存した点である。第二に、抗争相手には衆中・東方別当がみられるが、特に東軍方から補任された東方別当の権益を侵した点である。第三に、公恵の別当への補任が美濃大井荘を支配する根拠とされた点である。これらの意味するところは他の事例の検討を経た上で後述したい。

二　木田荘をめぐる興福寺東北院俊円との抗争

越前国木田荘は興福寺本願（藤原不比等）忌日料や別当御直衣役を負担した興福寺寺家領であり、やはり寺内の諸階層が得分権をもつ所領であったが、荘務は給主（検校所）の同寺東北院が握っていた(76)。その木田荘は『大乗院寺社雑事記』文明元年十月十八日条によると「越前国木田庄事、今出川殿仰歟、西室僧正可二知行一云々」と、やはり足利義視の仰せで公恵の知行となった。ただここでさらに注意したいのは、当時の給主東北院俊円が「室町殿伯父(77)」と呼ばれていたように、室町殿足利義政の義理の伯父（日野富子の伯父）にあたる点である。木田荘でも大井荘同様、文明元年に東軍方与党ともいえる南都貴種僧の地方所領の権益を侵していたのである。

三　入善荘をめぐる東大寺東室院主との抗争

越中国入善荘は元来、受戒会料を負担する東大寺寺家領であったが、室町期には東大寺の院家である西室や東室の領有に帰していた。同荘は室町期でも六、七百貫文の収入が見込め、それゆえ寛正年間以降、西室・東室の間で領有をめぐる相論が続いた。この相論については山崎明代氏が検討を加え(78)、武家の相論への介入による東大寺の荘園経営能力の低下を指摘した。しかしこの抗争が武家を巻き込むことになったのは、そのような一般的な状況だけでなく、相論当事者の西室院主・東室院主の立場も関係した。そこで、以下では両院主の立場に留意しつつ相論の性格を検討したい。そこでまず寛正年間の相論を検討しよう。

〔史料7〕

去十一月、越中国入善庄、東室殿（隆実）へ立帰、此間御知行西室殿（公恵）御迷惑也、

『東大寺法華堂要録』寛正三年条

〔史料8〕

東大寺東室僧正隆実昨日逝去之由古市（胤栄）語申、六十一二歳者歟、一両年以前入善庄安二‐堵過分年貢一也、六七百貫取納也、此間計会、適可二福祐一之由悦申処、卒去之条微運之至不便之次第也、当時権門、室町殿（足利義政）伯父也、

『経覚私要鈔』寛正五年十月二十九日条

〔史料9〕

一、東大寺別当職事、東南院僧都（覚尋）辞退、就二御下向一不レ弁計会故也、則十四日、被レ補二西室僧正（公恵）一了、今出河殿（足利義視）申御沙汰云々、越中入善庄事、同可レ有二申御沙汰一歟云々、

『大乗院寺社雑事記』寛正六年八月十七日条

これらの史料より、入善荘の知行権が寛正三年（一四六二）十一月に西室公恵から東室隆実に移り、同六年に足利義視の申沙汰によって西室公恵のもとに戻ったことがわかる。

〔史料8〕によれば隆実は経済的に苦しい状況にあり、相論の背景に顕密寺院一般に共通する経済的困窮という事

情があったことは確かである。ただ知行権が頻繁に移動した理由としてもう一つ注目したいのは、足利氏とその側近公家の動向である。〔史料7〕のように隆実は足利義政（日野富子）の伯父であり、公恵は先述のように正親町三条実雅の猶子で同家は足利義視と親密な関係にあった。つまり両者は、足利義政とその後継者義視、足利氏の側近公家衆のなかで卓越した地位にあった日野家と正親町三条家に連なる僧だったのである。両者の俗縁にこだわるのは、相論の展開した寛正年間がその足利氏と側近衆にめまぐるしい変化が訪れた時期にあたるからである。まず寛正二年から三年には足利氏側近の再編が進められるなか、正親町三条家の所領が没収され、その一部が日野家に与えられた。[80]公恵から隆実に知行権が移ったのもその寛正三年であり、これも側近再編の余波と考えるのが自然であろう。また足利氏の家督に目を向けると、寛正五年十一月に、元は浄土寺義尋と名乗っていた義視が還俗して義政の養子となり、義政は隠退の意向を示し、義視が義政の後継者としての地位を確立させつつあった点が注目される。[81]寛正六年八月の申沙汰は、この義視の後継者としての地位確立が前提となったに違いない。以上から寛正年間の知行権移動の背景には、東室―日野家―義政、西室―正親町三条家―義視、の関係性が影響していたことがわかる。

そしてこの構図を確認した上で注意したいのが、山崎氏も注目した応仁・文明の乱を経た後の文明十一年の抗争に関する『大乗院寺社雑事記』の記事である。

〔史料10〕

東大寺東室（光任）与ニ越智（家栄）一公事出来、東室ハ遂（逐）電分在京云々、越中入善庄筒井（順尊）・成身院（順宣）等給分在レ之、四ヶ年分四百貫可レ給之由申ニ懸之一取之由、松林院（兼雅）僧正相語者也、彼給分無ニ跡形一事申懸歟、凡当畠山政長依ニ扶持一、彼庄家事ハ東室知行也、越智幷河内屋形（畠山義就）とは不ニ相応一方也、然之間如レ此歟、[82]

この記事は若干内容が錯綜しているが、入善荘について(ア)東室光任（隆実死後の院主）と元西軍方の越智家栄の間で紛争が起こったこと、(イ)荘内に興福寺衆徒筒井一族の給分が設定されていたこと、(ウ)東室は元東軍方の畠山政長の支援で知行を維持しており、畠山政長と越智氏・畠山義就との対立がこの相論の背景にあったことがわかる。このうち(イ)は寺領への武家の侵略を示す一例といえようが、ここでまず注目したいのは(ア)にみえる越智氏である。なぜならこの文明十一年頃には「西室僧正於二越智一越年」(83)とあり、公恵が越智氏のもとに身を寄せていたからである。越智氏は公恵の意向をうけて公事に及んだのであろう。そしてもう一つ注目したいのは(ウ)で東室が元東軍方の勢力に依存しており、西室公恵が義視のいた元西軍方勢力に依存していたことと対をなしている点である。この関係は寛正の抗争にみえる関係と無関係ではなく、寛正の義政―東室、義視―西室の関係が文明十一年の元東軍方勢力―東室、元西軍方勢力―西室の対立に発展したものと考えられる。なお、この入善荘の抗争については乱中の状況を知る史料はないが、対立構図の類似性からして寛正から文明十一年の関係へと発展したのは、大井荘・木田荘の例と同じ乱中の文明初年頃だったのではないか。ともあれ、入善荘でも義視―公恵の関係から、おそらく乱中に西軍方の援助に発展し、同じく乱中に東軍方与党となったと思われる東室と地方所領の権益を争うという構図がみられる点を確認しておきたい。

以上公恵が当事者となった抗争を検討したが、その特徴として以下の二点が指摘できる。

まず第一に、いずれの例でも所領の獲得において義視の意向を背景にし、その限りでは前代からの足利氏―西室の関係を継承しているが、この時期には応仁・文明の乱で義視が西幕府の首班に据えられるという政治状況のなかで、その義視依存が西軍方諸将への依存に発展した点である。この義視・西軍方への依存の強さは、その関係が公顕・見賢の時期には西室の支持勢力であった東大寺衆中との関係に優越し、乱では大井荘をめぐり抗争したことからもうかがえる。永享期に足利氏・東大寺双方に足場を置いた西室院主は、応仁・文明の乱では完全に足利氏・西軍方との関係に軸足を置くようになったのである。

そして第二に注意したいのは、いずれの抗争でも東軍方与党ともいえる南都貴種僧の権益を侵した点である[84]。三つの抗争では、木田荘で西室が「依二寺訴一去出」（『経覚私要鈔』文明二年二月五日条）と興福寺に知行権を明け渡し、大井荘でも衆中に権益を奪い返されたように、必ずしも公恵が十分な成果を得たわけではない。しかし同じ大井荘の抗争では東軍方補任の東方別当に対しては優勢を維持し、入善荘でも乱後まで元西軍方勢力の援助を得て元東軍方勢力の援助を得た東室と対抗していたことを考慮すると、公恵の動向が南都の東軍方与党の貴種僧に与えた影響自体を過小にみることはできない。

以上二つの特徴は三つの抗争がいずれも東西両軍の対立という構図を反映していたことを示し、それは公恵の動向自体に西軍方の意図が色濃く反映されたことを推測させる。百瀬氏の示した西幕府の別当補任がこの抗争の一環をなしていたことを考慮すると、一連の抗争における西軍方の意図は西方別当補任の意図を示すことにもなろう。ではその意図は、具体的に何だったのか。その点を知る上で注目したいのは、先行研究が示した乱の展開過程である。応仁・文明の乱では洛中の戦闘からしだいに周辺地域へ戦場が移り、さらに文明初年には、西軍方による官位下賜を通じた地方武士の誘因（文明元年）、東軍方による西軍方大内氏の本国攪乱や朝倉氏への寝返り工作（文明二〜三年）など、東西両軍が相手方の後方攪乱のため地方へ働きかけを行うようになったという[85]。この展開過程で特に注意されるのは、後方（地方）攪乱の事実とその時期である。なぜなら公恵をめぐる抗争も、文明元年頃から確認され、東軍方与党勢力の当事者自身でなく、彼らの地方の経済基盤を狙っており、西軍方の動向と軌を一にしているからである。このことは公恵の抗争も、西軍方にとって東軍方与党勢力に対する後方（地方）攪乱の一環だったことを意味し、ゆえに一連の抗争のなかで行われた公恵の別当就任も、西軍方の意図は対東軍与党勢力の後方攪乱にあったといえよう。

乱での西軍と南都の関係については越智氏・古市氏ら興福寺衆徒・国民の軍事的な参戦が知られているが、もう一つ義視・西軍方に対する依存を深めた西室公恵が、東軍方与党勢力の後方（地方）攪乱の政略に関与する形でも乱の矛盾を南都に持ち込んでいたのである。

さて、右の整理で本節の当初の目的は達したといえるが、公恵は乱後も延徳三年（一四九一）まで存命した。乱後の公恵についてては断片的な動向しかわからないが、最後に簡単にその動向を整理することで足利氏―西室と南都の関係のその後をたどろう。

文明九年、西軍諸将が本国に下国すると、義視も美濃に下り、乱は終結した。同じ頃公恵も奈良に戻り、その後再度奈良を離れて越智氏のもとに身を寄せたが、同十四年に義政の許しを得て再度帰寺し、同じ頃に別当に補任された。(86)また延徳元年になると、美濃に滞在していた義視が将軍に就任した子の義材の後見役として京都政界に復帰したが、その義視が死去した際には、入善荘の訴訟を抱えた公恵の困惑する様子が伝えられており、(87)相変わらず義視に依存して所領の維持を図っていたことがわかる。以上の動向より、公恵は乱後も足利氏に依存する傾向に変化はなかったといえよう。しかし、その依存が乱中より十分な成果をあげなかったことは既述の通りで、そのため帰寺後の公恵は別当として負担すべき費用も負担できないほど困窮し、(88)たびたび大乗院尋尊に借銭を求めている。(89)また乱中に対立した東大寺学侶とは乱後も関係を改善できず、彼は尋尊に側近の学侶も統御できない状況を嘆いており、(90)公恵死後の西室は「内者共各退散、一向断絶了」というありさまだった。(91)そして後継の院主公順は三条西実隆の子であった。実隆は文芸上の交友関係では公家・武家を問わず幅広く接する一方で、政治的には武家の抗争に中立的で朝廷の復興に尽くした人物とされ、公順の立場もその実隆の立場に沿うものだった。(92)このように公順の時代には院主の立場が変化し、足利氏と連動する西室は終焉を迎えた。

乱後の公恵は困窮・孤立に苦しんだが、公恵の状況は彼の背後にある足利氏の南都における影響力の衰えをも示している。公恵の死と公順の院主継承のあった延徳・明応年間には武家八講も終焉を迎えた。大田氏はそれを「「室町殿」という地位の観念的権威の失墜」と評価したが、(93)公恵の死も足利氏の南都における影響力後退を決定的にした出来事の一つと位置づけられよう。ただ、このように足利氏の盛衰と連動した西室は、室町期の武家政権と南都の関係を象徴する存在であったともいえるのではないか。

おわりに

最後に本章の意義と残された課題を示そう。本章では足利氏と西室の関係において、特に見賢と義教の関係が形成され、足利氏側近正親町三条家の猶子を院主に迎えた永享期、見賢が没落したものの永享期以来の足利氏と西室院主の関係は維持された公恵期に注目した。そして、永享期には足利義教・西室が権益付与・東大寺八幡宮興隆事業を通じて南都に東大寺衆中らの与党勢力を形成したこと、公恵期のうち特に応仁・文明の乱中には公恵が義視を首班に据えた西軍方への依存を深めて、南都諸勢力と所領の知行権をめぐって抗争したことを示した。永享期と応仁・文明の乱中では政治状況の違いもあり南都で西室と連携・対立した勢力は趣を異にしたが、そのなかで唯一一貫していたのは西室が足利氏与党の立場をとっていた点であり、依存の度合はしだいに深まっていったともいえる。この西室の性格は本章冒頭で示した大乗院尋尊の立場と対極にある。本章の意義は、一つには室町期の南都における武家与党の貴種僧・院家として西室の存在を示したことにある。

ただここで問題となるのは、南都において西室の例を一般化できるかという点であるが、少なくとも単純に例外とはできないように思われる。たとえば義教期には、興福寺光明院隆秀が義教の意向を背景に興福寺別当に就任し、同寺東門院を所有している。(94) また第三節では、公恵との抗争のなかで西軍方と敵対した僧として東南院覚尋・東北院俊円・東室光任を検出した。これらの例から足利氏の影響を受けた南都貴種僧・院家は少数でなく、武家政権から一定の距離を保った尋尊のみを南都貴種僧・院家の立場として代表させることはできない。今後これら貴種僧の南都での位置づけを示すことで、さらに室町期の武家政権と南都の関係に新たな点を付け加えることができるのではないか。

また本章では、永享期に権益付与などを通じて形成された見賢与党勢力を足利氏—西室与党勢力と読みかえ、熱田氏が示した興福寺衆徒筒井氏のほか新たに西室と与党勢力を義教支持勢力と位置づけ、嘉吉の変後に両者が共通の対立勢力興福寺学侶・六方衆と対峙したことを示した。応仁・文明の乱中には公恵の動向が西軍方の東軍与党勢力に対する後方（地方）攪乱策と位置づけられることから、百瀬氏が注目した西幕府の東大寺別当補任もその動向の一環と解釈でき、西室が興福寺衆徒・国民の参戦と別の形で乱の矛盾を南都に持ち込んだことを示した。以上の検討からは、武家政権との関係が主に軍事的な面でみられる興福寺衆徒・国民と異なり、西室は自らが軍事力を行使することはせず、専ら政略面で関与したことがうかがえる。このように本章は、義教期の幕府、応仁・文明の乱中の西幕府それぞれの南都政策において興福寺衆徒・国民とは別の回路で西室が機能していたことを明らかにし、武家政権の対南都政策に新たな側面を示した点にも意義を見出せる。

なお以上の検討では、西室という一院家の動向を通じて武家政権の南都政策の一端を明らかにする形をとったため、武家政権の寺院政策全体における西室の位置づけを示すには至らなかった。また史料的な限界もあり、西室の動向を通じた武家政権の政策は断片的にしか示せず、各政権の段階差なども十分に分析できなかった。これらの点は右で示した西室以外の南都貴種僧や京都貴種僧の動向の検討で補う必要があろう。今後の課題である。

このほか本章では、寺内の階層において貴種僧と衆徒の間に位置する興福寺学侶・六方衆や東大寺学侶衆中の動向にも言及した。この階層の僧については、鎌倉後期から南北朝初期の動向に関して活発な議論があるものの、室町期の動向についていては検討が進んでいない。しかし本章の検討より、この階層の僧も南都で一定の影響力を保持しており、当該期の南都の状況を把握する上で無視できないことがわかる。ただ中央政権と貴種僧・院家の関係に焦点を当てた本章では、この点を十分に検討できなかった。この点も今後の課題としたい。(95)

註

（1）黒田俊雄「中世の国家と天皇」（同『黒田俊雄著作集　第一巻』法蔵館　一九九四年、初出一九六三年）、同「中世における顕密体制の展開」（同『黒田俊雄著作集　第二巻』法蔵館　一九九四年、初出一九七五年）、同「中世寺社勢力論」（同『黒田俊雄著作集　第三巻』法蔵館　一九九五年、初出一九七五年）など参照。

（2）大田壮一郎「室町幕府の追善仏事に関する一考察」（同『室町幕府の政治と宗教』塙書房　二〇一四年、初出二〇〇二年、以下大田A論文と略記）、同「室町殿の宗教構想と武家祈禱」（同前、初出二〇〇四年）、同「足利義満の宗教空間」（同前、初出二〇〇七年）、同「足利義持政権と祈禱」（同前、初出二〇〇九年、以下大田B論文と略記）、同「室町殿と宗教」（同前、初出二〇一二年、以下大田C論文と略記）。このほか室町殿の寺院政策に関わる先行研究は、同「室町幕府宗教政策論」（同前、初出二〇〇七年）で整理されている。

（3）特に延暦寺やその末寺末社と武家政権の関係は検討が進んでいる。この点については、下坂守『中世寺院社会の研究』（思文閣出版　二〇〇一年）、同『京を支配する山法師たち』（吉川弘文館　二〇一一年）、河内将芳『中世京都の都市と宗教』（思文閣出版　二〇〇六年）、三枝暁子『比叡山と室町幕府』（東京大学出版会　二〇一一年）参照。

（4）この問題点は三枝暁子「町共同体の成立」（註（3）著書）で言及されており、註（2）大田B・C論文では、この問題意識から地域寺社と武家政権の関係について分析を加えている。

（5）熱田公「筒井順永とその時代」（同『中世寺領荘園と動乱期の社会』思文閣出版　二〇〇四年、初出一九五八年）など参照。

（6）稲葉伸道「南北朝時代の興福寺と国家」（『名古屋大学文学部研究論集』一三一　一九九八年）、註（2）大田C論文。
（7）永島福太郎「公卿子弟の南都寺院進出とその管領」（同『奈良文化の伝流』目黒書店　一九五一年）、富貴原章信「第二回の復興」（同『日本中世唯識仏教史』大東出版社　一九七五年）など参照。
（8）南都下向については、金子拓「室町殿南都下向をめぐる負担」（同『中世武家政権と政治秩序』吉川弘文館　一九九八年）で研究史が整理されている。
（9）曽根原理「室町時代の武家八講論義」（北畠典生博士古稀記念論文集刊行会編『日本仏教文化論叢　上巻』永田文昌堂　一九九八年）、註（2）大田A論文など参照。
（10）なお、森由紀恵「室町時代における興福寺の良家」（『奈良歴史研究』五六　二〇〇一年）では、東院兼円・東北院任円ら興福寺の良家僧が、血縁関係を通じて室町殿と交渉する手段をもち、武家八講への出仕を通じて寺内教学の担い手となっていたことを指摘している。しかし、このような観点からの検討は、いまだ不足している。
（11）鈴木良一『大乗院寺社雑事記　ある門閥僧侶の没落の記録』（そしえて　一九八三年）、桜井英治『室町人の精神』（講談社　二〇〇一年）、安田次郎『日本の歴史　南北朝・室町時代　走る悪党、蜂起する土民』（小学館　二〇〇八年）など参照。
（12）永島福太郎「僧坊の子院化」（『ヒストリア』二三　一九五八年）。
（13）見賢については、永島福太郎「郷民の発展」（同『中世畿内における都市の発達』思文閣出版　二〇〇四年、初出一九四八年）、同「東大寺の経済」（小林剛編『東大寺』毎日新聞社　一九五二年）、同「戦雲たなびく」（『奈良市史　通史二』奈良市　一九九四年）、桜井英治『破産者たちの中世』（山川出版社　二〇〇五年）など参照。
（14）公恵については、永島福太郎『応仁の乱』（至文堂　一九六八年）、百瀬今朝雄「応仁・文明の乱」（『岩波講座日本歴史七』岩波書店　一九七六年）、石田晴男『戦争の日本史9　応仁・文明の乱』（吉川弘文館　二〇〇八年）、末柄豊「『大乗院寺社雑事記』の遊紙の錯簡について」（科学研究費報告書〈研究代表者安田次郎〉『興福寺旧蔵文書による古文書と古記録との関連についての史料学的研究』二〇〇八年）で断片的な指摘がある。
（15）義視については註（14）百瀬論文、家永遵嗣『室町幕府将軍権力の研究』（東京大学日本史学研究室　一九九五年）のほか、註（11）桜井著書、註（14）石田著書、榎原雅治「一揆の時代」（同編『日本の時代史11　一揆の時代』吉川弘文館　二〇〇三年）など通史的叙述でもその動向・性格が検討されており、近年では桜井英治「応仁二年の「都鄙和睦」交渉について」

（『日本史研究』五五五　二〇〇八年）、家永遵嗣「応仁二年の「都鄙御合体」について」（『日本史研究』五八一　二〇一一年）で、乱中の西幕府と関東の関係における義視の位置づけをめぐり論争がみられる。また、設楽薫「将軍足利義材の政務決裁」（『史学雑誌』九六―七、一九八七年）、同「足利義材の没落と将軍直臣団」（『日本史研究』三〇一　一九八七年）では、義視の子義材の政権における直臣団の検討もなされている。しかしこれらの研究でも、西室公恵についての言及はほとんどない。

（16）遠藤基郎「鎌倉中期の東大寺」（GBS実行委員会編『論集　鎌倉期の東大寺復興』法蔵館　二〇〇七年）。

（17）永村眞「「門跡」と門跡」（大隅和雄編『中世の仏教と社会』吉川弘文館　二〇〇〇年）。

（18）武家八講は暦応二年（一三三九）を初見とし、原則として年一度、前足利氏家督の忌日に行われた。仏事では九～一三名の南都北嶺の僧が講師・問者に分かれて問答し、証義が判定を下し、八講ながら十座催された。この点は註（2）大田A論文、註（9）曽根原論文参照。以下でも武家八講の基本的性格については、これらの論文によっている。

（19）この点は詳細に検討できないが、房顕は応永元～同二十年（「第二相国寺御八講記録」〔「興福寺文書」第二三函二六・「天理図書館所蔵文書」一八六―イ二一〕）、房俊は応永三十～永享四年（「等持寺御八講聴聞集」〔「興福寺所蔵文書」、本章では東京大学史料編纂所所蔵影写本〈請求番号三〇一四―五〉利用〕・「等八日記」〔「京都御所東山御文庫記録甲（勅封）」一一九巻、本章では東京大学史料編纂所所蔵謄写本〈請求番号二〇〇一―一一―一一〉利用〕）、公顕は永享十二年（『師郷記』同年五月二日条参照）、公恵は享徳二～長禄三年（「等持寺八講記」〈自文安二年至寛正五年〉〔「京都御所東山御文庫記録甲（勅封）」二八一巻、本章では東京大学史料編纂所所蔵影写本〈請求番号三〇〇一―一―六〇〉利用〕）の間で出仕を確認できる。

（20）永村眞『中世東大寺の組織と経営』（塙書房　一九八九年）、稲葉伸道『中世寺院の権力構造』（岩波書店　一九九七年）参照。

（21）久野修義「鎌倉末～南北朝期における東大寺別当と惣寺」（同『日本中世の寺院と社会』塙書房　一九九九年）、註（20）永村著書三二三～三二八頁。

（22）『建内記』応永三十五年三月十三日条。

（23）『建内記』永享二年二月二十五日条。

（24）註（8）金子論文参照。

（25）文明十三年六月日（「東大寺別当職事条々」〔『増補続史料大成　大乗院寺社雑事記』七巻三〇五～三〇六頁、十二巻一八三～一八五頁〕）。なお収取状況は詳細に検討する余裕はないが、大井荘・茜部荘は明応八年六月二十日東大寺勧学院倖賢書状（『実隆公記』明応八年六月二十六～二十九日条紙背文書）で別当得分の維持が確認でき、大井荘では寺務方納下帳（「東大寺図書館所蔵未成巻文書」〔以下、「東図未」と略記〕一四二―二五四）でも永正七・八年に別当得分二〇～三〇貫文の下行が確認できる。

（26）『建内記』文安四年三月九日条。

（27）たとえば、随心院祐厳は嘉吉元年・文安四年の二度東大寺別当を所望している（『建内記』嘉吉元年十一月二十日条、文安四年十月二十五日条）。

（28）本書第二部第一章参照。

（29）なお、房俊が別当就任を実現させた背景は不明であるが、一つには先述の武家八講の性格変化という点が推測される。註（2）大田A論文によると、義持から義教の執政期には、武家八講の運営主体が足利氏の家政機関から公家政務機関に移り、足利氏家督の追善仏事としての枠を越え、公請法会に準じる運営形態になったという。またそれとともに、興福寺東院光暁のように、武家八講の勧賞として興福寺別当に補任される例もみられるようになった（光暁の例については、高岸輝「絵巻転写と追善供養」〔同『室町絵巻の魔力』吉川弘文館　二〇〇八年〕参照）。西室院主が、義持晩年の応永三十五年（一四二八）以後という時期に別当に就任するようになったのも、この武家八講の性格変化が大きく関係したのではないか。

（30）『満済准后日記』永享元年九月二十三日条。

（31）「東大寺別当次第」公顕項（「東図薬師」二一―一九〇）、翻刻は堀池春峰「東大寺別当次第」（角田文衞編『新修国分寺の研究』一）。

（32）『蔭凉軒日録』『大乗院寺社雑事記』寛正六年九月十八日条。

（33）公顕については註（31）「東大寺別当次第」公顕項に「三条実雅中将猶子」とあり、公恵については「三会定一記」享徳元年条（「宮内庁書陵部所蔵文書」、本章では東京大学史料編纂所所蔵写真帳〔請求番号六一一四―一三〇〕利用、刊本は『大日本仏教全書』一二三冊）に「入道内大臣実雅公猶子」とある。なお『大日本仏教全書』では、この記述が公恵の註記か判然としないが、写真帳では明らかに公恵の註記である。なおこの点は註(14)末柄論文も参照。
(34) 羽下徳彦「義教とその室」(同『中世日本の政治と史料』吉川弘文館　一九九五年、初出一九六六年)など参照。
(35) 家永遵嗣「三魔」(『日本歴史』六一六　一九九九年)。
(36) 註(14)百瀬論文、家永遵嗣「伊勢宗瑞登場の前提」(註(15)家永著書)。
(37) 註(13)諸論文。
(38) 『満済准后日記』永享元年十二月三日条。
(39) 『看聞御記』永享八年八月二十一日条。
(40) 『建内記』嘉吉元年七月二十六日条。
(41) 註(13)永島「郷民の発展」。
(42) 『大乗院日記目録』嘉吉元年六月二十九日条。
(43) 『大乗院日記目録』嘉吉元年六月二十七日条。以上の経過は註(13)諸論文も参照。
(44) 以上はともに『大乗院日記目録』嘉吉元年七月一日条。
(45) 以上の経過は、『経覚私要鈔』嘉吉三年五月二十八〜三十日、六月二日・三日条、『建内記』嘉吉三年六月一日・五日、(年欠)八月十六日興福寺六方衆等書状(「東図未」一―三―八三、『大日本古文書家わけ第十八　東大寺文書之十三』四六一号)など参照。
(46) 註(3)興福寺六方衆等書状。
(47) この事件の経過は註(13)永島「戦雲たなびく」、山陰加春夫「室町時代の精華」(『精華町史　本文篇』一九九六年)など参照。
(48) 註(13)永島諸論文参照。
(49) 『大乗院寺社雑事記』文明十二年正月二十七日条。
(50) 『大乗院寺社雑事記』文明十二年正月二十七日条。
(51) 『大乗院寺社雑事記』文明十二年二月十五日条。
(52) 『建内記』文安四年九月一日条。

(53)　村山修一「中世に於ける東大寺八幡宮」（『国史学』五三　一九五〇年）参照。
(54)　註(13)永島「東大寺の経済」。
(55)　「東図未」一四一―六二〇。翻刻は芸能史研究会編『日本庶民文化史料集成　第二巻　田楽・猿楽』（三一書房　一九七四年）参照。
(56)　嘉吉元年十月日見賢新造屋等寄進状案（「東図未」一―三―一〇九、三―二―一六）。
(57)　康永元年十二月十五日足利尊氏寄進状（「東大寺宝庫文書」六九―一―二、『富山県史　史料編Ⅱ中世』二五七）、永和二年四月二十四日室町将軍家御教書（「菅孝次郎氏所蔵文書」）、応永九年五月十六日足利義満御判御教書案（「東図未」一―一―三二四、『大日本古文書家わけ第十八　東大寺文書之十二』三二四号）参照。この点は註(53)村山論文も参照。
(58)　太田直之「室町幕府の神祇政策」（同『中世の社寺と信仰』弘文堂　二〇〇八年）。
(59)　応永六年二月三日東寺長者俊尊寄進状案（「東百」ヰ函六〇―一）。
(60)　応永二十五年八月二十九日醍醐寺変異祈禱巻数案（「醍醐寺文書」六二函一六八、『大日本史料』第七編之三十）。
(61)　註(5)熱田論文。なお以下の本章での熱田氏の指摘も本論文によっている。
(62)　註(2)大田C論文。
(63)　『建内記』嘉吉元年七月二十六日条。
(64)　中世を通じた興福寺強訴の事例は、上野麻彩子ほか「『神木御動座度々大乱類聚』の翻刻と紹介」（『早稲田大学高等研究所紀要』三　二〇一一年）で整理されている。
(65)　註(14)百瀬論文。
(66)　註(5)熱田論文、同註(11)安田著書など参照。
(67)　『兼顕卿記別記』文明十年八月十五日条（『大日本史料』第八編之十）参照。
(68)　『大乗院寺社雑事記』文明九年十月十九日条に「西室僧正公恵帰寺之間」とある。これ以前の近い時期に、東大寺に帰還したものと思われる。
(69)　註(14)・(15)諸論文。
(70)　大山喬平「東大寺領大井荘」（『岐阜県史　通史編中世』一九六九年）、稲葉伸道「大井荘」（網野善彦ほか編『講座日本荘園史5　東北・関東・東海地方の荘園』吉川弘文館　一九九〇年）。
(71)　史料中の「一寺」について、『大乗院寺社雑事記』文明十六年九月九日条では、東大寺領長洲荘の問題につき「一寺於二月堂神水評定」した旨が記されている。長洲荘は法華堂領だが、同日条では神水評定に学侶四聖坊が出席したことが確認されるから、「一寺」の「評定」が堂衆ではなく、学侶衆中の衆議であったことは疑いない。よって『大乗院寺社雑事記』中の「一寺」は学侶の衆中を指すものと考えて問題ないだろう。
(72)　永村眞「中世東大寺の「門跡」とその周辺」（『史艸』四二　二〇〇一年）。なお、この事件については、本書第二部第四章も参照。
(73)　「随心院所蔵随心院聖教」第十六函一号（以下、「縁起抄」と略記。なお史料の翻刻については、拙稿「随心院蔵『東南擾乱縁起抄』の翻刻」〈『南都仏教』九九　二〇一四年〉参照）。この史料については註(72)永村論文、上島享「頼瑜自筆の印信・書状について」（科学研究費報告書〈研究代表者水本邦彦〉『随心院門跡を中心とした京都門跡寺院の社会的機能と歴史的変遷に関する研究』二〇〇六年）参照。
(74)　（文明六年）十二月二十四日大乗院尋尊書状写（「縁起抄」四〇丁裏・四一丁表）。
(75)　『大乗院寺社雑事記』文明元年七月九日条。
(76)　木田荘については『角川日本地名大辞典18　福井県』「木田荘」項参照。
(77)　『経覚私要鈔』応仁二年三月十一日条。
(78)　山崎明代「入善荘の変遷」（『富山史壇』九七　一九八八年）。
(79)　両家の地位については、註(35)家永論文、二木謙一「室町幕府将軍御対面儀礼と格式の形成」上・下（『国学院雑誌』九八—一・二　一九九七年）など参照。
(80)　『大乗院寺社雑事記』寛正二年十月五日条、寛正三年四月十六日条。菅原正子「日野家領の研究」（同『中世公家の経済と文化』吉川弘文館　一九九八年、初出一九九三年）。
(81)　註(11)桜井著書・安田著書、註(15)榎原論文、註(14)石田著書など参照。
(82)　『大乗院寺社雑事記』文明十一年二月二十一日条。
(83)　『大乗院寺社雑事記』文明十一年十二月三十日条。

(84)　なお、唯一の例外は衆中である。衆中は〔史料5〕から西軍方と交渉ルートを有したことがわかるが、一方で前述「門跡錯乱」事件では、東軍方法廷で進められた東南院覚尋との訴訟で「為二寺門一、以二事書一、公方訴申」（「縁起抄」五丁裏）、「自二寺門一付二伝奏一捧二事書一」（「縁起抄」一三丁表）と、東軍方とも独自の交渉ルートを保持した。よって乱では中立的だったといえる。東軍方与党でない衆中と公恵が対立したのは、大井荘が別当以外に寺内諸階層の得分も設定されたことによるのだろう。

(85)　註(14)百瀬論文、註(11)桜井著書三〇九〜三一八頁、註(15)石田著書「Ⅶ乱のおわり」参照。

(86)　以上の経過は、『大乗院寺社雑事記』文明九年十月十九日・文明十一年十二月三十日・文明十四年八月二十二日・九月十五日条参照。

(87)　『大乗院寺社雑事記』延徳三年正月十七日条。

(88)　『大乗院寺社雑事記』延徳三年正月十七日条。

(89)　『大乗院寺社雑事記』文明十五年二月六日条、同延徳二年九月三日条など参照。

(90)　（延徳二年）十一月一日西室公恵書状（国立公文書館所蔵「寺社雑事記（尋尊大僧正記）」第十三冊第五九・六〇丁紙背文書、翻刻は八嶌幸子「『寺社雑事記（尋尊大僧正記）』紙背文書抄（下）」〔『北の丸』三八　二〇〇五年〕参照）。

(91)　『大乗院寺社雑事記』延徳三年六月二日条。

(92)　芳賀幸四郎『三条西実隆』（吉川弘文館　一九六〇年）参照。なお、三条西実隆・公順期の西室と東大寺衆中の関係については本書第二部第四章も参照。

(93)　註(2)大田A論文。

(94)　「興福寺別当次第」（『大日本仏教全書』一二四冊）、『大乗院日記目録』嘉吉元年七月十日条。

(95)　註(20)・(21)参照。

第四章　室町・戦国期の東南院と九条家・東大寺衆中

はじめに

近年、中世後期の顕密寺院については、武家政権主導で進められた宗教勢力の再編のあり方が提示され、そこでは主に京都・奈良の顕密寺院の貴種僧を対象とした政策の実態が明らかにされている。(1) しかし、そこで描かれる顕密寺院像では、他方で示されている自治的な顕密寺院像とどのように切り結ぶのかが必ずしも明確ではない。この問題点を解決する上で一つの論点となるのは貴種僧の寺院内部での位置づけにあり、その検討を進める上では、貴種僧が門主として入室した院家が一つの注目点として浮上する。本章では室町期の東大寺東南院で起こった門主覚尋と東南院門徒を中心とした東大寺衆中の抗争を取り上げ、事件をめぐる諸勢力の動向を追究するなかで、顕密寺院の動向を中世後期の中央政権との関係のなかで位置づけたい。

そこでまず、中世後期の東大寺東南院に関する先行研究を整理するなかで、論点を具体化させよう。この点を考える際にまず注目されるのは永村眞氏の検討である。(2) 氏は随心院所蔵「東南擾乱縁起抄」(3)（以下「縁起抄」とのみ記す）の分析を通じて文明年中に東南院門主覚尋と衆中とが激しく対立し、「門跡錯乱」といわれた事件の性格を分析した。そして、事件の本質が門主覚尋と門徒の対立にあったこと、対立において門主を輩出した摂関家の九条家・一条家や興福寺衆徒の筒井氏・古市氏らの関与が確認されることを明らかにした（以下、本章ではこの事件を「門跡錯乱事件」と呼ぶことにする）。永村氏の検討で事件の基本的な構図が明らかになった。しかし、氏の検討は事件を通じて「中世の門跡」の存在意義を抽出する点に焦点があてられたこともあり、事件が起こった背景については、門主覚尋の寺住の少なさと寺家経営能力の欠如に対する衆中の反感、あるいは門徒による院領横奪の欲求など、門主と門徒の利害の衝突、といった中世の寺院が構造的に抱え込んでいた矛盾を示すにとどまり、事件が室町期のこの時期に起こった背景については、今後の課題として残した。

一方、畠山聡氏は中世後期の東南院領支配の推移を概観するなかで、天皇家や九条家の東南院領支配への関与について検討を加えた(4)。本章との関わりで特に注目されるのは、室町期の九条家と東南院門主の関係が門跡錯乱事件前後に広がりを持ち、衆中との対立もその前後の時期まで及ぶことを示した点である。永村氏は事件が衆中内部の東南院門徒と衆中の隔絶という形で結末を迎えるとしたが、畠山氏の検討で門主と衆中の対立が、十五世紀後期を通じた対立だったことが示されたのである。ただ畠山氏も、九条家の門跡経営への関与については、覚尋・忠厳ら九条家出身の門主が貴種九条家の「権威」を背景に興行を図ったとするにとどまる。近年、当該期の九条家が所領支配の再編を図っていたことが明らかにされているが(5)、この九条家の動向と門主の動向との関係、さらには九条家・門主と対立した衆中側の立場にも注目することで、事件の背景はより明瞭になるのではないか。そしてこの点の解明は、室町期の中央政権を構成する公家・貴種僧と寺院運営で一定の自立的なシステムを確立させた衆中との関係の一端を示すことにもなる。よって以下では門跡錯乱事件での九条家・門主側と、それに対する衆中の立場に注目したい。

なお、右の分析を行うにあたっては、中世後期の東南院門主の次第を確定する作業から始める。平安期以来受け継がれてきた東南院門主は各種の門主次第から顔ぶれを知ることができるが(6)、中世後期には各門主次第の間でその顔ぶれに食い違いがあるからである。この点はすでに上島享氏が指摘しており、(7)随心院所蔵の「東南院院主次第」(8)(以下「院主次第」と記す)と『大日本仏教全書第一二二冊　東大寺叢書二』所収の「東南院務次第」(以下「院務次第」と記す)を比較するなかで後者を「事実に即して」いるとした。しかし、畠山氏は一部の院主について「院務次第」の情報に誤りがあることを指摘している。(9)ただその畠山氏の検討も部分的なものにとどまり、門主相承には依然として不明な点を残している。この門主次第の混乱は門跡錯乱事件前後の東南院を理解する上でも障害となっており、逆にいえばその整理によって、右の課題解決に一歩近づけるわけである。

そこで以下では、まず第一節で各東南院門主次第の比較検討を入り口として中世後期の門主次第を確定し、門主とその周辺の人々の関係性を整理する。その上で、第二節では主に九条家の東南院運営への関わり方の推移、第三節では九条家・門主と対する衆中の動向・立場を明らかにするなかで、門跡錯乱事件の背景に迫りたい。

第一節　室町期の東南院門主とその周辺

中世後期の東南院門主を知る上で参考となる史料としては、既述の①「院務次第」、②「院主次第」のほか、③東大寺図書館所蔵「薬師院文書」所収「東大寺東南院記」(10)(以下「東南院記」)、④国立公文書館内閣文庫「大乗院文書第一」所収「東南院本願聖宝僧正以下院主次第」(11)、⑤「縁起抄」(12)でも確認できる。これらの史料にみられる中世後期の門主の顔ぶれを対照させたのが表17である。表をみると、覚尋までは差異がないのに対して、それ以降に違いがみられることがわかる。一人は厳宝である。彼は②では確認できず、③でも覚尋と政紹の間に不自然な形で挿入されている。もう一人は恒弘である。恒弘は②・③ともに記載がみられない。ここから厳宝・恒弘は他の院主と比較して門主としての認知度が低いといえる。このうち厳宝については永村氏・畠山氏も疑問視しているが、恒弘については特に問題とされていないようである。そこで本節では、先行研究の成果も踏まえつつ、厳宝・恒弘と東南院門主との関わりについての分析を入り口として、中世後期における東南院門主の次第と、その門主をめぐる諸勢力の関わりの実態を示したい。

一　随心院厳宝

表17　東南院門主次第比較表

院主名	①	②	③	④	⑤
聖尋	○	○	○	○	○
聖珍	○	○	○	○	○
聖助	○	○	○	○	○
観海	○	○	○	○	○
観覚	○	○	○	○	○
聖真	○	○	○	○	○
珍覚	○	○	○	○	—
覚尋	○	○	○	○	—
厳宝	○	×	(○)	—	—
政紹	○	○	○	—	—
恒弘	○	×	×	—	—
忠厳	○	○	○	—	—

註　○：記載あり．
　　×：記載を欠いている．
　　—：記載が及んでいない．

厳宝は一条兼良の子である。文明十三年（一四八一）十二月に四十九歳で死去したとあるので[13]、逆算すると永享五年（一四三三）生まれということになる。随心院の門主にいつなったのかは不明だが、おおむね十五世紀半ば頃から門主としての活動が確認できる。厳宝は父兼良とともに地方を遊歴したことで知られているが、官歴に目を向けると文正元年（一四六六）には東寺寺務（一長者）に就任し、死の直前の文明十三年六月には東大寺別当にも就任しており[14]、東大寺と無縁というわけではない。ただ「院務次第」「東南院記」以外の史料では厳宝が東南院門主を兼帯した事実は確認できない。また永村氏が指摘したように、覚尋後の門主が政紹であることは「縁起抄」に明らかである。それゆえか「縁起抄」を紹介した永村氏は、厳宝が政紹のあとに相承したものと推測している。しかし畠山氏が指摘したように、厳宝は政紹が死去した延徳三年（一四九一）より前の文明十三年には死去しているから、そのように考えることはできない。「九条家文書」所収の年欠四月十日富小路俊通書状[15]では、九条家・随心院忠厳が随心院・東南院の門主兼帯を正当化するため随心院と東大寺の関係に関する先例を示し、そのなかで随心院厳宝の経歴にも言及しているが、その際も「以㆓親厳之例㆒、故准后厳宝大僧正者、被㆑兼㆓住東大寺々務㆒候き」と、「寺務」すなわち東大寺別当との兼帯しか主張していない。厳宝が東南院門主を兼帯していたとするなら、のちに同じく随心院と東南院を兼帯しようとした忠厳が、先例としてその点を主張しないのは不自然だろう。

以上の点から、畠山氏も指摘したように、「院務次第」「東南院記」の記載は正しくなく、厳宝は東南院門主になっていないと考えられる。彼は衆中から覚尋の後の門主に推戴されたが、それゆえに後世において東南院門主を兼帯したと誤解されたのであろう。

二　勧修寺恒弘法親王

恒弘法親王は、永享三年常磐井宮直明王の子として生まれ、嘉吉三年（一四四三）に勧修寺に入室した。その後彼は永正六年（一五〇九）に死去したが、その間文安年間には勧修寺長吏を継承し、安祥寺寺務・天平寺検校を兼帯したほか、宝徳三年（一四五一）二月には東大寺別当にも補任された[16]。このように恒弘もまた東大寺と無縁ではなかった。この恒弘については、畠山氏によって文亀年間に入室が企図され、永正年間に入室が実現したことが指摘されている。しかし、この点については検討の余地がある。そこで以下では、畠山氏の指摘を再検討しつつ、恒弘の門主就任の実否と文亀・永正年間頃の門主をめぐる状況について考察を加えることにしたい。

まず文亀の例から確認しよう。東南院では門主政紹の死後、遅くとも明応末年頃から九条政忠息で随心院門主の忠厳の入室が企図されていたが、これに対して衆中が拒否の姿勢を示していた[17]。そのため文亀元年（一五〇一）のものと思われる五月二十六日東大寺実相坊正根書状[18]によると「就㆓東南院之儀㆒、今度為㆓一類輩㆒、御家門令㆓違背㆒、則常磐井殿御息、新門主定申候」とあるように、一部の門徒が家門九条家に背いて常磐井宮家の子息を新たな門主として迎えようとした。畠山氏はこの「常磐井殿御息」を恒弘と解釈した。確かに恒弘は当時も存命であり、「院務次第」の記載を重視するならば、そのように解釈する余地がないわけではない。しかし、この時点で常磐井宮の当主は恒弘の父直明王ではなく、その子（つまり恒弘と兄弟）の全明親王に移っていた。[19]またこの当時すでに七十歳前後で勧修寺宮としても広く認知され、東大寺別当の経験もあり、東大寺とも無縁ではない恒弘を東大寺僧がわざわざ「常磐井殿御息」と呼ぶのも不自然である。よってここでの「常磐井殿御息」は恒弘ではなく、別人で全明親王の子だったと考えられる。[20]なお、この「常磐井殿御息」はその後も門徒が「常磐井殿東南院へ御成候由申候」[21]と述べたように、入室が現実味を帯びていたことは確かであるが、これ以外には門主としての活動を知らせる記録は管見の限りみあたらない。門主次第にその名が留められなかったことからも、門主として実質的な活動を行った可能性は低いと考える。

また畠山氏は、次の史料から永正年間に恒弘が門主として入室したと主張している。

〔史料1〕

一、（永正四年九月頃）東南院殿御門主不㆓相定㆒之間、門徒中致㆓評定㆒、大小之事被㆓相計㆒也、

〔史料2〕

一、（永正五年）三月十日、東南院新御門主様、自㆓京都㆒定被㆑申畢、（後柏原天皇）当今第三宮ヲ（貞敦親王）伏見殿へ御養子トシテ、御門主以㆓叡慮之儀㆒、被㆓任定㆒[22]也、

〔史料1〕〔史料2〕は東大寺執行の薬師院叡実が記した「東大寺執行所日記」の一節である。まず〔史料1〕では東南院門主が定まっていないとして、門徒中で評定を行っている。次に〔史料2〕では、翌年三月に「当今第三宮」で伏見宮貞敦親王の養子となっていた人物を院主として迎えることが、京都で決定したと伝えている。これより前に門徒中で門主に関する評定が行われているから、この京都の決定は門徒の意向を踏まえたものだったと考えられる。

つまり、永正五年には門徒の意向を受けた朝廷で、それまでの門主忠厳から「当今第三宮」への門主の交替が認定されたのである。(23)

畠山氏はこの「当今第三宮」を恒弘と比定した。しかし通常単に「当今」という場合は現在の天皇を指すと思われるので、「当今第三宮」は後柏原天皇の子であると思われ、常磐井宮家出身の恒弘とは考えづらい。ここでも恒弘とは別に、後柏原天皇の皇子が東南院門徒によって推戴されたとすべきであろう。(24)なお、この「当今第三宮」は幕府よりも御教書が下されている点から、中央政権より入室が認められたことは確かであろう。ただ、この皇子も実際に門主として活動した形跡がうかがえず、どの門主次第にも名前がみえず、門主としての実態ある活動は行い得なかった可能性が高い。

以上の検討から畠山氏が恒弘入室（あるいは入室の企図）の根拠とした事例は、いずれも別人が推戴された事例であると思われる。よって恒弘が門主として活動した形跡は現状では全く確認できなくなったわけである。ここから「院務次第」にみえる恒弘の門主就任の記事は極めて信憑性が低いと考える。恒弘が門主と誤認された理由は、現状では確定することはできない。ただ「常磐井殿御息」が衆中に推戴された文亀年間に恒弘が存命していたことは確かであり、この点により後世に「常磐井殿御息」と恒弘が混同されて誤って門主の列に加えられたのではないか。

以上、厳宝・恒弘が実際に東南院門主を兼帯した可能性は低いこと、彼らが門主兼帯を誤解された背景には、厳宝本人や恒弘の一族が衆中から門主として担ぎ出されたことが大きく関係したことを指摘した。これらの検討を踏まえるならば、覚尋以降の東南院門主の次第は、覚尋（珍済）→政紹→忠厳と考えることができ、政紹と厳宝、忠厳と常磐井宮全明親王息が門主をめぐって競合し、その後、後柏原天皇息も衆中によって門主に推戴されたという構図にな

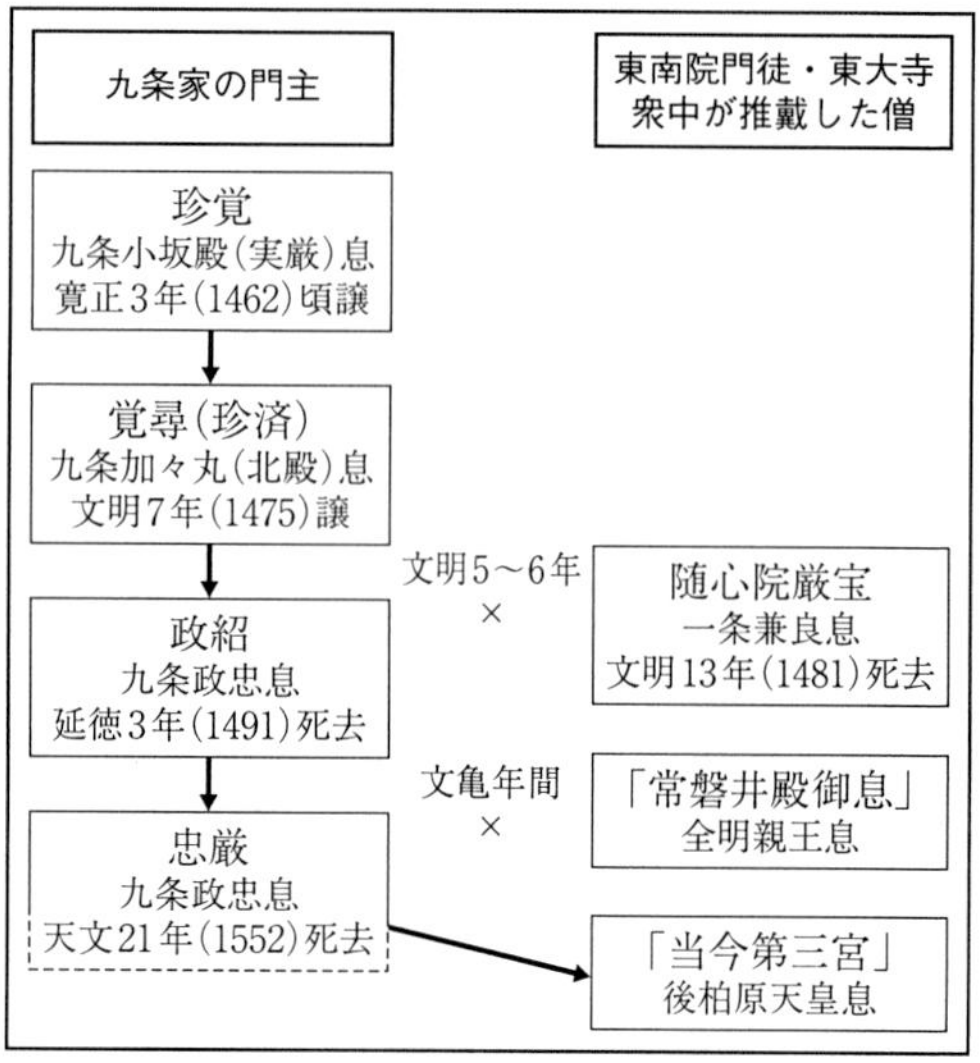

図3　中世後期の東南院門主の継承と抗争

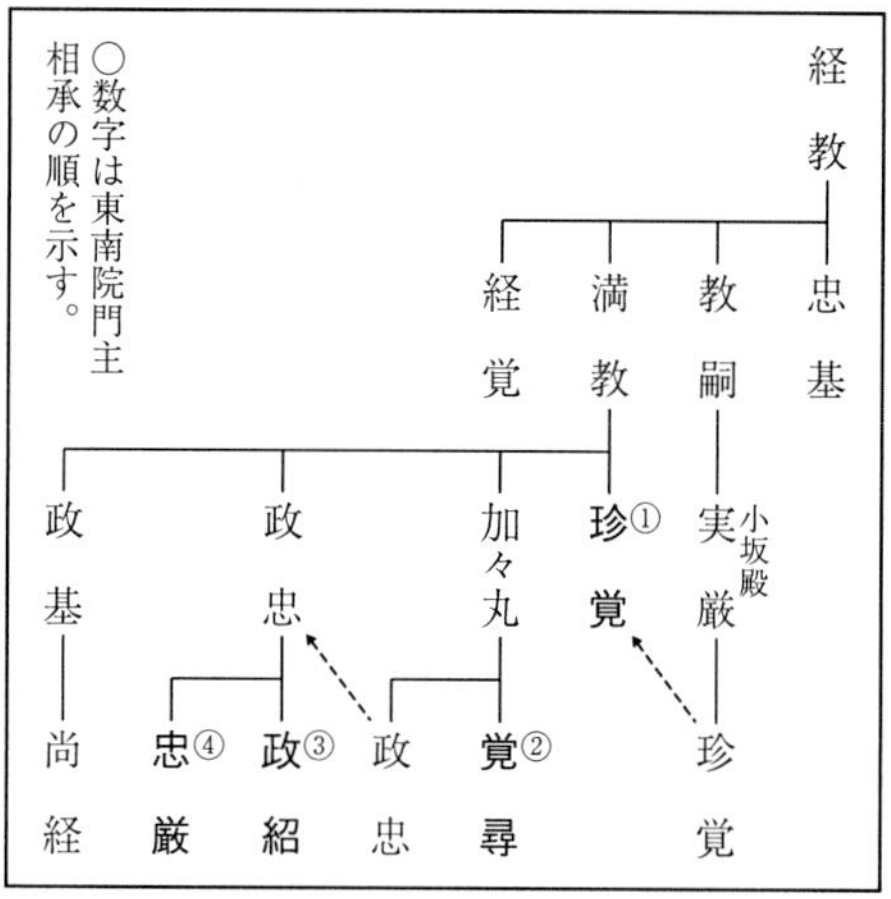

図4　九条家と東大寺東南院門主

ろう（図3参照）。覚尋以降の各種門主次第にみえる混乱は、当該期における門跡の混乱そのものを色濃く反映していたのである。

　さて、このように中世後期の門主をめぐる状況を確認した上で、門跡錯乱事件の背景という問題に立ち戻った時、以下の二点が注意される。

　まず第一に、九条家の位置づけである。本節の検討で珍覚以降、覚尋・政紹・忠厳と九条家出身の東南院門主が連続したことがより明瞭となった（図3・4参照）。当時の九条家では東南院門主を「連枝分」とまで認識していたが[25]、それはこのような実態に即した認識だったといえよう。その点を踏まえて門跡錯乱事件に戻ると、門主と衆中の対立は興福寺大乗院門主尋尊が文明六年に示した「近日在々所々相論」の筆頭に「東南院与東大寺」[26]とあげられるほど南都では有名であった点が注目される。このことは衆中の矛先が単に院家の門主一般に向けられたのではなく、ほかでもない東南院門主に向かったことを示しているからである。ゆえに抗争の原因を考える上では門跡の経営能力や借銭の蓄積といった当時の寺院全般が直面していた問題を想定するだけでは不十分であり、室町期における東南院固有の状況を想定する必要があろう。その東南院固有の状況を考える上で、当該期の東南院門主が九条家によって独占されていた点は無視できない。しかしこの九条家の動向との関係は、本章冒頭で述べたように貴種としての「権威」という点が強調され、具体的な動向はほとんど明らかになっていない。事件の背景を明らかにするには、この九条家の動向に注目する必要がある。

そして第二に、衆中側に目を向けると、本節の検討によって、特に門跡錯乱事件以降、九条家以外の家から門主を迎えようとし続けた点がより明瞭となった。このことは門跡錯乱事件における厳宝擁立が、その後の衆中の立場において一つの起点となったことを示しており、この九条家以外の僧を門主に擁立した意味を探ることによって、門跡錯乱事件が起こった背景も明瞭にすることができるのではないだろうか。

そこで以下では第二節で第一の問題、第三節で第二の問題について検討していきたい。

第二節　門跡錯乱事件と九条家

本節では、室町期における九条家と東南院運営の関連性を時代を追って検討していくなかで、門跡錯乱事件の背景に迫りたい。この点を論じる上で注意したいのは、当該期の九条家の家僕編成と家領支配の体制について検討を加えた廣田浩治氏の指摘である。氏によると、九条家では室町期を通じて家僕集団の再編成を遂げ、所領支配においては政忠期の室町中期頃から荘務担当者や家僕の直接下向の例がみられるようになり、政基・尚経期の応仁・文明期以降になると、その事例がさらに増えるという(27)。永村氏・畠山氏の検討にみられるように、東南院の問題は、主に寺領をめぐる抗争という側面があったことを考慮するならば、抗争の背景に廣田氏が指摘した九条家の家領支配の動向が関わりをもった可能性は十分に想定できよう。よって本節でもこの点に留意しつつ右の点を検討したい。

一　長禄年間――抗争の萌芽

九条家と東南院との関係が生まれたのは、のちの珍覚が九条満教猶子として入室した正長二年（一四二九）六月のことである(28)。当初の九条家と門跡の関係を知る上でまず注目されるのは、次の〔史料3〕である。珍覚の入室から間もない永享三年（一四三一）二月、九条家では東南院門跡中での東室僧正光海の自専を停止するよう東南院門徒に命じ、併せて今後門跡に祗候するしかるべき人物を注進するよう命じたが(29)、〔史料3〕はそれをうけて東南院門徒側からそのしかるべき人物を注進したものである。

〔史料3〕

東南院御門□注進交名

隆盛弁権大僧都　　永盛按察法橋

賢海帥擬講　　延海大夫擬講

光舜播磨寺主

以上
於二門跡中一人躰五人事、被二仰下一候交名、則注進仕候、此外東室（光海）僧正・西南院法眼等七人、此間毎事令二評定一、致二其沙汰一候之間、此五人注進仕候之由、可レ有二御披露一候、恐惶謹言、

二月六日　申刻　　法橋永盛請文

御奉行所（30）

史料より、門徒側から門跡中の主要な決定を行う人物として五人の名が注進されていることがわかる。ただここでは「此間毎事令二評定一、致二其沙汰一候」とあるように、この前後の時期には七人の門徒が評定によって門跡の運営を行っていた点に注意したい。

九条家がこの請文をとったのは門徒の一人東室光海の自専停止を制御することにあったので、同家がこの時期から門跡の運営に介入しようとした姿勢をうかがうことができるが、この史料前後の分脈からも門徒の評定による運営自体は否定していない。東南院では室町期には門徒の評定が運営の核にあり、東南院と関わりをもち始めた九条家も、当初はその評定による運営体制を否定してはいなかったのである。

しかし長禄年間頃になると、このような体制は若干変化していた。それは次の『大乗院寺社雑事記』長禄四年（一四六〇）二月五日条からうかがわれる。

〔史料4〕

一、東南院禅師（珍済）昨日自二京都一下向、被レ居二安位寺殿（経覚）一云々、去月上洛、門跡候人等致二催促一故歟、不レ被レ居二門跡一而安位寺殿ニ被レ居条如何、不レ可レ然事也、惣而彼院家近年無二正躰一、先門跡（珍覚）所行也、院家領大略不知行云々、仍為二九条殿一御計子細在レ之、奉行南坊済尊僧都也、今度候人等訴二申-入済尊一云々、両方相論無二覚悟之儀一者

也、(31)

史料では、東南院門徒（候人）らの催促で門主珍済（のちの覚尋）が京都から下向してきたが、東南院門跡に入ることなく、同じ九条家出身の前興福寺大乗院門主経覚がいた古市に入ったことを伝え、尋尊はそれを非難している。その上で尋尊は東南院が近年正体ないこと、その内実が前門主珍覚の所行(32)と門跡領の不知行によるものであったことを示し、今回の訴えは東南院門徒が九条家より院領の奉行に任じられていた「済尊」（斎尊）なる人物を訴えたことを記している。この部分ではどのような内容で訴えたのか判然としないが、『経覚私要鈔』によると、門徒等は「依二下用事一及二連署一(33)」とあるから、奉行斎尊の院領経営に対する不満を門主珍済に訴えようとしたものと考えられる。

この門徒の訴えは功を奏したようで、『大乗院寺社雑事記』長禄四年二月十日条には「東南院門主昨日被レ移二門跡一云々、院領事退二大聖院《済尊》一、為二門跡内者一可二沙汰一之由治定云々」とあり、門主の門跡入りとともに院領の奉行も斎尊から「門跡内者」に移った。この「門跡内者」の奉行とは『経覚私要鈔』長禄四年二月九日条に「次□□奉行事、南坊斎尊雖レ致取□□辞申上者、永深按察寺主、実相坊良重・□□〔安楽〕坊順実両得業、宰相公祐済、以二判形一可レ取二年貢一之由申二付之一、至二細々用事一者、令レ祗二候門跡一間、雖二修学者一万事可レ致二奉行一之旨仰二付之一」とあるように、複数の東南院門徒らによる奉行を示しており、要するに〔史料3〕で示した永享年間の複数の門徒による運営体制に戻ったわけである。

この事例で注意したいのは以下の点である。

まず第一に、これより前の時期に九条家が院領の不知行への対応策として奉行に斎尊なる人物を据えている点である。この斎尊（賢祐ともいう）(34)について永村氏は東大寺止住の三論宗門徒とし、畠山氏は「経覚の内なる者」としたが、彼は「九条南坊斎尊(35)」と記されたように、南都に拠点を置いておらず、京都九条の南坊（南院）に居住しており、

（表 18 つづき）

	を遂げ，その後古市に帰る．	
文明12（1480）	7 月 10 日　興福寺六方衆，東南院借下の事に関連して今在家の小家に進発．	雑文明 12･7･10
文明13（1481）	6 月 7 日　随心院厳宝，東大寺別当に就任．	東大寺別当職事条々（雑 7 巻 305 頁）
文明16（1484）	6 月 28 日　東南院門主政紹が醍醐寺三宝院に入室・兼帯．	雑文明 16･7･1
延徳 3（1491）	8 月　門主政紹，兼帯していた三宝院を追い出され，南都に下向．	雑延徳 3･8･12
	12 月 27 日　門主政紹死去．	東南院務次第
明応 3（1494）	随心院忠厳，東南院相続が内定．しかし，東大寺で衆中に披露するも承認されず．	九条家文書 2055，2057
明応 7（1498）	8 月 24 日　東南院門徒，一味同心して東南院の再興に尽くすことを起請文で誓う．	九条家文書 2052
文亀元（1501）	5 月　東南院門主について門徒等は随心院忠厳の兼帯を容認せず，常磐井殿若君に決定．	雑文亀元・5･9
	9 月　九条家，門徒中の錯乱について幕府・官務衆徒古市澄胤を通じて制止を加え，それに従わない者の交名注進を命じる．九条家，東南院勾当職について押領していた良範を退け，実相坊正根を補任するよう命じる．	慈文亀元 7～9 月
永正 4（1507）	9 月　東南院門徒，門主が決定していないとして門徒中で評定を行う．	東大寺執行所日記
永正 5（1508）	3 月 10 日　東南院新門主として後柏原天皇の子で伏見宮貞敦親王養子となった人物を迎えることが決定．	東大寺執行所日記

註 「典拠」の略称は以下の通り．
「雑文明 5･2･11」:『大乗院寺社雑事記』文明 5 年 2 月 11 日条
「縁 2 オ」:『東南擾乱縁起抄』2 丁表
「慈文亀元 7～9 月」:「後慈眼院殿雑筆文亀元年 7 月～9 月」

（表18つづき）

文明 6(1474)	4月　兵庫関代官職について衆中の評定が紛糾したため，東南院門主覚尋に判断を求める．	緑2オ
	5月19日　門主覚尋，中島帯刀を東南院管領の「検校所分代官」に補任する奉書を発給．	緑6オ
	閏5月3日　東大寺衆中が年預五師覚延と円祥坊盛海を門主覚尋のもとに派遣し，中島帯刀の兵庫関代官からの退任を求めるが，合意に至らず．	緑8ウ〜9ウ
	閏5月4日　東大寺衆中は門主覚尋の罪を問うことを決議し，東南院の発向を企てる．	緑9ウ
	閏5月5日　東大寺衆中，東南院へ発向・乱入．覚尋は奈良から古市迎福寺へ逃れる．	緑11ウ・12ウ
	閏5月6日　東大寺衆中と東南院門徒が門主覚尋を排除し，一条家「若君」に交替させるよう京都に訴訟．	雑文明6・閏5･6
	閏5月13日　東大寺衆中事書をうけて，東南院門主側からも申状を草する．	緑13オ〜14ウ
	閏5月17日　東大寺衆中，再度東南院へ発向・乱入．	緑25ウ
	6月2日　東室光任・東南院門徒が東大寺衆中の意思として，東南院門主を一条兼良の「若君」に定めたことを大乗院門主尋尊に伝える．	緑15ウ，雑文明6・6･2
	6月下旬　東大寺衆中より重事書が提出され，伝奏より東南院門主に送られる．それをうけて東南院門主側よりも事書・指示が提出される．	緑16オ〜18ウ
	7月4日　門主覚尋，近江坂本へ下向．	緑28オ
	11月12日　九条政基が伝奏日野勝光に対して家門として門主覚尋後援の意思を伝える．	緑36オ
	12月12日　東南院の新門主を「九条御息」とする室町幕府奉行人奉書が発給される．	緑34オ
	12月下旬頃　京都の奉書に従わないよう東南院門徒が東大寺衆中に対して提案するも，寺僧は退出．	緑35ウ・36オ
	12月24日　覚尋が尋尊に書状を出し，東大寺衆中・東南院門徒からの策動に乗らないよう要請．	緑39ウ・40オ
	同日　大乗院門主尋尊が門跡錯乱について事情を知らない旨，覚尋に返信する．	緑40ウ〜41ウ
文明 7(1475)	2月4日　九条家より東南院勾当盛海を改替するよう命じる奉書が発給される．九条御息の東南院入室を認める幕府の裁許に対して東大寺衆中・東南院門徒は反対．興福寺六方衆に同意を求める．	緑46ウ，雑文明7・2･14
	2月18日　盛海が東大寺衆中の集会を催し，九条御息の門主就任を用いないよう働きかけたが，寺僧は用いず．	緑50オ・50ウ
	8月　前門主覚尋が五師子如意を持って逐電したとして，東大寺衆中から筒井に糺明を依頼．	雑文明7･8･8
文明 9(1477)	8月　「東南院若君」（政紹）が寺務坊の東室で入室の儀	雑文明9･8･3

表18　東南院門主と東南院門徒・東大寺衆中との対立に関する年表

年　　月	事　　　　　　項	典　　拠
正長 2(1429)	6月27日　九条満教猶子(のちの珍覚)が東南院門主として入室.	満済准后日記
永享 3(1431)	2月　九条家(?)より東南院門跡における東室光海の自専を停止するよう命じる.	九条満家公引付
文安 6(1449)	6月　門主珍覚が門徒に対する不満から隠居を表明. しかし門徒・候人の説得で思いとどまる.	経文安6･6･14〜18
康正 2(1456)	2月17日　九条家から経覚を通じて門主の借物について東南院坊官に何らかのことが伝達される.	経康正2･2･17
康正 3(1457)	3月20日　東南院門主の前で坊官永深・宰相公祐済が博奕を打ったとして官務衆徒より罪科に処される.	雑康正3･3･20
	4月　門主珍済, たびたび深夜に供を連れず大仏・八幡に参っているとして経覚・門徒がいさめる.	雑康正3･4･25, 経康正3･4･18
長禄元(1457)	10月22日　経覚, 東南院坊官永深の免除嘆願を九条政忠に伝える.	経長禄元・10･22
長禄 2(1458)	9月27日　東大寺三論宗より経覚に東南院の本地供料無沙汰の件について書状あり.	経長禄2･9･27
	12月16日　東南院領の奉行について九条家より経覚を通じて東南院に指示あり.	経長禄2･12･16
長禄 4(1460)	2月4日　経覚, 東南院の水門公快賢・宰相公祐済を召し, 東南院の下用のことを尋問. 門主珍済が門徒等の催促により京都から下向. 経覚のいる古市に入る.	経長禄4･2･4, 雑長禄4･2･5
	2月10日　門主珍済が門跡に入る. 東南院領奉行は南坊斎尊が退き, 門跡内者(永深・良重・順実・祐済ら)で奉行するよう, 経覚が命じる.	経長禄4･2･9, 雑長禄4･2･10
	2月26日　門主珍済, 今度の「院家錯乱」に尽力した経覚に礼として贈り物をする.	経長禄4･2･26
寛正 2(1461)	2月16日　経覚, 東南院の宰相公祐済・水門公快賢に東南院の負物につきいろいろ命じる.	経寛正2･2･16
応仁 2(1468)	10月23日　東南院門主覚尋が南都に下向(この間3・4年は在京).	雑応仁2･10･25
文明 3(1471)	2月27日　東大寺衆中, 東南院門主借物の件について公人を派遣.	経文明3･2･27
文明 4(1472)	5月22日　東大寺衆中蜂起, 大部荘の件に関して東南院坊官民部卿寺主の坊を破却. 門主覚尋も古市に没落する.	雑文明4･5･22
文明 5(1473)	2月　東大寺内で覚尋を門主から外し, 随心院厳宝か一条家「若君」を新門主として迎え入れようとする動きが表面化.	雑文明5･2･11
	7月　東大寺衆中(?)が正法院守藝のもとへ発向, 東南院(門主覚尋)が面目を失う.	雑文明5･7･28

彼の活動も東南院門主・経覚のもとだけにとどまらず、京都の九条家と奈良における九条家一族の東南院門主・前大乗院経覚との間での使者、彼等の外出への供奉、九条家領・東南院領への使者としての下向、など広く九条家関係者のもとで確認される。[36]つまり、斎尊は九条家に属する人間であり、九条家は東南院の奉行に東南院の門徒ではなく、自家の家僕ともいえる人物を据えたわけである。斎尊の奉行就任の時期は厳密に確定できないが、「近年」のことであるはずであるから、それほど時期を遡ることはないであろう。十五世紀半ばの九条家からは永享期から一歩進んだ院家の運営意欲を見て取ることができよう。

そして右の点を踏まえた上でもう一つ注意したいのは、この事件を経覚が「院家錯乱」[37]と記しているように、九条家・門主側と衆中の対立が表面化した最初の例として位置づけられる点である（表18参照）。両者の対立の底流に衆中側の院領横奪の欲求があったかもしれないが、それが具体的な抗争へ発展する際には九条家・門主側の院領経営への積極的な関与という動向が大きな意味をもったのである。

以上のように長禄の「院家錯乱」は、文明の門跡錯乱事件の前提として重要な意味をもつ事件であった。ただ、この段階ではその対立が、暴力をともなう全面抗争に発展することはなかった。その理由は調停者としての前大乗院経覚の存在が大きい。経覚は九条経教の子であり（前掲図4参照）、畠山氏も指摘したように同じ九条家出身の院主が続いた東南院の運営にも深く関わりをもった。ただ経覚の関わり方で注意されるのは、彼が九条家出身であるにもかかわらず、必ずしも九条家の利害にのみ忠実だったわけではなく、門主と対立する門徒側の僧とも対面する（表18参照）など、九条家・門主と門徒の間で仲介者的な役割を果たしていた点である。ゆえに、文明六年（一四七四）の門跡錯乱事件に接した大乗院尋尊は、「彼進退事、自二先年一及二其沙汰一事也、雖レ然安位寺殿（経覚）一期間者、不レ可レ及二是非一旨、両寺申合云々」[38]と記したのであり、経覚は双方の対立が先鋭化するのを防ぐ役割を果たしていたのである。

二 文明年間――全面抗争への発展

しかし文明年間には再び対立が表面化し、門跡錯乱事件にいたった。注意したいのは、事件の推移において長禄「院家錯乱」との共通性を見出せる点である。

たとえば永村氏が指摘したように、抗争は東大寺領の兵庫関をめぐる問題を起点としたが、きっかけは覚尋が東南院の知行する検校所分について、新たに検校所分代官職を補任し、別納化を図ったことにあった。ここには長禄の時と同様に、門主側の院領運営における新たな措置が衆中側の反発を招いたという構図を見出すことができる。

またこの頃以後、九条家関係者の院領への関与がふたたび確認されるようになる点も注目される。たとえば、斎尊は「縁起抄」によると文明錯乱事件の頃には「備前・播磨等弥不レ可レ有二正躰一、方々付二意見一、南坊彼国方下向也(39)」と、備前・播磨の東南院領に派遣され、「近日自二備前方一、南坊少年貢等可レ被レ上歟(40)」と収納の実務にあたっていた。文明錯乱事件後の文明九年にも「此間幡〔播〕磨・美作御領号二東南院借下一、南坊兄弟押二領之一、東大寺之鬱憤無二是非一」と、院領を押領したとして門徒と対立している(41)。また斎尊以外では、東南院領伊賀国簗瀬荘でも文明錯乱事件の頃には兆阿(42)・貞紹(43)が派遣されているが、別稿で述べたように、彼らも斎尊同様に東南院門主だけでなく、九条家関係者の間で活動していた人物であり、延徳・明応年間にも九条家・門主による簗瀬荘の支配に関与していた(44)。そして大和石川荘では文亀元年(一五〇一)年に本間加賀祐舜が奉行していたが(45)、この本間加賀祐舜は元は随心院坊官であり、九条家の家僕的な働きをした人物として知られている(46)。これらの点を踏まえると、覚尋の兵庫関における積極姿勢も九条家の院領支配への関与という動向の一端として位置づけられよう。

以上の点から、文明の門跡錯乱事件は長禄の「院家錯乱」事件の再燃としての位置づけを与えることができる。長禄年間に一度は収束したかにみえた両者の対立が再燃した背景には、両者の調停者としての役割を果たした経覚が文明年間には老境に入り、同五年には死去したことが大きな意味をもったものと思われる。[47] 調停者を失った九条家・門主と衆中は文明年間になると小競り合いを見せ始め（表18参照）、そして同六年には全面的な抗争に突入していったのである。

以上、九条家の院領支配への関与という視点から衆中との抗争の推移を検討した。その結果、長禄年間における抗争の表面化、文明年間における抗争の再燃・恒常化という流れを確認した。以上の流れからは長禄年間頃が九条家・門主側の動向にとって一つの転機であったことが確認できるが、この転換の背景を考える上で注意したいのが廣田氏の指摘である。先述のように、氏は九条家では室町期を通じて家僕集団の再編成を遂げ、所領支配においては政忠期の室町中期頃から荘務担当者や家僕の直接下向の例が見られるようになり、政基・尚経期の応仁・文明期以降になるとその事例がさらに増えることを示した。[48] 興味深いのは荘務担当者の家僕下向の初例としてあげられたのが、南坊斎尊による九条家領尾張二宮への下向の事例だったことである。斎尊は九条家の所領支配体制の再編におけるキーマンの一人だったのであり、東南院領への関与の強化もまた室町中期から進展する九条家の所領支配体制の変化と軌を一にする動向だったと位置づけられよう。

永村氏が指摘したように長期的に見れば中世の東南院領では門徒が下知を下すという動向がしだいに定着しつつあった。しかし、右で確認したように室町期には門徒の「横奪」は貫徹しておらず、一方で九条家が貴種の権威という枠にとどまらず、九条家領支配体制の再編という動向を背景として東南院領の支配にしだいに具体的な関与を深めており、覚尋もまたその流れのなかで院領支配に新たな姿勢を示し始めていた。室町期の門跡運営で拮抗した九条家・

門主と門徒は、長禄年間に対立を表面化させ、両者の矛盾を調整する役割を果たした経覚の老衰・死去により全面的な抗争に突入していったのである。

第三節　門跡錯乱事件と東大寺衆中

前節の検討を衆中の側から捉え直すと、九条家の院領支配への介入に対する反発が、経覚の死とともに爆発したといえる。文明年間に衆中が門主の追放を求め、一条家出身の門主を推戴するという行為に出たのもその延長線上に位置づけられよう。ただ、門主の推戴という行為についてはもう一つの背景があるように思われる。以下ではこのもう一つの背景を検討したいが、その際以下の二点に注意したい。

まず第一に、新たな門主の推戴に及んだ文明年間がほかでもない応仁・文明の乱の最中の時期にあたる点である。乱が寺内の貴種僧や衆中の関係に少なからぬ影響を与えたことは、前章の西室公恵をめぐる関係からも指摘した通りであるが、東南院門主と衆中の関係もその例外ではなかったのではないだろうか。

第二に、九条家以外を家門とする門主を推戴するという衆中の行為が、厳宝以後も繰り返された点である。そこには衆中のなかに一貫した方針があったものと推測される。ゆえに考察では、厳宝に限らず、常磐井宮息・後柏原天皇息、さらにはそのほかにも衆中と親密な関係にあった貴種僧とその家門なども考察の視野に入れる必要があるだろう。

そこで本節では、まず応仁・文明の乱をめぐる政権内部の対立が、門主覚尋と衆中の対立にどのように関係したのかという点を示す。次に衆中側が門主に擁立した貴種僧とその家門、さらには衆中と親密な関係をもった貴種僧とその家門の特性を明らかにするなかで、衆中側の中央政治に対するスタンスを示す。そして以上の検討を通じて、門跡錯乱事件において衆中側が門主覚尋を排除し、一条家出身の門主を推戴した意図を示すことにしたい。

一　門主・衆中の対立と応仁・文明の乱

応仁・文明の乱と門跡錯乱事件の関係を知る上で注目したいのは、次の〔史料5〕である。この史料は「縁起抄」(49)に記された兵庫関をめぐる衆中側の盛海・覚延と門主覚尋との問答の記事である。両者の争点は、兵庫関の内東南院が管領する検校所分について東南院覚尋が関全体とは別に新たに代官職を設け、その代官職に細川典廏家の政国より推挙のあった中島帯刀を補任したことを認めるかどうかという点にあった。ここでも両者はその点について、次のように問答している。

〔史料5〕

一、六月三日、当寺学侶等集会、及二神水等沙汰一云々、彼関（兵庫関）事也、自二衆会席一、則以二両使盛海・覚延一申云、彼関検校所分別納不レ可レ然、所詮、成二返下知一、可レ被レ退二帯刀（中島）一、若無二其儀一者、当門可レ及二難義一、是非御返事、可二承切一之由申レ之、余（覚尋）則対面云、誠彼別納之事、当門例所レ定沙汰歟、但検校得分已下、近年余無二正躰一之間、於二門跡方一□□（如此カ）之沙汰、非レ無二其謂一歟、肝要又付二是非一、已如レ此沙汰了、只今称二迷惑一、帯刀可レ退旨、可レ成二返奉書一段、外聞実儀余可レ被二口惜一、此段、又敵ナレ御方ナレ宜レ為二遺迹一、所詮□□無為可レ然、可レ在二思慮一、肝要寺門返事之趣者、只今即時奉書可二成帰一之段、更不レ可レ叶、其上今度之式、典廏（細川政国）吹嘘也、彼右馬守（頭）、当時細川悉皆也、頗於二京都一可レ謂二権威之躰一、(a)仍云二彼方之儀一、又公儀肝要也、被レ任二上裁一者、早々可レ止二自他之執情一、尤可レ然儀之上者、急可レ有二其沙汰一之由返答、両使申云、(b)近日京都之時宜、万々無二正躰一、縦又雖レ経二上裁一、寺門之為二理運一者可レ然、若於レ有二異儀之御成敗一者、及二大訴等一、更不レ可二叙用申一上者、無益也、肝要

く、　御返事承切、及二寺門滅亡一候歟、門跡滅亡歟、可レ被二一決一之由申、（後略）

史料で衆中側は、覚尋に中島の代官職を認めた補任状（「下知」「奉書」）を取り返すよう求めたのに対して、覚尋は外聞や中島を推挙した細川政国の権勢を理由に拒否している。注意したいのは、両者の東軍方に対する認識が読み取れる傍線部である。

まず傍線部(a)は覚尋の認識である。彼は公儀・上裁、なかでも東軍方細川氏の意向に従うことで状況を打開できると考えており、ここからは覚尋の東軍への依存を読み取ることができる。実際、乱中の覚尋は東軍方から東大寺別当に補任されたのに対して[50]、西軍方の斉藤妙椿からは「今般之式、当寺務（覚尋）令レ称二敵方一、持是院濃州方年貢等不レ及二涓塵之運上一[51]」とあるように、「敵方」とみられ、美濃の寺領（大井荘）からの年貢納入を阻止されていた。九条家は後の政基の時代にその子を細川政元の養子に入れたことで、細川宗家と親密な関係を築いたことが知られているが[52]、覚尋の細川宗家依存もその後の九条家と細川家との関係の前提として位置づけられるかもしれない。

一方、傍線部(b)は衆中側の認識である。彼らは近日の京都が混乱していることから、上裁を経る場合でも、衆中が理運と考えていることであれば良いのであり、上裁が衆中の意向に沿わない場合は、「大訴」に及んででも受け入れない、と考えていることがわかる。ここからは、東軍に対して自立的な衆中の立場を読み取ることができよう。なお衆中の自立とは両軍との関係を単に断ち切ってしまうことを意味しない。たとえば衆中は「則大井庄等濃州年貢申二合持是院妙椿一、於二会料分一者任二雅意一令二納所一[53]」とあるように、西軍方の斉藤妙椿と申し合わせて諸供料の収取を実現する一方で、東軍側の法廷における覚尋との相論の過程では、「為二寺門一、以二事書一、公方訴申[54]」「自二寺門一付二伝奏一捧二事書一[55]」と独自のルートを駆使して東軍側に訴訟を提起していた。つまり衆中は双方との関係を絶ったわけではなく、むしろ双方ともに関係を維持しつつも、それぞれから一歩間を置いて、寺側の主張を強硬に押し通すことで利益を守ろうとしていた。まさに中立的な立場にあったといえよう。

しかしそのしたたかな衆中も、東軍に依存する覚尋に対しては極めて冷淡であった。このような衆中の態度が覚尋に限ったことではない点は、前章で検討した西室公恵との関係からもうかがえる。西室公恵は乱の勃発と同時に西軍方に与したが、衆中はこの公恵とも対立関係にあったからである。乱において中立的なスタンスをとった東大寺衆中は、東西片方の勢力に与した貴種僧に対して、極めて冷淡だったのである。

二　東大寺衆中による門主擁立の意味

右のような衆中のスタンスを踏まえた上で、次にその衆中による新たな門主推戴という動向の意味について検討したいのであるが、その際には貴種僧というよりもその家門自体の性格に注目したい。これは以下で検討対象とする貴種僧が、いずれも家門の強い影響下にあると考えられるからである。よって以下では、応仁・文明の乱中から乱後の時期にまで視野を広げ、衆中から門主として推戴された貴種僧の家門として、一条家・常磐井宮家・天皇家を取り上げ、また門主の問題とは無関係ながら、当該期の衆中と特に親密な関係にあった貴種僧の家門として三条西家の性格も考察し、そのなかで新たな門主推戴の意味を考えたい。

（1）　随心院厳宝と一条兼良

門跡錯乱事件で衆中から門主推戴の候補としてあがった随心院厳宝の家門一条家の当主は、有名な一条兼良である。厳宝は兼良の美濃下向に同行しているように、一体的な活動がしばしば確認される。そこで以下では家門の兼良に注目してみよう。兼良については室町幕府関係者との関係がよく知られる。たとえば応仁・文明の乱においては兼良が厳宝とともに西軍斉藤妙椿の勢力圏である美濃に滞在した例がみられる一方で、乱後には義尚の師となり、義政・富子の信任も得ている[56]。しかし注目したいのは、近年これとは別に天皇家、なかでも崇光院流皇統との紐帯という点が示されている点である。この点を指摘した田村航氏によると、足利義教政権下で有職家として二条持基の後塵を拝した兼良は、事態の打開を図って後花園天皇の生家伏見宮への接近を始め、以後十五世紀後半にいたるまで崇光院流皇統を支えたという。ゆえに応仁・文明の乱で朝儀が停廃した際には、朝儀の保存・再興に取り組み、そこに兼良が有職学を進展させた背景をみたのである[57]。またこれと関連して田村氏は、その兼良が応仁・文明の乱勃発直後の応仁元年（一四六七）七月に、後花園院の勅使として調停のため幕府に派遣された例を示している[58]。兼良は文明五年にも「自㆓今出川殿《（足利義視）》㆒御進上事、巨細以㆓御書㆒被㆑申㆓太閤《（一条兼良）》㆒了、自㆓持是院方《（斉藤妙椿）》㆒取進上、則被㆑上㆓于京都㆒了[59]」と、乱の和平交渉において西軍の足利義視の進退伺いの書を京都の東軍方に遣わしており、東西両軍の和平を仲介する役割を果たしていた。この点を踏まえると、武家との関係においても決して特定の勢力と深い結びつきを有するといった性格のものではなかったといえよう。

なお、このような兼良の立場は、その子で厳宝の兄弟にあたる大乗院尋尊にも見出せる。安田次郎氏によると、応仁・文明の乱における尋尊のスタンスは、当初はやや東軍寄りだったものの、文明二年（一四七〇）には中立的な立場が確立したという[60]。

兼良・尋尊の動向からは、一条家の朝廷・天皇に近い立場、そして東西両軍の抗争に対する中立的な立場を読み取ることができよう。

（2）　皇族の僧と常磐井宮家・天皇家

第一節では、衆中が厳宝擁立に失敗した後も、文亀年間には「常磐井宮御息」、永正年間には後柏原天皇「第三宮」を擁立したことを示した。

このうち前者の常磐井宮家は亀山上皇を祖とする大覚寺統の家ながら、北朝政権との関係が深く、南北朝期以来の当主はおおむね親王宣下を受けており、伏見宮家などと並んで世襲的な宮家を形成したことで知られている。この点を検討した松園斉氏によると、このような世襲親王家はその子息を天皇の猶子として門跡寺院の門主として送り込むことで、天皇家を「家」として安定させる役割を果たしたという(61)。この点を後柏原天皇息の擁立と併せて考えると、衆中は天皇家あるいはそれに準じる家からの門主擁立を図ったといえよう。

二人の貴種僧や常磐井宮全明親王が応仁・文明の乱においてどのようなスタンスをとったのかという点は不明といわざるを得ないが、少なくとも天皇に近い存在であった点で、一条兼良・厳宝の例と共通性を見出すことができる。

（3）　西室公順と三条西実隆

以上のように衆中から門主に擁立された僧とその家門をみると、①衆中と同様、武家の抗争に対して中立的である、②天皇に近い立場にある、という要素を見出せるが、それを踏まえた上で注目したいのが、西室院主の公順とその家門三条西実隆である。東大寺西室では先述のように、応仁・文明の乱中に正親町三条実雅猶子の院主公恵が足利義視との関係を背景に西軍方につき、衆中と対立したが、この公恵が延徳三年（一四九一）に死去すると、三条西実隆息の公順が門主を継承した。ここでわざわざ東南院門主に関わりない公順と三条西実隆に注目するのは、公順の門主就任後、西室・三条西家が衆中と親密な関係を築いていたからである。それは次のような例からも確認できる。

第一に、明応七年（一四九八）十一月、三条西実隆は東大寺領摂津国水無瀬荘について九条家被官の石井山城守親治[62]と交渉し、寺家の本役として六貫五〇〇文を確保している[63]。実隆はこの件について「連々勧学院執申之間、令レ入二魂九条一」[64]と、東大寺寺僧で西室坊人であった勧学院の取次ぎにより、九条家に働きかけたと述べている。

第二に、永正五年（一五〇八）・六年の周防国衙領返還の交渉である。鎌倉期以降、東大寺が支配し続けた周防国衙領は、延徳年間に大内氏の支配下に置かれたが、永正六年に東大寺に還付された。この還付は、前年に足利義稙を奉じて上洛した大内義興に対して東大寺衆中が閉門を交えた訴訟を展開するなかで、三条西実隆が大内義興と親密な関係にある勘解由小路在重と交渉を進め、その交渉が功を奏した結果成立したものであった[65]。末柄豊氏は、三条西実隆が交渉に臨んだのは「朝廷を代表してあるいは東大寺の意を承けて」のことであったと指摘している[66]。この点は妥当な指摘であると考えるが、さらに注意したいのは、実隆が交渉の停滞している時期に「此事無二落居一者、西室奉行事、為二寺門一可二召放一候、然者、愚老失二面目一之子細、進退惟谷候」[67]と、交渉が上手くいかなければ西室公順の奉行職が衆中から召し放たれて実隆も面目を失ってしまう、と述べている点である。ここでの「奉行」が具体的にどのような職務なのかは不明だが、少なくとも実隆の交渉への関与が西室公順の周防国衙領に関わる何らかの奉行の職務に関わるものであったことはわかる。

第三に、東大寺の造営・修理事業である。すでに大永年間には、永正五年の火災で焼失した東大寺講堂について西室公順が再建に関与しているが[68]、特に注目されるのは天文年間の修造事業である[69]。まず、天文三年（一五三四）には、鎮守八幡宮の修造事業について、西室公順より禁裏に上葺奉加を申請し、三条西公条（実隆の子）が遷宮・上葺の日時を建議したのをうけて、勧進のことで美濃国に綸旨を下し、遷宮の日時が公順に伝えられている[70]。また天文五年には、大仏殿の瓦葺き替えの勧進を命じる綸旨が公順に下されたが、この綸旨は三条西公条の申し出に基づくものであった。[71]また同時期には『八幡宮縁起絵巻』『東大寺大仏縁起絵巻』『二月堂縁起絵巻』など東大寺に関わる縁起が集中的に作成された。これらの詞書は、西室公順のほか、三条西公条・後奈良天皇・青蓮院尊鎮法親王の寄合書によっていた。[72]むろん詞書は能書ゆえに依頼されるものであるから、それを担当すること自体、即時に寺との親密な関係を意味するわけではないが、[73]修造・勧進をめぐる西室・三条西家の関わり方などをみるならば、これもまた三条西家・西室による寺家の修造事業への貢献という文脈のなかに位置づけていいのではないだろうか。

以上の事例から、西室・三条西家と衆中の関係が良好なのは明らかであろう。そして注意したいのは、先行研究において実隆が政治的には武家政権の抗争に対して中立的であったとされ、天皇の側にあり朝廷の復興に尽くした人物として知られている点である。[74]ここからは衆中から東南院門主に推戴された僧の家門の立場と共通することがわかる。

以上の検討から、応仁・文明の乱後の衆中が東南院門主の問題に限らず、武家の抗争に対して中立的で、天皇・朝廷に近い家に接近したことはほぼ間違いないであろう。このような門主の選択が衆中の乱におけるスタンスと密接に関係したことはいうまでもない。応仁・文明の乱は、武家政権の動揺が明白になった抗争であった。衆中はその抗争に直面したときに中立的な立場を取った。それゆえに貴種僧との関係でも武家の抗争に対して中立的な家との関係を重視する方針をとり、それは結果として、天皇に近い立場の家との連携という形をとった。門跡錯乱事件で東軍方細川宗家との関係を重視する覚尋と対決し、一条兼良の子厳宝を擁立した衆中の動向は、右のような応仁・文明の乱以後の武家政権に対する衆中のスタンスと、それに連動した対貴種僧関係の出発点として位置づけられるのである。

おわりに

以上、東南院門主と衆中の対立の性格について、門跡錯乱事件前後の九条家・衆中の動向に注目して検討を加えた。その結果、以下の二点が明らかになった。

まず第一に、抗争の背景の一つとして十五世紀半ば頃からの九条家による積極的な所領経営体制の再編という動向が関係しており、これにともなう衆中との対立が両者の調停者となっていた経覚の死により、文明年間に門跡錯乱事件に発展したことを示した。

なお、醍醐寺三宝院では延徳三年(一四九一)八月に、東南院と兼帯していた九条家出身の門主政紹が同院から追い出されるという事件が起こっている。[75] また随心院では永正年間に当時九条家と随心院が共同で管理していた山城小塩荘の支配をめぐって、九条家の介入を嫌う門主忠厳や門徒が九条家と対立に及ぶ事態となっている。[76] この九条家の動向を公家社会や公武協調の政治体制のなかでいかに位置づけるか、という点は今後の検討に委ねるほかはないが、九条家の例は中世後期の権門寺院が直面していた問題を考える上で、摂関家のような有力公家の動向が依然として無視できないことを示している。

また第二に、応仁・文明の乱における武家政権の分裂という状況のなかで、衆中が武家の抗争に対して中立的で天皇・朝廷に近い公家の家に近づく方針をとるようになったことを示し、門跡錯乱事件で一条家出身の随心院厳宝が門主に推戴されたのも、その衆中の立場の起点として位置づけられることを示した。近年、中世後期における公武協調の政権構造に関する研究が進展する一方、戦国期には武家政権の分裂とともに天皇・朝廷の自立性が顕になる点が指

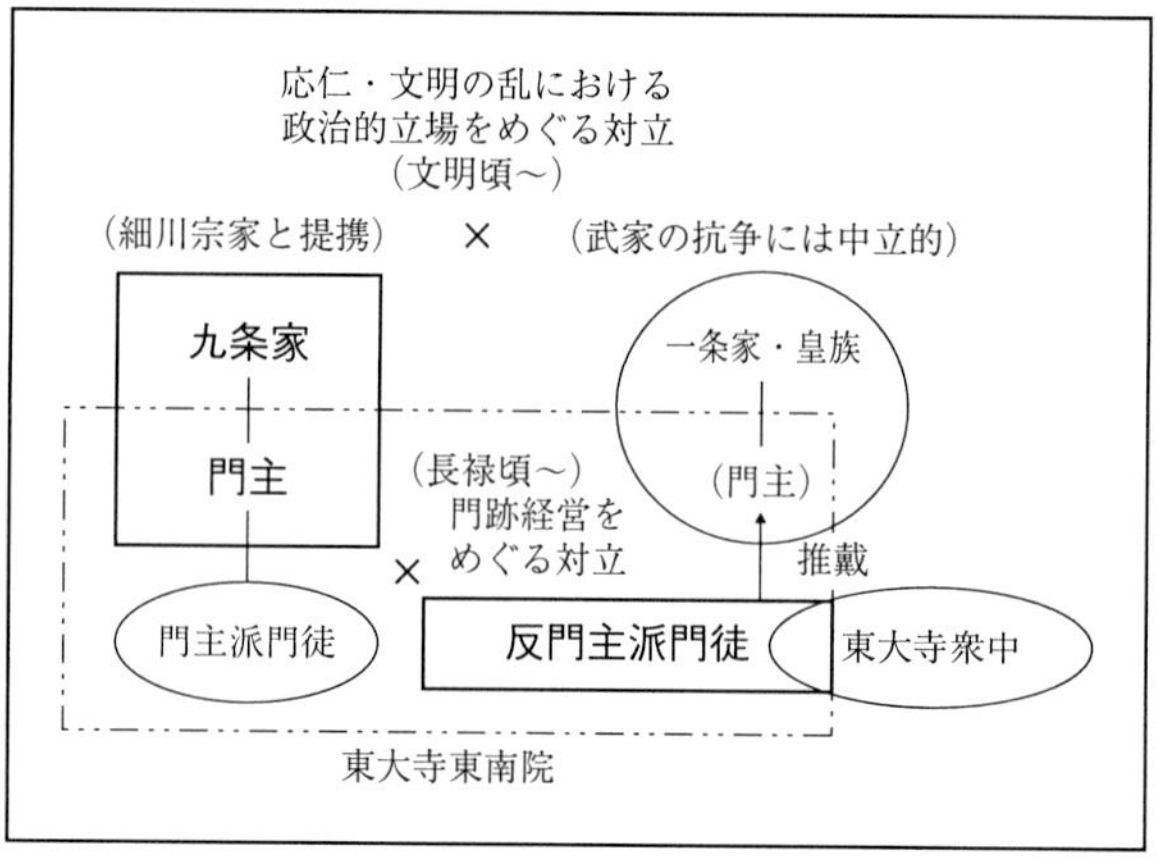

図５　室町期東南院をめぐる対立構図

摘されている。[77] これらの指摘は、主に制度面での分析から指摘されてきたが、本章はその戦国期の朝廷を支える勢力の一つとして東大寺衆中の存在を示し、朝廷の存在意義が一つには武家の抗争からの中立性にあったことを示した点に意義がある。

この東大寺衆中の例をどのように位置づけるか、という点は今後の課題とせざるを得ない。実際、本願寺や延暦寺・根来寺などは東大寺と異なり、戦国期に武家の抗争に加わった寺院として知られている。しかし応仁・文明の乱に関する荘園領主の一般傾向として「中立的な立場を保っていた」[78]ことが指摘されているように、京都・奈良には武家の抗争から中立的であろうとした寺社勢力が広範に存在したことも確かである。それらの寺社は一つ一つは小規模だが、総じて考えると、寺社からさまざまな資源や労働力を調達しようとする武家政権にとって決して無視できない勢力だったはずであり、天皇・朝廷がそれら中立的な寺社の受け皿となっていたならば、武家政権にとって朝廷の存在も無視できなかったのではないだろうか。

以上、本章の検討結果をまとめると図５のようになる。公家側が主体として寺院の統合を図るか、寺院側が統合先として公家政権を選択するか、というベクトルの違いこそあるものの、本章の検討からは、公家社会が依然として寺社勢力統合の結節点として機能していた点では変わりないことがわかる。ただそれは中世前期以来の関係が惰性的に継続したわけではない。その関係は室町・戦国期の時代に沿った形で変容していたのであり、本章は東大寺の場合に、その変容の契機が応仁・文明の乱前後の十五世紀後期にあり、そのなかで天皇・朝廷の新たな存在意義が生まれた可能性を示したわけである。この東大寺の事例がどれほど一般化しうるかという点は、今後の課題とせざるを得ないが、寺院の統合を考える上では、在地とのつながり、衆中間の連合などの横の関係だけでなく、中央政権なかでも公家社会との関係が無視できないことは確かであろう。そして寺社をこのような観点から検討対象とすることは、戦国期の寺院史にとどまらず、畿内政治史を論じる上でも決して無意味ではないのではないか。本章はそのような一例として、門跡錯乱事件を位置づけた点に意義があるといえよう。

註

(1) 特に大田壮一郎氏が包括的な検討を加えている。「室町幕府の追善仏事に関する一考察」(同『室町幕府の政治と宗教』塙書房　二〇一四年、初出二〇〇二年)、同「室町殿の宗教構想と武家祈禱」(同前、初出二〇〇四年)、同「足利義満の宗教空間」(同前、初出二〇〇七年)、同「足利義持政権と祈禱」(同前、初出二〇〇九年)、同「室町殿と宗教」(同前、初出二〇一二年)。このほか室町殿の寺院政策に関わる先行研究は、同「室町幕府宗教政策論」(同前、初出二〇〇七年)で整理されている。

(2) 永村眞「中世東大寺の「門跡」とその周辺」(『史艸』四二　二〇〇一年)。なお、以下特に断らない限り永村氏の指摘はこの論文によっている。

(3) 随心院所蔵「随心院聖教」第十六函一号。なお、この史料の翻刻については、拙稿「随心院蔵『東南擾乱縁起抄』の翻刻」(『南都仏教』九九　二〇一四年)参照。

(4) 畠山聡「中世後期における東南院主と院家領」(『寺院史研究』一四　二〇一三年)。なお、以下特に断らない限り、畠山氏の指摘は本論文によっている。

(5) 廣田浩治「中世後期の九条家家僕と九条家領荘園」(『国立歴史民俗博物館研究報告』第一〇四集　二〇〇三年)。

(6) 永村眞「院家の創設と発展」(同『中世東大寺の組織と経営』塙書房　一九八九年)。

（7）　上島享「頼瑜自筆の印信・書状について」（科学研究費報告書〈研究代表者水木邦彦〉『随心院門跡を中心とした京都門跡寺院の社会的機能と歴史的変遷に関する研究』二〇〇六年）。

（8）　随心院本の「東南院院主次第」は、京都府立総合資料館寄託「随心院文書」二函五号一二、随心院所蔵「随心院聖教」六九函四号の二つが存在するが、前掲註(7)上島論文で指摘されているように、前者が政紹まで二十八代であるのに対して、後者が忠厳までの二十九代が記されている点を除くと、院主名や各院主の註記などに違いはなく同系統の院主次第といえる。なお、本史料は翻刻が紹介されていないので、以下に後者の翻刻を示しておく。

東南院　根本祖師聖宝　草壁天皇五代孫　僧正　　権大僧都延僘　酉酉座主　少歟　十一歟　延寿年中始而持二五師子如意一、遂二三会講師一
醍醐開山　如意輪化身
商那和須哥化身　権大僧都観理　酉酉座主　　律師法縁　　僧都澄心
々々済慶　　々々有慶　　法印慶信　始而三論可レ為二本所一之由宣下
権大僧都覚寿　　権少僧都恵珍　観理再誕、号二感神僧都一　右大臣源宗忠息　　々々聖慶
々々道慶　廿七遁世　東南院　譲二勝賢一　　権僧正勝賢　酉酉覚洞院少納言入道信西通憲子　　法印定範
金剛定院　法親王道深　兼二仁和寺御室一両歳一　　権僧正道快　　僧正聖実　入唐光明山殿
僧正聖兼　　大僧正聖忠　安養院　　大僧正聖尋　摂嶺院
金剛三昧院　二品親王聖珍　伏見院皇子　　僧正聖助　早世　　法親王観海　栂尾親王御子　東渓院宮
法親王観覚　栂尾親王御子　浄林院宮　　権少僧都聖真　東定院　一乗院昭円弟　廿一早世　　権少僧都珍覚　慈聚院
阿弥陀院　法印大僧都覚尋　往生院息　　権僧正政紹　後普門寺　普門寺関白息　兼二三宝院一　　々々忠厳　兼二随心院一

（9）　畠山聡「中世東大寺による兵庫関の経営とその組織」（『日本史研究』四九四　二〇〇三年）、前掲註（4）畠山論文。

（10）　「東図薬師」一―一八六。この史料については翻刻が紹介されていないので、以下に中世後期の門主に関わる部分をあげておく。

　　東大寺東南院事
尊師（聖宝）僧正法印大和尚位
（中略）
延儌僧都
（中略）
大僧正聖忠
三論長者東大寺別当
大僧正聖尋　号二洞渓院一
三論長者前別当前法務
法親王聖珍　号二金剛三昧院一
聖尋資、聖珍伏見院御子、正応年中此院主之時、天照太神・八幡大菩薩・春日大明神三社託宣、文字庭前之池水明顕、
書写給世流布、聖珍御筆多レ之、
僧正聖助
法親王観海　号二浄林院一
無品親王観覚
僧都聖真
僧都珍覚
法印覚尋
（追記カ）「前大僧正厳宝」
権僧正政紹

准三宮忠厳

小野曼荼羅寺随心院門跡、後醍醐寺三宝院住居、東大寺別当、醍醐寺座主、普門寺関白息

（後略）

(11) 古二五―四八四―一。なお本史料は末柄豊「興福寺所蔵『大乗院御門跡御文庫古文書写』」（科学研究費報告書〔研究代表者安田次郎〕『興福寺旧蔵文書による古文書と古記録との関連についての史料学的研究』）五〇号文書で翻刻が紹介されている。

(12) 「縁起抄」一三丁表裏。なお、該当部分の記載は以下の通り。

摂州兵庫北関々務、東寺御寄附之濫觴者、去延慶年中、就円城寺本覚（益信）大師号事、為二弘法（空海）大師余流之訴訟一、令レ停二止諸御願并綱所等出仕一最中、当寺八幡宮神輿御動坐之間、且為二年始・歳暮御祈禱一、且為レ被レ謝二申神慮一、有二条々御願一、為二其随一一、彼関務永代所レ被レ寄二附当社一也、爰当門主前大僧正聖忠、年始御禱・後七日太元両ヶ秘法、承二別勅一、相二看諸寺衆徒之愁憤一、被レ勤二修彼両法一訖、其御忠賞異二于他一之間、検校所識（職）永代被レ付二当門跡一、可レ致二奉行一之旨、同被レ成二院宣一畢、仍当門代々聖忠僧正・聖尋僧正・聖珍法親王・観海僧正・観覚法親王等令二相続一、一円致二奉行一、御願等所レ令二執行一也、然聖真僧都入室之初、応永年中、門主幼稚之刻、暫掠二申公儀一歟、申二給御下知一、検校所三分一、寺方三分二配二分之一、為二寺門一致二直務一、毎事任二雅意一令二沙汰一者也、

(13) 『大乗院寺社雑事記』文明十三年十二月六日条。

(14) 以上の厳宝の経歴については、「随心院代々正嫡血脈」（「随心院聖教」別置〔寺務長〕一）、「小野曼荼羅寺　随心院門跡」（「随心院聖教」別置〔寺務長〕二、以上の史料の翻刻は科学研究費報告書〔研究代表者荒木浩〕『小野随心院所蔵の文献・図像調査を基盤とする相関的・総合的研究とその展開Ⅰ』所収、中山一麿「随心院別置聖教類の紹介」参照）、「東寺長者補任」（『続々群書類従第二　史伝部』所収）、「東大寺別当統譜」（「東大寺図書館所蔵文書」、本章では東京大学史料編纂所架蔵写真帳〔請求番号六一一五―一〇二―五三〕を利用した）など参照。厳宝の地方下向は、永島福太郎『一条兼良』（吉川弘文館　一九五九年）参照。

(15) 『九条家文書』二〇五六（二）。

(16) 恒弘の経歴については、「勧修寺長吏次第」（『続群書類従』第四輯下所収）、「勧修寺別当長吏補任等古記録」（『勧修寺論

輯』二〜四所収)、「東大寺別当統譜」(前掲註(14)参照)、「華頂要略」「皇親系」「本朝皇胤紹運録」(以上は『大日本史料』第九編第一冊九三四頁に掲載)などを参照した。

(17) 忠厳の経歴については、『新修泉佐野市史 五 史料編中世Ⅱ』七一五頁参照。

(18) 「九条家文書」(『新修泉佐野市史 五 史料編中世Ⅱ』五七四頁参照)。

(19) 全明親王は寛正二年(一四六一)四月に親王宣下を受け、永正六年(一五〇九)正月に出家している(『尊卑分脈』、『大日本史料』第九編第一冊五六六頁参照)。彼が「常磐井宮」と呼ばれたのも、その期間にあたるものと想われる。

(20) 全明親王の子には、後に勧修寺宮となった海覚なる人物がいる(『宣胤卿記』永正十四年四月三十日条など、『大日本史料』第九編第六冊九〇六頁参照)。あるいは彼か。

(21) (文亀二年)十一月十日周重書状案(「後慈眼院殿雑筆」巻六、『図書寮叢刊 九条家歴世記録』三 二二六頁)。

(22) 「東図薬師」二一—一〇九。

(23) なお畠山氏は、文亀年間まで門主であった忠厳がこれ以前に退任したとしている。すでに述べたように、忠厳は九条家出身であり、九条家とは「水魚の交わり」といわれるまでに一体的な行動を取っていたが、永正年間に入ると、随心院が管領した山城国小塩荘の知行をめぐって家門九条政基と対立するようになっていた(田中倫子「戦国期の小塩荘」〈長岡京市史編さん委員会編『長岡京市史 本文編一』長岡京市役所 一九九六年〉)。忠厳退任の背景には、このような九条家との確執が関係したのかもしれない。ただもう一つ注意したいのは、門徒たちが文亀の抗争で忠厳の入寺に反対した際にも「御門主之躰、無㆓申定儀㆒」(〈文亀年間〉卯月廿日九条家奉行人連署奉書案〈『九条家文書』二一〇五七〉)との認識をもっていた点である。この点を踏まえるならば、〔史料1〕の記載も客観的に門主がいなかったというより、門徒が忠厳を門主として認めていないことを示している可能性が考えられる。よってこの時期まで、忠厳が東南院門主を兼帯していた可能性も残されている。ただ〔史料1〕〔史料2〕で「当今第三宮」が門主としては認知されたことは確かなので、いちおう忠厳の東南院門主としての活動下限は、永正五年に置くことができるだろう。

(24) この人物が誰なのかという点は不明というほかない。ただ、後柏原天皇の子で伏見宮の養子となった人物としては、のちに仁和寺上乗院を相承した道喜をあげることができる(『大日本史料』永正十八年四月二十一日条など参照)。ただし、彼は実際には後柏原天皇の第四子であり、東大寺側の「第三宮」という認識とは食い違う。また道喜の場合には、彼が東南院を兼帯した事実は他の史料で確認できない。

(25) この点については、前掲註(5)廣田論文参照。

(26)『大乗院寺社雑事記』文明六年六月一日条。

(27) 前掲註(5)廣田論文参照。

(28)『満済准后日記』正長二年六月二十七日条。

(29)(永享二年)二月六日三条公久書状案（「九条満家公引付」、『図書寮叢刊　九条家歴世記録』二　二三頁）。

(30)(永享二年)二月六日東南院注進交名案（「九条満家公引付」、『図書寮叢刊　九条家歴世記録』二　二四頁参照）。

(31)『大乗院寺社雑事記』長禄四年二月五日条。

(32) 珍覚は隠居を望んだり、彼の御前で側近の坊官が博奕を行うなど奇行が目立ち（表18参照）、その後東南院を去ったのち、還俗して西国に居住して子どもまで設けている（『大乗院寺社雑事記』長禄四年二月十八日条、文明九年八月三日条）。

(33)『経覚私要鈔』長禄四年二月五日条。

(34)『経覚私要鈔』によると斎尊の称号・名称は以下のように変化している。

・享徳二年（一四五三）四月～長禄二年十一月頃　「大聖院斎尊」
・長禄二年（一四五八）十一月～寛正四年正月頃　「南坊斎尊」
・寛正四年（一四六三）正月～　「南坊賢祐」

よって「縁起抄」に登場する賢祐は斎尊と同一人物である。なお『大乗院寺社雑事記』では「大聖院」と「南坊（南院）」の称号を混用している。また名前も一貫して「済尊」で通しており、「賢祐」の名は使用されていない。おそらく一条家出身の尋尊は、九条家のもとで活動していた斎尊の称号・名前の変化について詳細を把握していなかったため、そのような混用・誤用が起こったものと思われる。

(35)『経覚私要鈔』長禄四年二月一日条など。

(36) 以上のような活動の典拠を逐一あげることはできないが、『経覚私要鈔』の記事では、これらの活動が多数確認される。

(37)『経覚私要鈔』長禄四年二月二十六日条。

(38)『大乗院寺社雑事記』文明六年閏五月四日条。

(39)「縁起抄」二九丁表。
(40)「縁起抄」三一丁表。
(41)『大乗院寺社雑事記』文明九年四月二十六日、同六月七日条。
(42)「縁起抄」三五丁裏。
(43)「縁起抄」四八丁裏。
(44)拙稿「随心院文書「伊賀国築瀬庄付兵部卿辞事之次第聊」」(『東京大学史料編纂所研究紀要』二三 二〇一三年)。
(45)(文亀元年十二月)某書状案(「後慈眼院殿雑筆」巻四、『図書寮叢刊 九条家歴世記録』三 一三八〜一三九頁)。
(46)『新修泉佐野市史 五 資料編中世Ⅱ』「人名一覧」本間祐舜項参照。
(47)経覚の生涯については酒井紀美『夢から探る中世』(角川書店 二〇〇五年)参照。
(48)前掲註(5)廣田論文。
(49)「縁起抄」八丁裏・九丁表。
(50)『大乗院寺社雑事記』応仁二年閏十月十日条。なお、乱中の東大寺別当をめぐる状況については、本書第二部第三章の表16参照。
(51)「縁起抄」二七丁表。
(52)『新修泉佐野市史 五 資料編中世Ⅱ』「解説3 九条政基の人物像と人間関係」など参照。
(53)「縁起抄」二七丁表。
(54)「縁起抄」五丁裏。
(55)「縁起抄」一三丁表。
(56)永島福太郎『一条兼良』(吉川弘文館 一九五九年)など参照。
(57)田村航「一条兼良の生涯と室町文化」(同『一条兼良の学問と室町文化』勉誠出版 二〇一三年)。
(58)『後法興院記』応仁元年七月六日条。
(59)『大乗院寺社雑事記』文明五年四月二十三日条、『国史大辞典』「一条兼良」項参照。
(60)安田次郎『日本の歴史 南北朝・室町時代 走る悪党、蜂起する土民』(小学館 二〇〇八年)。

(61)松園斉「中世の宮家について」(『愛知学院大学人間文化研究所紀要　人間文化』二五　二〇一〇年)。
(62)石井親治については、仲村研「九条家代官石井氏について」(秋山國三先生追悼会編『京都地域史の研究』国書刊行会　一九七九年)参照。
(63)『実隆公記』明応七年十一月五日条、十二月二十九日条。
(64)『実隆公記』明応七年十二月二十九日条。
(65)大内氏による国衙領の没収からその東大寺への還補にいたる過程については、松岡久人「室町戦国期の周防国衙領と大内氏」(福尾教授退官記念事業会編『日本中世史論集』吉川弘文館　一九七二年)、本多博之「中世後期東大寺の周防国衙領支配の展開」(『日本史研究』二九六　一九八七年)、末柄豊「応仁・文明の乱以後の室町幕府と陰陽道」(『東京大学史料編纂所研究紀要』六　一九九六年)など参照。
(66)前掲註(65)末柄論文。
(67)『実隆公記』永正六年九月一日・二日条紙背文書参照。この文書は内容からして、実隆が大内氏側の人物に宛てて出そうとした書状の草案であると思われる。
(68)『実隆公記』大永四年六月十九日条。
(69)この点については、後述する縁起作成との関わりから、小松茂美「天文年中における東大寺の絵巻づくり」(同編『続々日本絵巻大成　伝記・縁起編6　東大寺大仏縁起　二月堂縁起』中央公論社　一九九四年)で検討されている。
(70)『お湯殿の上の日記』天文三年五月一日条・五月十九日条・六月二十二日条・八月二十四日条。
(71)『後奈良天皇宸記』天文五年九月二十日条。
(72)前掲註(69)小松論文。
(73)伊藤慎吾「三条西実隆の勧進帳制作の背景」(『室町戦国期の公家社会と文事』三弥井書店　二〇一二年、初出二〇〇四年)。
(74)三条西実隆の政治的立場については、芳賀幸四郎『三条西実隆』(吉川弘文館　一九六〇年)、富田正弘「室町殿と天皇」(『日本史研究』三一九　一九八九年)参照。
(75)『大乗院寺社雑事記』延徳三年八月十二日条。

(76) 前掲註(23)田中論文。
(77) 前掲註(74)富田論文、池享「戦国・織豊期の朝廷政治」(『一橋大学研究年報』三三 一九九二年)、井原今朝男「室町・戦国期の天皇裁判権と二つの官僚制」(『国立歴史民俗博物館研究報告』一七八 二〇一三年)。
(78) 桜井英治『室町人の精神』(講談社 二〇〇一年)三一八頁。

終章　中世後期顕密寺社の構成と機能

はじめに

黒田俊雄氏は中世を代表する仏教を顕密仏教と捉える観点から、顕密寺社を「寺社勢力」と呼んで中世の政治・社会に影響力をもつ勢力として位置づけた。(1) 特に荘園制社会のもとで多数の荘園を保有し、「権門」の一角を形成した京都・奈良の寺社は黒田氏によって寺社勢力の主役と捉えられたので、一九七〇年代以降、中世前期の権門寺社を中心として顕密寺社に関する研究が急速に進展した。一方、黒田氏は寺社勢力の中世後期については次のような見通しを示した。

荘園制社会と権門体制との解体により基本的な支えを失い、国人ないし戦国大名の支配によって寺領と末寺・末社を失い、宗教一揆によって顕密体制そのものに甚大な打撃をこうむる。けれども、わが国における顕密主義的な宗教思想は完全にその基礎を失ったわけではなかったし、寺院大衆の寺家的および門流的組織は奇妙に歪んだ形態ながら存続していたのである。それを決定的な壊滅へおいやったのは、周知のように織豊権力の武力そのものであった。

すなわち、①荘園制と権門体制の崩壊、②国人・戦国大名の支配による寺領・末寺支配の喪失、③一向一揆など宗教一揆の台頭にともなう宗教勢力内部での地位低下、④織豊政権の武力に対する敗北、により、寺社勢力は「壊滅」に至ったのである。この見通しはその後の中世後期における顕密寺社の低評価とその研究の遅れに少なからず影響を与えた。それでも九八〇年代後半頃になるとしだいに中世後期の顕密寺社の位置づけに見直しをせまるような検討がみられるようになってきたが、二〇〇〇年代頃までの研究総括では基礎研究の不足[2]を前置きせざるを得なかったように、その包括的な像を描くにはいたらなかった。しかし近年は研究の蓄積とともにそれらの研究の総括も進められ、中世後期の顕密寺社像の総体にせまる機は熟してきており、黒田氏の評価の検証も可能となってきた。

そこで本章では、表題で示した構成と機能という観点からこれまでの研究を総括したい。その際、研究の傾向は、①地域社会における地方寺社の動向、②中央寺社（京都・奈良の権門寺社は中世後期になると「権門」と呼べるほどの卓越した地位が維持できたわけではないので、以下では中世前期の権門寺社を、中央の京都・奈良を中心とした地域に鎮座した寺社ということで「中央寺社」と呼ぶことにする）と室町幕府の体制との関係に関する研究、③中央寺社と地方寺社の関係、といった方向性に分類できる。よって、まず各分野の成果を整理して現状で示せる限りの中世後期の顕密寺社像を示し、黒田氏により示された中世後期像からどのような変化がみられたか、という点を示したい。そして次に、これまで本書で検討してきた中央寺社の観点に限定して、今後の検討すべき課題を示し、同時に中世後期顕密寺社論の可能性について提言を示したい。なお以上の検討のなかでは、本書の各章の位置づけについても言及することにしたい。

第一節　地方寺社と地域社会

黒田氏は寺社勢力論のなかで中央寺社を主要な題材とし、中世後期の衰退も主に中央寺社の検討から説明を加えていった。一方、地方寺社についても検討がないわけではなく、別所・在村の寺社・地方有力寺社といった分類を示し、それぞれのタイプの寺社について特徴を示すなど、重要な指摘もしている。ただし、その位置づけはあくまで中央寺社の末寺・末社としてのそれにとどまっており、詳細な検討は課題として残された。ゆえに黒田氏の検討を相対化する視点は、一つには地方寺社論のなかから提起され、そこでは中世後期の地方寺社がどのような勢力に支えられ存続したのか、という点が課題となった。その結果、大別して二つの方向性が提示された。一つは、村・町を基礎とした地域社会論の視座であり、もう一つは室町幕府―守護体制、戦国大名（戦国期守護）といった武家政権論の視座である。そこで以下では、この二点から地方寺社の研究を整理しよう。

なお、その際に気をつけたいのは中世前期の状況との関連である。中世前期の地方寺社については、荘園・公領の枠組みに基づく宗教構造の研究が進んだ。荘園との関わりでは、苅米一志氏が、村落には名主百姓の寺堂・小社、在地領主の氏神・氏寺が存在し、その基盤の上に荘鎮守が上部構造として君臨する構造を示した。また坂本亮太氏は、領主の安穏を祈る荘祈願寺に注目し、そこに所属する僧が村落の寺社と荘鎮守を結びつける役割を果したことを示した。(3)また国衙のもとでも、一宮・惣社・国分寺といった寺社を核として国内の複数の寺社が護国法会をはじめとした神事・仏事に従事し、それらの活動の見返りとして国衙領から免田・供料田を認められる、という構造が示された。(4)これらの構造は右に示した中世後期の宗教構造に関する研究と同時併行で進展したが、それとともに中世前期と中世後期の宗教構造をどのように連結すべきか、という視点の重要性を浮かび上がらせた。よって以下では、中世前期との関係性という点にも留意したい。

一　地域の「公」としての地方寺社

中世後期地方寺社に関する研究の発展は、一九八〇年代後半以降の修験・山伏論[5]と地域社会論の活発化に起点を置くことができ、特に後者の地域社会論から示された論点は地方寺社の位置づけを大きく変えた。林文理氏・宮島敬一氏・榎原雅治氏[6]は幕府公権の分有や国衙公権の継承など国家公権の観点から地方の「公」を論じた先行研究に対して、中世後期にそれと異質な地域社会から生み出された「公」の存在を示し、そのなかで地方寺社が単に国家公権を装飾する伝統権威の役割にとどまらず、中世後期の地域社会の「公」を機能させる上で具体的な役割を果たしていたことを示した。これらの研究をうけて、大石雅章氏は中世後期を中央寺社の衰退と地域社会に支えられた宗教勢力の台頭という流れで説明し[7]、その後の地方寺社に関する研究進展を促した。そこで以下では、このような観点に基づく研究のなかで示された現在までの到達点を整理しておこう。

（1）　寺社の分類

先述のように、黒田氏は中世における地方寺社の分類を試みたが、その後、浅香年木氏・苅米一志氏・井原今朝男氏らも地方寺社の分類を示した[8]。各論者の分類には、それぞれ独自の視点が示されているが、以下の研究整理を進めていく上で、おおむね共有される最低限の分類を示すならば、地方寺社はおおむね一国寺社―地方大寺社―村落寺社という三種に分類できると考える[9]。

まず一国寺社は、一宮や惣社、その別当寺など中世前期に国衙の寺社編成において中核に据えられた寺社を仮にそう総称する[10]。これらは中世後期の地域社会において次に示す地方大寺社と類似する機能を果たす側面もあった。しかし、依然として地方大寺社にはない国家公権に基づく国衙や守護の支配を荘厳する機能も強くもっていた点でやはり区別されるべき存在である。(11)次に地方大寺社は、比較的広域に影響力をもつ寺社を仮にこのように総称する。このなかには荘園や郡郷の鎮守・祈願寺としての機能を果たした寺社、聖が開創した別所、比較的広域の勢力圏を有する武士の氏神・氏寺、山腹や山麓に立地した「一山寺院」「山の寺」(12)などが含まれる。そして村落寺社は、村落内の名主・百姓層が寄り合い維持した村堂・草堂・草庵・小社などの寺社、比較的小規模の勢力を有する武士の氏神・氏寺を仮にこのように総称する。

（2）　ネットワーク

近年の研究では、右のように分類される寺社が中世後期特有のネットワークを形成した点に注目している。その際、ネットワークの基礎を形成したのは村落寺社である。村落寺社は中世前期には一般に無住で必要な場合に僧が呼ばれたのに対して、中世後期には僧の定着度が高まるようになり、村落との関係がより密になったとされる。(13)そしてこの僧侶と村落寺社の関係深化を前提として、地域の「公」を形作る上で核となったのが地方大寺社である。その寺僧の供給源は周辺村落の土豪や有力百姓で、寺僧は寺内に院・坊を構え、寺社は彼らの衆議で運営された。一方、地方大寺社は別当や社頭聖として村落寺社に定着する僧を輩出してもいた。(14)このような寺僧の活動を介して中世後期の地方大寺社は村落とも結びつきを強めた。また地方大寺社間では一国寺社を核として結集したり、水平的なネットワークを形成したりして広域の地域における結集を形成した。その勢力圏は荘園や郡郷といった領域を越えることも珍しくなく、仏神事の開催範囲や如法経信仰といった信仰圏とリンクするとされるが、さらにその信仰圏は寺社に付属する市の連鎖範囲、山林用益のような地域住民の生業、共通の河川利用といった交通体系、水利共同体といった枠組みにも規定された。[15] 多様なネットワークの形成には、山伏・聖・学侶などさまざまな階層の僧が介在したが、特に山伏は畿内・近江・関東・四国吉野川流域・備前児島など諸所に集団を形成していたことが明らかにされた。[16]

（3） 機　能

中世後期顕密寺社の衰退を説明するとき、知識・技術面での社会に対する優位性の喪失とそれによる求心力の低下という点が指摘された。[17] たとえば荘園の鎮守社・祈願寺などは荘園の開発拠点となることで荘民に対する求心力を高めてきたが、中世後期になると開発に関わる技術は寺社で独占できなくなってきた。このような寺社の優位性後退ということ自体は確かにあったであろう。ただ近年は、そのなかでも顕密寺社が中世後期の地域社会のなかで卓越していた側面をもち続けていた点に注目している。

まず地方大寺社については、以下のような機能が示されている。第一に宗教面の機能であり、地域住民の日常的な信仰のほか遠方からの参詣などもこのなかに含まれる。第二に祭礼・法会を通じて行われる村落・荘郷内での個人の身分や村落の存在自体の承認という機能である。第三に経済面の機能であり、具体的には祭礼・仏事や造営事業において行われる費用の徴収と下行を通じた富の再配分の核としての機能である。第四に軍事面の機能であり、寺社のもつ武力が地域社会の政治的な利害を代表するといった側面のほか、寺社を要害として地域住民を守るような機能などもこのなかに含まれる。第五に技術面の機能であり、寺社の施設・仏具などに関わる諸職人が集住する中心地としての機能を示している。そして第六に文化面の機能であり、書籍の蓄積あるいは芸能諸集団が集住する中心地としての機能がこれに含まれる。以上のような検討により、さまざまな機能を果たした中世後期の地方大寺社は地域の「中核都市」「劇場」の役割を果たしたと評価されるにいたっている。[18]

また村落寺社については、坂本亮太氏が社頭聖の役割という形で、①追善供養の実施、②集積した土地等の管理・運用など経済的機能、③文書の執筆・管理、④村人等の教育、といった役割を村落で果たしていたことを示し、これらの機能から彼らが中世後期の村落・宮座の特質を成り立たせ、実務面を担う存在であったと結論づけている[19]。

（4）　時系列的変遷

以上の地域社会でのネットワークや機能は、荘園領主・国衙が寺社に与えた免田の退転や惣村の形成といった動向が進む鎌倉後期から南北朝期（十四世紀頃）に見られはじめ、室町期（十五世紀頃）になると地方大寺社の地位が確立するとされる[20]。ただ一方で、この室町期には荘園領主・武家領主・国衙・守護・中央寺社の本寺といった地方大寺社の上部に位置する勢力の影響力も残っており、極めて錯綜した関係性が形作られていた。

戦国期（十六世紀頃）になると、地方大寺社に対する荘園領主・国衙・室町幕府の影響力は後退した。しかし一方、武家領主や本願寺などの新仏教勢力との間では、村落という共通の基盤をもつがゆえに競合は不可避となり、国人・土豪の寺社領違乱や新仏教勢力への転宗により地域社会の「公」とその核となった顕密寺社も動揺が目立つようになり、寺社やそのネットワーク内部での抗争も新たに生まれた[21]。さらに戦国大名が地方寺社の編成に着手すると、近江観音寺城のように一部の寺院は城下町とされたり破壊されたりもした。黒田氏が戦国期に顕密寺社が「甚大な打撃」を受けたとするのは、以上のような戦国期地方寺社の一側面を確かに的確に指摘していたものといえよう。

ただ注意したいのは、一方で根来寺に代表されるように戦国期を通じて自立性を維持した寺社も依然として残存していた点である。そこからこの時期を地方寺社の全盛期とする評価もみられる[22]。このような評価の分裂は、戦国期における地方大寺社の自立性という点において多様な展開がみとめられることを意味している[23]。

二　武家の編成と地方寺社の役割

右のような地方寺社の機能が共有されると、それらの成果を踏まえつつも、一方で地域社会の自立性に偏りすぎる動向に批判的な見解も出されるようになった。その起点となったのは、川岡勉氏による室町幕府―守護体制の視点からの指摘であろう。氏は地域社会論の意義を認めつつも、榎原氏の検討について「下からの規定性が無限定に強調されすぎている」と批判し、守護の支配あるいは室町幕府も含めた幕府―守護体制による地域支配の解明を試みた。(24)川岡氏の指摘は地方寺社研究にも大きな影響を与え、新たな視点から幕府・守護、戦国大名（戦国期守護）による地方寺社の編成を考える研究が進められた。そこで次にこのような武家政権側の支配に関する研究を整理しよう。

（1）　武家領主と地方寺社

地方大寺社・村落寺社の動向を論じるなかでは武家領主はしばしば対立的な存在として捉えられてきた。ただ中世後期でも、武家領主がその維持に関わりをもったことも確かであり、その観点からの検討は近年一定度蓄積されつつある。そのなかでは、一国寺社の造営や仏事・祭礼において負担や行事運営に関わる大小武家領主の動向が示されているほか、(25)室町期の常陸における真言宗の教線拡大と定着、それと対抗する天台宗の動向に佐竹・江戸など武家領主層の外護が重要な意味をもったことも示されている。(26)また湯浅治久氏は、武家一円領となった近江大原荘の領主大原氏が、領内の大原観音寺の造営事業や年中行事の開催に一定の責任をもち、寺社の山野利用の制限に関与し、寺領安堵の主体として立ち現れるといった行為を通じて、在地の秩序に保証を与える地域社会の「公方」と認識されたことを指摘している。(27)大原観音寺は前節の自立的な地方大寺社の例としても知られており、ここから武家領主の外護と在地の「公」たることは併存可能だったことがわかる。

（2） 守護・戦国大名と地方寺社

室町期の守護と地方寺社の関係については、諸国一宮の動向を包括的に検討した井上寛司氏の指摘が注目される。氏は鎌倉期に動揺した諸国一宮が室町期になると守護権力への依存を強めた点に注目した。[28]そして、国衙寺社体制が室町期も一部残存したとする井原今朝男氏の指摘が出ると、[29]井上氏は一宮・国衙・守護の関係を、①国衙と一宮が一体化し、守護権力に対抗、②守護権力に組み込まれながら国衙と一宮が一体化して自立性を相対的に維持、③一宮が国衙機能を一部吸収し守護権力と相互補完的な関係を形成、④守護権力が国衙機能を吸収し一宮の従属性も顕著、という四つのパターンに分類した。[30]また荘園でも南北朝・室町期になると荘祈願寺や村落寺社への守護勢力の影響力が強まるという。[31]いずれにせよ室町期の地方寺社が守護権力との関係を意識せざるを得ない状況となったことは確かであろう。

戦国期に入ると地域社会の混乱に乗じて戦国大名がさらに積極的に寺社編成を図った。この点については、寺社領安堵や禁制の発給、寺社修造の支援といった形で保護を行う一方、大名の統治に寺社の宗教的な機能を利用しようとし、特に一国寺社を領国におけるイデオロギー支配に利用しようとした点が従来から注目されていた。しかし近年は、他の地方大寺社も含めた、イデオロギー支配にとどまらない、より多様な関係性が明らかにされた。

まず祈禱・祭祀面では、一国寺社の地位が崩壊して荒廃したり、一地方寺社に転落したりする例がみられるようになる一方、多数の領国を有する大名のもとでは一国の枠を越えて複数領国に影響力をもつ寺社も出ることが井上氏によって紹介された。[32]このほか一宮・惣社に基づく神祇統合で編成しきれない寺社を府中八幡宮の勤番体制で編成した甲斐武田氏[33]、一・二宮供僧職をもつ五ヵ寺以外の寺院を保護し、在地の寺社秩序と異なる秩序構築を目指した若狭武田氏[34]の例なども示された。これらの例からは、戦国大名が国衙や守護と異なる新しい祈禱・祭祀体制のあり方を模索した様子がうかがえる。

また社会的機能の面では、第一に陣僧・使僧あるいは人夫・職人など寺社周辺民の徴用といった人的資源の利用、第二に矢銭や兵粮米の名目での金銭・米の提供、寺社周辺の材木・船の提供といった経済的な資源の利用、第三に大名の物資保管の場としての利用、第四に兵士・軍夫徴発、寺社の軍事施設としての利用といった点が明らかにされた[35]。これらの役割は地方大寺社が地域において果たした機能を戦国大名が利用しようとしたことを示している。なお、以上の寺社の利用は支配の最終形ではなく、大名は寺社を介さず直接的な地域支配を志向し、それは寺社の破壊などの形で実現することもあった。しかし他の大名や国人領主と競合するなか地域の直接支配を貫徹させるところにまで到達することは容易でなく、戦国大名は地方大寺社を介しての地域支配を選択したとされている[36]。この選択は各大名の権力構造により偏差があるのはいうまでもないが、少なくとも以上の指摘は、ともすれば「自立」と「壊滅」の間で二者択一的にその立場を見がちだった地方寺社論に戦国大名との協調のなかでの戦国期的展開というもう一つの立場を示した点で重要である。なお朴秀哲氏は織田信長の寺社政策を検討するなかで、敵対する寺社に対しては徹底的な弾圧を行う一方で、軍事行動や祈禱勤行のような忠節を尽くす寺社には保護を加える、という政策の二面性を指摘した[37]。このような信長における二面性は戦国大名における寺社の破壊・利用の二面性と共通する側面をもっている。織田政権の寺社政策は戦国大名のそれの延長線上に位置づけられるのではないか。このように考えると、織豊政権と寺社の関係を対立とその末の壊滅という側面でのみ捉えることはできない。この点で地方寺社政策論は黒田氏の見解から一歩踏み出したといえる。

（3）　室町幕府と地方寺社

室町幕府と守護の相互補完という視点を重視する幕府―守護体制の登場は守護だけでなく幕府の地方寺社への関与という論点を新たに提示し、それに関わる研究もみられるようになった。大田壮一郎氏はその動向として、本末関係への関与、将軍家祈願寺の設定、一国寺社の造営事業への関与、の三点をあげた(38)。このうち本末関係については後述するので、以下では残り二点を整理しよう。まず将軍家祈願寺については、細川武稔氏が、①臨済禅・顕密系の寺院が多く、②祈願寺は将軍家のために長日・定例祈禱を行う一方で、特に寺領安堵を求める傾向が強く、③祈願寺の分布は当初は全国に及んだが、室町期にはいると鎌倉府管国の認定がしだいに行われなくなり、応仁・文明の乱後になると京都周辺に限定されたことを指摘した(39)。また一国寺社の造営事業については、大田氏が足利義持期に室町殿・守護・守護代ら在京領主社会が一体となって関与した例を示した。

第二節　中央寺社と室町幕府

黒田氏は中世後期における中央寺社の衰退を荘園制の崩壊とリンクさせた。その後の研究でもこのような視点は受け継がれ、南北朝期における朝廷仏事の退転など崩壊の要因を肉づけしていった。ただ一方で、一九九〇年代以降に室町幕府論がさまざまな観点から進展するようになると、幕府の動向に対応する中央寺社のあり方が明らかにされた(40)。そのなかで従来の像を相対化させるような視点も示されるようになってきた。その論点は、①室町期荘園制と中央寺社、②中央寺社の都市・近郊支配と室町幕府、③室町幕府の貴種・良家僧（以下、両階層を併せて貴種僧と呼ぶ）政策、④鎌倉府と関東の寺社の関係、という四つの方向性に大別できる。そこで以下では、それぞれについて整理していくことにしたい。

一　室町期荘園制と中央寺社の公人層

中世後期の経済体制は、荘園制の解体・寺社本所領の退転という面が強調されてきたが、一九九〇年代末頃から伊藤俊一氏らにより、室町期に一定の安定した荘園支配の体制が築かれたとする室町期荘園制論が提示された[41]。そのなかで寺社の荘園領主は、武家領の形成や守護役の成立により、荘園支配の面で後退する局面を迎える一方、室町殿が武家領と寺社本所領双方の維持を図るなかで相対的な安定期を迎えたともされた。そして、寺社本所の領主が武家領主とともに遠隔地荘園を支配する「在京領主」と捉えられたので、当該期の荘園制を論じる上で顕密寺社の動向も検討の俎上に乗せられることになった。特に地域社会と荘園制の関係に関する検討が進むなかでは、東寺領の直務代官として守護権力との交渉を進めた祐尊・明済のような公人層、あるいは東寺と荘園の間で使者として往来した門指などの動向が注目された[42]。彼らは寺内においては宗教活動を行う寺僧ではなく雑業に従事する寺家被官人であったが、この寺家被官人の現地での活動が荘園支配の維持に大きな役割を果たしたのである。また祐尊・明済は、寺家被官人としての活動にとどまらず、代官として下向した荘園現地で自らの利益を拡大させたり、寺家に多額の貸付をしたりするなど有徳人としての風貌ももっていた。室町期の顕密寺社の荘園経営はこの都市の有徳人により維持される側面があったのである。

ただ、その荘園支配も戦国期になると動揺する。むろん戦国期も寺社の膝下所領や一部の地方荘園は存続したが、室町期荘園制論のもとでは、戦国期になると都市に居住する荘園領主のもとに地方の所領から年貢が運上される荘園制のシステム自体は解体したと評価する[43]。戦国時代の到来は多くの寺社にとって大きな経営上の転機となったことは確かであろう。

二　中央寺社の都市・近郊支配と室町幕府

中央寺社の中世後期については右のような荘園支配の崩壊という動向が示される一方で、新たな経済基盤の確保をはかった点も示され、この点は黒田氏が寺社勢力論を展開した時点でも一定度進んでいた。その基盤としては、①膝下荘園の再編、②加地子集積、③寺社内外の資金融通、④商工業者からの座役徴収、といった点があげられているが、いずれも都市・近郊地域の土地・人を基盤とした点に特徴がある。また室町期における都市の検断権行使の主体として寺社の存在に注目する指摘も示された(44)。ただ黒田氏も、このような中央寺社の動向をみとめつつも、荘園支配の崩壊による経済基盤の縮小という側面を重視して「地方寺社への転落」といった評価をするにとどまっており、これらの変化を中世後期の社会のなかに積極的に位置づけるには至らなかった。

しかしこの動向は一九九〇年代に入ると変化する。その起点は、一つは先に示した地域社会論、もう一つは都市論の進展だった。前者はすでに述べたので、ここでは後者の研究に触れておこう。その研究を牽引した一人の伊藤毅氏によると、中世都市は町人の自治的な運営を展開する「町場」だけでなく、聖域たる寺内とその周縁の耕地・在家・門前町・村落からなる「境内」も重要な構成要素の一つであった。そして、その「境内」の典型の一つが京都の顕密系寺社の境内であった(45)。この視点は右で示した都市・近郊地域に新たな基盤を形成しつつあった中央寺社を、以前から中世後期における都市の重要な構成要素としてきた町人の「町場」と並ぶ都市社会の核として明確に位置づけた点で重要である。このような位置づけの付与は、寺社の境内やその周辺地域の空間を具体的に解明しようとする研究(46)、さらにはその空間のなかで活動する寺社内外の人々の動向に関する研究の意義を明確にする意味をもち、その後の研究の進展を促した。その結果、以下の点が明らかになった。

（1）機　能

まず、中央寺社に対して経済基盤を保障する人々が見返りとして寺社に何を求めたのか、という点に注目があつまるなかで、寺社の機能に関する検討が進んだ。その結果、①零細田畠・散銭獲得の対価としての地域住民への供養・逆修などの宗教サービス、寺社と住民の従属関係や住民間の身分確認の役割を果たす祭礼の開催、といった信仰面の機能、②寺社と住民の資金融通、あるいは融通を媒介する蔵の存在、といった経済面の機能、③検断権の行使、土一揆からの防御といった軍事警察面の機能が明らかにされ(47)、民衆（町衆）の自治に収斂しきらない寺社を核とした都市・近郊社会の様相が明らかになった。なお寺社の諸機能の解明はその実務を担う都市富裕層・近郊土豪層の存在も明らかにした。彼らは寺内では公人・神人・山徒などと呼ばれ、経済・軍事・警察面で活動した。中世後期の中央寺社では荘園支配の場合と同様に富裕層・土豪層への依存を強めていたことになるわけだが、一方で注意したいのは、山徒の土倉が法会費用を資金源として金融業を営んだように、富裕層・土豪層もまた寺社運営に関与することでさまざまな恩恵をうけていた点である。富裕層・土豪層と中央寺社はもたれ合いの関係にあったのである(48)。

（2）室町幕府と中央寺社

以上のような中央寺社の都市・近郊地域との関係性に関する実態解明が進むと、京都に拠点を置き、京都を重要な経済基盤とした室町幕府との関係に関する検討も進み、そのなかでは、佐藤進一氏が示した幕府による京都市政権の吸収という評価の再検討が大きな論点となってきた。このような議論のきっかけをつくったのは下坂守氏による延暦寺寺院組織に関する一連の研究である。(49)下坂氏は延暦寺の室町期における組織を解明するなかで、山門使節や日吉小五月会馬上方一衆など室町幕府と山門の関係を論じる上で重要な組織の実態を明らかにした。そしてこの下坂氏の諸研究をうけて室町幕府の京都支配の特質をさらに掘り下げたのが三枝暁子氏である。(50)

三枝氏は、初期足利政権が京都を中心とした祇園社などの寺社に将軍御師職を設置し、祇園社では山門の京都における行政・警察機能を補完していたため、御師職の設置が幕府の警察権獲得の足がかりとなった点を明らかにした。また足利義満期については、下坂氏が明らかにした山門使節・馬上方一衆の検討を踏まえた上で、室町幕府の京都支配が、山門の京都支配の仕組みを将軍を結節点とする関係性に再編して築き直すという側面をもっており、佐藤氏がいう「権限吸収」の側面にとどまらず山門の京都での権益を是認する側面ももっていたことを明らかにした。三枝氏の検討は本章の観点からすると以下の二点で重要である。

第一に、室町幕府の都市支配が末社や山徒をめぐる延暦寺の京都支配との協調を経て初めて確立しえた点である。なお大田壮一郎氏は、南都の興福寺対策も山門政策と共通性があるとしており、(51)たとえば官符衆徒の幕府による掌握といった動向は、興福寺を通じた南都・大和支配の安定といった意図が明らかで、それは山門使節の掌握による山門領の安定という動向と類似している。室町幕府による京都・奈良とその近郊地域の支配は延暦寺・興福寺という有力寺社との微妙な協調関係に基づき成立しえたのである。

第二に、山門との競合の要素として、洛中の山徒の問題だけでなく北野社・祇園社といった京都周縁部に位置する末社支配の問題もとりあげた点である。延暦寺と幕府の都市支配をめぐる駆け引きは、洛中だけでなく、京都の都市構造のもう一つの核である寺社「境内」支配の面でもみられたわけである。なお、室町幕府による京都とその近郊地域の中小寺社に対する支配という点は石清水八幡宮・清水寺の例も提示されている。(52)室町幕府の都市支配は中小寺社の都市・近郊地域にもつ影響力を利用しつつ進められたのである。

なお、以上の支配は義満期に確立したとされるが、その維持は容易ではなかった。義持・義教期になると、延暦寺・興福寺と幕府の軍事力行使の妥協点として設置した山門使節や官符衆徒の制度が機能不全に陥ったほか、幕府が延暦寺・興福寺との協調関係を踏み越え北野社や東大寺など中小寺社への関与を深めたことで延暦寺・興福寺の大衆勢力が反発する事態に発展したからである。結局、義教が嘉吉の変で暗殺されると、義満期に一時は沈静化した両寺の強訴が再び頻発するようになった[53]。室町幕府と延暦寺・興福寺の協調関係はここで大きな転機を迎えたといえる。また京都清水寺・南都東大寺では、応仁・文明の乱後に室町幕府の影響力が後退する傾向が顕著にみられるようになる[54]。室町幕府政治の混乱は中小の中央寺社の寺院運営のあり方にも大きな影響を及ぼしたことは確かであろう。

三　室町殿の貴種僧政策とその影響

右の幕府と中央寺社の関係の研究が進む一方で室町殿の貴種僧政策に関する研究も進んだ。その前提となったのは、一つは一九八〇年代後半の富田正弘氏による祈禱命令権を題材とした室町殿の朝廷支配の研究[55]、もう一つは武家政権の宗教政策、とりわけ鎌倉幕府の宗教政策に関する研究の進展であった[56]。これらの研究は、室町殿の公家衆支配の一環としての貴種僧統制[57]や室町殿の祈禱体制[58]の実態解明とそれらの体制の形成・展開過程に関する研究の進展を促し、それらの成果をうけて大田壮一郎氏による包括的な室町殿の宗教体制の像が提示されるに至っている。

以上の研究動向は顕密寺院史にとどまらず、室町期における公武関係論や禅・顕密併置を原則とする宗教政策全般の解明に大きく貢献したが、本章の観点からすると、一連の研究が室町殿との関係を背景にした貴種僧の寺院内外での活動にも及んだ点で重要である。その代表が三宝院門跡であり、賢俊・満済の動向のほか、代々門跡の醍醐寺内部・武家祈禱体制における位置づけも明らかにされた[59]。なお本書第一部第一章は右の位置づけに加え、真言宗僧団での三宝院門跡の位置づけを明確にしたものといえる。またこのほか室町期の金剛乗院俊尊・将軍御師職、戦国期の聖護院門跡・大覚寺門跡の動向も明らかにされており[60]、本書第二部第三章で論じた南都における東大寺西室の例もこれらの研究のなかに含められよう。彼らの活動は室町殿権力の一翼を担う政治的な活動において顕著にみられたが、寺院社会内部でも、聖教類の独占的な相承を実現させるなかで優位な立場を確保していった。これらの動向の解明は南北朝期以降に寺社内部における影響力を低下させたとされる貴種僧論に一石を投じた。

四　鎌倉府と関東の寺社

以上の室町幕府論と別に一九八〇年代後半以降、佐藤博信氏・山田邦明氏らによって鎌倉府の自立的な東国支配の様相が明らかにされると、鎌倉府の寺社支配体制と寺社側の反応に関する研究も進んだ[61]。このような東国の動向は、先に整理を加えた守護などの地方寺社支配といった問題に解消できない側面をもっている。そこで以下では、特にこの点に関する研究の動向を二点にわけて整理しておくことにしよう。

まず第一に、鎌倉府の鎌倉寺社に対する影響力を示す研究の進展である。たとえば寺社造営に関する研究では、小森正明氏が鎌倉府の造営政策を包括的に検討し、鎌倉府や有力国人の援助を得つつ、寺僧や勧進聖も財源確保に動き、鎌倉府と寺社が一体となって事業を進めたことを明らかにしている[62]。また鶴岡八幡宮若宮別当（雪下殿）に関する研究も進んだ。小池勝也氏は、鎌倉期に寺門派の別当が最大勢力であったのに対して、南北朝期以降になると、東密派の別当が続くようになったことを示したが、その背景に足利一族のなかに東密派の僧が多かった点を想定した。佐藤氏は、古河公方成氏弟定尊の別当就任以降に鎌倉公方との一体化が進み、関東の政治情勢の一つの核となったことを明らかにした。[63] 鎌倉寺社の所領に関する研究でも、鎌倉府膝下の相模、関東管領上杉氏守護分国の伊豆・武蔵・上総・上野で所領が検出され、鎌倉府に依拠して支配が行われていたことが明らかにされている。[64] このほか、近年では室町幕府の寺社政策の進展に触発される形で、祈禱体制や寺社の長官補任など人事面での鎌倉府権力の独自性を確認する研究も提示されつつある。[65] これらの研究から、鎌倉府の鎌倉寺社に対する影響力の大きさがうかがえる。ただ一方で小池氏は、鶴岡別当が室町期に京都の武家や寺僧と深い関係を有し、常に鎌倉公方に従順であったわけではない点も指摘している。鎌倉府については、東国武士の支配をめぐっても、室町幕府との間で矛盾をかかえていたが、門跡僧の支配をめぐっても同様であったことになるであろう。

第二に、鎌倉寺社と東国の地方大寺社との関係に関する研究が進展した。たとえば佐藤氏は室町期にはいると、鶴岡別当や鎌倉熊野堂などの「門跡」たちが関東の諸寺別当職を兼帯したり、地方寺院の所領安堵の主体として現れたりするようになったことを指摘した。また、諸寺別当職の兼帯という点では鶴岡八幡宮の供僧も同様であった。[66] このほか近藤祐介氏は、鎌倉公方護持僧の月輪院がその公方との関係を背景に関東八ヵ国の山伏集団を掌握したことを示した。[67] 以上の検討から、東国寺社に対する鎌倉寺社僧の影響力の大きさが明らかになった。ただ一方、箱根権現では別当職が鎌倉の僧から駿河国人大森氏の一族へ移り、[68] 日光山でも衆徒中が寺院運営の主導権を握ったことが指摘されているように、[69] 鎌倉在住僧の影響力を相対化させる動向も示されている。これら両面の動向をいかに合理的に解釈するか、今後の検討が俟たれる。

第三節　中央寺社と地方寺社の関係

黒田氏は寺社勢力崩壊の一要因を中央寺社による末寺・末社支配の喪失にみた。確かに南北朝内乱期以降には、それまでの本末関係が動揺・消滅していく例は少なくない。それゆえに、この見方はその後の研究総括でもしばらくは継承された。しかし、地方・中央寺社双方の研究が進展した二〇〇〇年代になると、中央・地方寺社間において新たな関係が形成される事例が紹介されるようになった。そこで、①寺僧間の交流、②勧進聖を介した関係の形成、の二つの側面からその関係性に関する研究を整理しておきたい。

一　寺僧集団間の交流

この点はそれぞれの例が異なる問題意識から検討されてきたので、以下ではまず諸事例を提示し、その後に各事例に共通する動向をまとめておくことにしたい。

(1)　延　暦　寺

延暦寺の本末関係については、下坂守氏が、末寺側から①末寺役の上進、②末寺側からの比叡山への登山、③神輿入洛時の軍忠、といった「奉公」を示す一方で、本寺側は末寺が外部から攻撃された際に王権を動かして止めさせるという関係を示した(70)。大田壮一郎氏は下坂氏の検討を踏まえつつ、応永期以降に延暦寺による末寺訴訟の代行事例が増加することを指摘し、そこに本寺を通じた室町殿へのアクセスを期待する末寺の意向を読み取った(71)。なお延暦寺は、戦国期の天文法華の乱でも末寺の出陣を促しており、[72]その求心性は十六世紀前半頃まである程度は維持されたといえよう。また下坂氏・大田氏の検討は主に延暦寺の惣寺が主体となった本末関係であったが、十六世紀半ば頃の出雲国清水寺と鰐淵寺の座次をめぐる相論、[73]あるいは関東における天台・真言両宗間で争われた絹衣相論や千妙寺と宗光寺の本末関係をめぐる相論[74]では大衆勢力だけでなく梶井門跡や青蓮院門跡といった貴種僧が訴訟で判断を下したり、朝廷との仲介役として現れている。戦国期には貴種僧もまた訴訟の窓口として機能していたのである。

（2）　聖護院門跡

聖護院門跡は中世後期に地方山伏の組織化を進めて本山派の基礎を作ったとされるが、組織化の展開過程には不明な点を残していた。この問題に取り組んだのが近藤祐介氏である。[75]近藤氏は十五世紀までの聖護院門跡が熊野三山における補任権を掌握し、そのなかに熊野先達の補任権なども含まれたことに画期を認めつつも、熊野先達の訴訟に聖護院門跡が直接関与することはなく山伏に対する影響力は限定的で、むしろ活動の力点は公武の祈禱にあり、経済的にも門跡領や熊野三山領などの荘園や祈禱供料に依存していたとした。しかし、将軍権力が衰退し、既存の経済基盤を失った十六世紀初頭になると、新たな財源を模索するなかで地方山伏を直接掌握し、役銭を徴収する体制を整えたことを示した。その際に生み出されたのが「年行事職」と呼ばれる職であり、この職はそれまでの熊野参詣への引導に関わる「熊野先達」と異なり、地方において所定の領域の同行山伏を統括する職であった点に特徴がある。この年行事職は戦国期における山伏同士の競合関係と紛争の増加という動向と相まって、自らの「霞場」保持を目論む地方山伏に受け入れられていった。このように十六世紀には門跡やその坊官が列島各地に将軍使節として下向した時を利用して「年行事職」を媒介として山伏の編成を推進したのである。近藤氏はこの体制の構築をもって本山派成立の重要な転機とした。

なおこのような聖護院門跡の組織化については、それと距離をとったり、反発する山伏の動向もあったことが指摘されている。この点を体系的に明らかにしたのが関口真規子氏である。(76)たとえば大和を中心とした畿内山伏集団の「当山」方は中世前期に興福寺堂衆に率いられた集団を前身としたが、しだいに堂衆から離れ、中世後期には一時期を除いて棟梁を据えることなく先達衆の自治で運営され、聖護院門跡の支配とも一定の距離をとった。また関東でも真言宗寺院のなかには聖護院門跡からの役銭の納入に従わない集団が少なからずおり、それらの山伏が慶長初年には徳川家康に対して役銭賦課の不服を訴えた。関口氏はこれらの集団が近世初期に醍醐寺三宝院門跡を棟梁として仰ぐようになり、本山派に対する「当山派」を形成していったことを明らかにした。

このように山伏集団においては中央寺社の聖護院門跡・三宝院門跡を中核とした組織化が十六世紀から十七世紀にかけてしだいに形成されてきた様子が明らかにされた。(77)

（3）　真言宗学侶

真言宗学侶の中央寺社と地方寺社の関係としては、①中央寺社僧の地方寺社への下向にともなう付法・授法の活動、②高野山・根来寺という教学面での新しい核の形成、(78)という二つの動向が指摘されている。

まず①について、鎌倉中期以降、寺家運営の主導権を握った東寺衆中は、当初は荘園現地の安定のため下向することもあったが、本書第一部第二章で示したように南北朝後期になると守護の在京が確立したのにともない、荘園をめぐる京都での交渉が重要性を増すなかで寺僧に常住を求める傾向が強まった。(79)しかし応仁・文明の乱後には寺僧が地方に下向する例が目立ち始め、なかには宝菩提院亮恵のように十六世紀前半に三度にわたり関東へ下向して地方寺僧への授法にあたった者も出てきた。その活動はすでに櫛田良洪氏が概要を紹介していたが、近年は坂本正仁氏の史料紹介の成果を踏まえつつ宮野純光氏がその具体相を明らかにしている。[80]そこでは、亮恵の下向が自らの法流伝授と同時に法会料や住坊造営費用の勧進を目的としたこと、下向の際に天皇・幕府の後援を得て関東の後北条氏とも連携したことを指摘した。

同様のことは醍醐寺僧でも確認できる。醍醐寺僧は鎌倉期には幕府の要請で関東で住持する僧を輩出したが、南北朝期後半に入るとそのような東西の往還は目立たなくなった。[81]そして藤井雅子氏は、室町期には地方から京都に僧が上京する形の交流が目立ったのに対し、明応七年(一四九八)以後、報恩院流・無量寿院流の正嫡がたびたび地方に下向して付法に従事したこと、その際勧進が下向目的の一つとなった場合もあったことを示した。[82]

また中世後期の安祥寺流について検討を加えた鏑木紀彦氏は、室町期に京都の西安祥寺や高野山で活動していた安祥寺流の門主隆快が、応仁・文明の乱後には能登国石動山に拠点を移し、次の門主光意の時期までこの地を拠点として活動したことを明らかにした。[83]

一方②の動向は、根来寺について坂本正仁氏が、十五世紀後半頃から東国など田舎から根来寺に来て教学活動をする僧侶が増加したこと、その田舎出身の僧が「客坊方」「客僧方」と呼ばれる集団を形成し大きな勢力となったこと、を指摘した。その背景には、南北朝期以降の関東における真言宗勢力の拡大という動向があったが、[84]本書第一部第三章では、他方で室町期までの教学の中心であった東寺が常住重視の傾向を強めて排他的傾向を強めたことが、新しい教学の核が形成される一つの背景となったことを示した。また高野山については、いまだ不明な点も多く、今後の検討に委ねる部分が多いのだが、関東の相模では十六世紀の天文年間に交流が確認される例が報告されており、[85]やはりこの時期に何らかの関係が生まれ始めていたことが予想される。

①・②から真言宗学侶の中央・地方寺社間での行き来が戦国期に活発化したことは明らかであろう。戦国期の真言宗寺院では、特に関東で地方寺社間の本末関係をめぐる紛争が確認されるが、その際に末寺が亮恵の下向以来関係を保ってきた東寺衆中に判断を求めたり、関東を支配する後北条氏も自らが直接裁定を下すことなく東寺衆中の判断を求めるよう命じている。(86) また前述の絹衣相論では真言宗側でも醍醐寺三宝院義演・仁和寺御室のような貴種僧や東寺亮恵、根来寺三綱・学頭らが訴訟の仲介役として現れた。このように十六世紀に形成された新しい関係は訴訟などを通じて本末関係として定着していった。

以上、三つの教団の例について整理を加えたが、確認したいのは以下の二点である。

まず第一に、中世後期には新しい形での中央寺社と地方寺社の関係が生まれる点である。黒田氏が指摘したように南北朝期以後に既存の本末関係が失われていく動向があったことは確かだが、それは中央寺社・地方寺社間の関係の「断絶」を意味するものではなく、一方では新しい関係の形成をともなう「再編」の一動向だったといえるだろう。なおその関係はさらに、室町期(十五世紀)と戦国期(十六世紀)では異なる。十五世紀には主に地方から中央というベクトルが目立ち、中央寺院の先には室町殿が強く意識されたのに対して、十六世紀になると、聖護院門跡や真言宗学侶の動向から顕著にうかがえるように中央から地方のベクトルが前代より目立つようになった。この背景にあるのは、荘園制の崩壊にみられる中央寺社の経済基盤の動揺、地方寺社を取り巻く環境の変化、という動向であった。

そして第二に、右のように戦国期に新しい関係性が生まれるなかで、中央寺社が地方寺社に対して新しい形で求心性をもつようになる点である。それは職補任権の掌握、新しい役の徴収、紛争の裁定者として確認される。注意したいのは、これらの役割が荘園のような所領支配と必ずしも結びついていない点である。荘園制のもとでの末寺と末寺領を一荘園のようにとらえる本末関係が崩壊していくなかで、中央寺社は荘園制のもとでの関係とは異質な新たな本末関係を模索していったわけである。このような中央寺社の求心性は、さまざまな紆余曲折をともないながら、近世的な本末関係の前提ともなるのである。

なお、この求心性に関連して注意したいのは、このような職補任や紛争の裁定が戦国大名や個別の武家領主の要請・支持のもとで形成されていった点である。このことは地方寺社の支配においては戦国大名の権力が絶対的だったわけではなく、それを相対化する存在として中央寺社を捉えることができる点で重要である。

二　勧進聖の活動とネットワーク

勧進聖の研究は中世前期を中心として進展した。そこでは公権力により事業遂行を保障された大勧進職に財貨を正しく運用するとされた禅律僧が補任された。ただ禅律僧の勧進は財源徴収において関銭・棟別銭・段銭など強制的賦課への依存をしだいに強める傾向（勧進の体制化）が進み、人々から喜捨を仰ぐという本来の姿から逸脱し、また南北朝期以降には大勧進職の寺家・社家からの自立性も後退し、寺社の内部組織に取り込まれていった。この傾向をうけて網野善彦氏は中世後期について勧進の凋落・堕落の時期と評価した。(87) しかし、この中世後期の勧進聖に対する評価は必ずしも実証に基づくものとはいえず、展望にとどまっており、ゆえにその実態解明がしだいに進められていくと、右のような中世前期の勧進聖の実態・評価とは異なる指摘も出されるようになってきた。

まず中世前期から中世後期への展開については、太田直之氏によって検討が進められた。その結果、室町幕府の政治が安定した十五世紀前半には社家・寺家が幕府あるいは寺社の膝下所領から費用を調達して造営事業を主導したのに対して、十五世紀後半に入ると「本願所」や「穀屋」に拠点を据えて寺内への定着性を増す勧進聖が現れるようになったことが明らかになった。(88) また中世後期から近世への移行については、中世後期に勧進聖として活躍した本願が近世に入ると没落する傾向にあることが吉井敏幸氏によって指摘された。しかし、これに対して下坂守氏は近世にも寺内への定着性を強めていった勧進聖の例を提示し、その後もこれを支持する論考が多く発表された(89)。このように勧進聖の近世的展開には多様性を見出せることがわかった。ただいずれにしても以上のような研究動向により、南北朝期に一度は沈滞していった勧進聖の活動が、十五世紀後半から十六世紀の戦国期にいたって再度活発化する状況が明らかになった。

そしてこのような推移が明らかにされると、この戦国期の勧進聖の性格についても、検討が進められることになった。このうち太田氏は高野山・北野社・東寺などの例からその性格を追求した。その結果、戦国期の勧進聖は穀物を絶つ行者として信仰と信頼を得た十穀聖・木食聖が多く、彼らは修験や念仏との親近性をもつ側面もあるが、中世前期の勧進聖においてみられる禅律僧のような特定宗派ではその存在を説明し難い点を指摘した。また勧進聖のネットワークについても太田氏・工藤克洋氏らによる検討が進み、戦国期の勧進聖が寺内への定着性を強める一方で、①師資相承の関係で結ばれた勧進聖の集団が複数集まって勧進活動を展開する、②一つの勧進聖の集団が一つの寺社専属ではなく複数の勧進事業を兼帯している例が多くみられる、③勧進聖集団の構成員のなかには、地方に下向し、現地の聖や山伏とも連携しつつ、幅広いネットワークに支えられて勧進活動を展開していた点などが明らかにされた(90)。その結果、寺内への定着性を強めつつも、寺社の枠組みから自立的な戦国期の勧進聖像が明確にされた。

以上の例をみると、南北朝期以後に既存の本末関係が崩れるという傾向がある一方で、特に戦国期には室町幕府と荘園制の崩壊、あるいは地方寺社をとりまく社会の混迷という状況を背景に、これまでと異なる形で中央寺社と地方寺社の多様な関係が学侶・山伏・聖を媒介として形成されたことがわかる。そしてそのなかでは、中央寺社僧の積極的な活動もあり、荘園制下での関係とは異質の新しい本末関係が形成された。中央寺社の中世後期については、荘園制の崩壊とともに没落する側面が強調された。それは一つの側面であることは確かだが、その点が中央寺社の「壊滅」をもたらすまでには至っていない点は重要である。右のような関係は近世に至るまでに紆余曲折を経るのであるが、やがて近世に至る過程で、中央寺社のなかには地方の「公」として蓄積された地方寺社の富を巧みに吸収していく者も出てくることになるのである。

第四節　小　結
――地域寺社化と本末関係の再編――

以上の第一節から第三節までの検討を黒田氏の中世後期顕密寺社への評価を念頭に置きつつまとめよう。

黒田氏がいうように中世後期には荘園制の崩壊、新仏教勢力の興隆、武家領主の違乱のなか顕密寺社（なかでも中央寺社）は「権門」と呼べるほどの経済・軍事・技術・文化面での卓越性は失ったかもしれない。しかし卓越性の喪失は寺社勢力の壊滅と同義でなく、各寺社はスケールを縮小させつつも、中世後期の政治・社会状況に対応して新たな存在意義を獲得した。それが惣村の土豪層や都市の富裕層（有徳人）を基盤に地域社会で新しく生まれた「公」としての機能を果たす役割であった。このような機能は地方大寺社・中央寺社双方にみられた。中世後期の地域社会に新たな立ち位置を見出した中央寺社・地方大寺社を「地域寺社」と総称するなら、顕密寺社は中世後期社会において地域寺社として依然として重要な位置を占めた点に特徴を見出せる。この地域寺社化は荘園制の動揺と惣村の形成が進む南北朝期に起点を見出せ、室町期にその地位が確立する。ただ土豪層や都市富裕層を基盤とすることは、顕密寺社が地域の有力国人や戦国大名、あるいは新仏教系の教団と基盤を共有するようになったことを示しており、それは諸勢力との競合が不可避となってくることを意味していた。それが表面化するのが戦国期であり、この時期には、室町幕府・地域社会の動揺により地域寺社やそのネットワークの自立性も動揺し、なかには没落を余儀なくされる寺社もあったが、それでも根来寺のように戦国期を通じて自立を守る寺社も存在した。先行研究では戦国期を自立的な地域寺社の衰退期とする見方がある一方で、その全盛期とみる論者もいるのはこの多様性のためだった。

なお、地域寺社の形成が進むなか武家政権では自立的な寺社との対決姿勢を強める一方で、それら寺社の編成を進める動向も生まれていた。まず室町期には、それまで国衙が関わりをもった一国寺社の造営や神事・仏事の運営に守護が関わりをもつようになり、中央では室町殿が守護・貴種僧ら在京領主の面々と協力しつつ造営事業や所領安堵を通じて地方大寺社への関与を深めていった。そして戦国期になると、社会が動揺し、これまでの地方大寺社を核とした寺社のネットワークが動揺するなかで、戦国大名は寺社への介入をさらに強めていった。そのなかで戦国大名は領国支配に地方寺社のもつ社会的な諸機能を利用しようとし、それに応じて戦国大名の編成に身を委ねて奉仕することで維持を図る寺社も増えた。ただ大名は寺社を介さない地域支配を志向する側面もあったが、他大名や国人領主と競合するなかでの直接支配は容易でなく、領国内で一元的に寺社を支配する体制を整えることも容易ではなかった。ゆえに少なからぬ寺社は大名のもとで地域支配の回路としての機能を果たしつつ、一定度の自立を維持しえた。この点はこれまで「自立」か「壊滅」かといった二者択一的な地域寺社の行く末を提示していた顕密寺社論に、戦国大名編成下での存続というもう一つの道を示した点で重要である。戦国期は先行きが不透明な状況のなか、編成への参加と自立の間で地方大寺社には多様な存在形態がありえたのである。このような編成から自立までの多様性は織田政権期頃まで継続したものと考えられる。

また編成という点では中央寺社による地方寺社の編成に関する検討も進んだ。これまでの研究では南北朝期以降に既存の本末関係が動揺することが強調され、さらに室町期になると鎌倉府との緊張関係からそれまで頻繁にあった京都・鎌倉寺社間の交流も減退する傾向をみせた。しかし一方で、室町期には京都の幕府が求心力を高めていくなか、地方寺社が中央寺社を通じて幕府へ要求を持ち込み、本寺からの諸負担にも応じるなど中央寺社の地方寺社に対する求心性が高まる傾向も一部にはみられるようになった。また東国でも、鎌倉府と接近した鎌倉寺社の僧が東国寺社の別当などに進出する傾向が進んだ。そして戦国期になると、室町幕府の混乱が深まるなか、京都の幕府へ向かう僧の流れは衰え、鎌倉府の支配後退とともに、東国における鎌倉寺社の影響力も後退したが、地方社会の混乱という状況に応じる形で、中央寺社が寺僧の地方下向、それも東西の垣根を越えた広域の活動を展開するようになり、諸職補任や付法を通じて地方寺社の編成を積極的に試みた。その結果、中央寺社のなかには地方寺社間の紛争の裁定者や朝廷への仲介者、あるいは地方寺社を統括する職の補任者としての立場を確立させるなかで、新しい権威を獲得する者も現れた。また造営事業でも、室町期には幕府が中央寺社の造営費用を寺家・社家に直接下行したこともあり、勧進の体制化と寺家・社家による造営の主導という傾向は続いたが、戦国期になると寺外の勧進聖が寺内への定着を強める一方で、中央・地方にわたる広域の活動をみせて事業を推進する姿が目立つようになった。

以上の中央寺社・地方寺社の関係は全てが近世まで維持されたわけではなく流動性をもっていたが、少なくとも黒田氏が指摘したように中央寺社の末寺編成が失われたわけでもなく、関係は形を変えつつ存在し続けた。先に中世後期は中央・地方寺社双方が地域寺社化する点に共通性を見出したが、一方、新たな本末の関係が形成される点で中央寺社（本寺）と地方寺社（田舎本寺や末寺）は明確に区別されるべき存在だったのである。

第五節　残された課題
――中央寺社の視点から――

以上のようなさまざまな成果を生んだ中世後期の顕密寺社論であるが、一方でいまだ多くの課題が残されていることも確かである。その課題を全てあげることは筆者の能力を超えるが、ここでは本書で研究対象としてきた中央寺社の視点に限定していくつか論じることにしたい。

一　地域社会と中央寺社

前節までの検討から、中央寺社と地域社会では、地方の荘園や地方寺社、あるいは都市・近郊社会といった多様な関わり方を有していたことがわかるが、ここでは、①室町期荘園制と寺社の関係、②地域寺社としての都市・近郊社会との関係、③戦国期の地方下向にともなう地域社会との関係、という三つの観点から整理しよう。

(1)　室町期の荘園領主論

室町期荘園制に関する近年の成果は、荘園制と在地社会の関係、室町幕府・守護と荘園の関係という二つの側面を中心としてその特質が論じられてきた。また、荘園制を構成する要素としては荘園領主層が重要な位置を占めるが、そこでも武家領と寺社本所領の均一性という点が示され、これらを併せて在京領主と概念化した点に一つの成果を認めることができる。ただ一つ問題としては、在京領主の均一性が示される一方、室町期の在京領主なかでも寺社本所領の領主の特質があまり明確にされていない点があげられる。むろん室町期の寺社本所領については応永年間に各地で行われた検注、あるいは膝下所領の支配を強化した高野山に関する研究が進んでいるが、(91)いまだ多様な事例を提示するまでには至っていない。荘園をめぐる環境がかわるなか、荘園領主層も無策ではなかったはずで、実際に本書第一部第二章・第二部第二章で指摘したように顕密寺社は南北朝後期になると前期とは異なる寺内組織を生み出しつつあった。その対応のあり方は、高野山のあり方とは異なる様相を呈した場合も考えられ、その実態解明は室町期荘園制の構造をより豊かなものにするのみならず、戦国期・近世の領主としての中央寺社を見通す上でも重要な意味をもつ。よってその検討は今後の課題となろう。

（2）　地域寺社としての中央寺社論

中世後期の顕密寺社論は地方寺社研究から本格化したことは先に述べた通りであるが、その際には村落に基盤を置いた「地方寺社」の視点が明確に示される一方、中央寺社はその検討対象として浮上することはなかった。また都市論では、京都・奈良の場合に町人による共同体の形成という点に長らく焦点が据えられ、都市の周縁に境内を構える顕密寺社門前町の位置づけに関する研究は遅れた。このように中央寺社は村落・都市に関する研究が進展するなかでも、その隙間に位置づけられ地域社会における役割の検討が遅れた。

ただ前節で示したように、中央寺社に関する研究は荘園制が限界をみせるなか、都市・近郊地域を地盤とした「地域寺社」へと確実にシフトしていたことを明らかにしつつある。その意味では室町・戦国期の中央寺社については「地域寺社」論の枠組みから地方寺社と同じ土俵に並べて位置づけることはある程度可能であり、中世後期段階でも圧倒的な残存史料を抱える中央寺社の事例は、地方寺社の例では示し得ない地域寺社の実態、さらには町共同体とは異なる都市像、を示すことができるのではないだろうか。さらにその意義は地域社会・都市論の枠にとどまらない。地方寺社論が守護や戦国大名論に新たな切り口を提供したことはすでに示した通りだが、中央寺社の地域寺社としての実態解明は、後述する畿内における武家政権や朝廷の存在意義を論じる上でも重要な成果をもたらすはずである。

しかし現状では、ようやく延暦寺をめぐる寺社の研究が近世に至るまでの道筋を示しつつあるものの、京都周縁部や南都の顕密寺社などの事例検討は依然として不足しており、特に戦国期についてはほとんど手つかずといえよう。ゆえに室町・戦国期の中央寺社については、地方寺社論の方法に学びつつ、経済的・人的な基盤、寺社間・在地間での水平・垂直の多様なネットワーク[92]、他の宗教勢力との関係[93]、武家政権・朝廷との関係、それらの要素の時系列的な変遷、といった点を総合的に明らかにしていく必要があろう。

（3） 戦国期の本末関係と戦国大名

前節で戦国期の中央寺社では貴種僧・学侶が地方へ下向して地方寺社を新たに末寺に編成しようとする動きを紹介した。このような研究の進展は以下の二点で重要な意味をもつ。

まず第一に、諸宗形成史の一事例としての意味である。戦国期の宗教勢力については、地方の村落・都市に浸透し軍事・経済面で大きな影響力をもった本願寺と一向一揆の研究が先行した[94]。近年は法華宗[95]や吉田神道[96]が地方社会に受容されていく過程も明らかにされ、五山僧も戦国期に地方の大名のもとへとおもむいた[97]。このように戦国期は諸宗が地方で新たな教線の獲得を模索した時期であり、第三節で示した顕密寺院の僧侶もまたその流れのなかに身を投じていったわけである。河内氏が述べたように諸宗の近世に至る道のりはそれぞれ個性豊かな歩みがあったはずで[98]、顕密寺院の新たな本末関係の形成過程は、近世の宗教秩序形成史をより豊かなものとする可能性をもっている。この意味で顕密寺社に関わる事例の掘り起こしとその他宗との比較検討を通じたその位置づけ作業は今後重要な意味をもつだろう。

第二に、戦国期の権力論としての意味である。戦国期の寺社研究では、延暦寺や根来寺のような戦国大名と対立する寺社のなかに戦国大名に包摂されない自立的な寺社勢力のあり方を見出してきた。しかし、すでに述べたように顕密寺社のなかには大名権力と対抗するだけではなく、その支配を受け入れ、共存をはかる寺社も多く存在した。ただ注意したいのは、そのような寺社であっても、戦国大名に屈従するわけではなく、大名は地方寺社の地域における基盤や中央・地方間の本末関係を是認する側面もあった点であり、ここから「対抗」とは性質の異なる形ながら、戦国大名の権力から一定の自立性を維持していた寺社勢力のあり方を見出すことができる。このような「一定の自立」の具体的な追求については、今後の検討にゆだねるところが大きい(99)が、以上の点からは、顕密寺社の研究が、大名とは異なる形での戦国期の権力を論じる上での新しい論点を提示できることを示唆しており、その検討は近世における本末体制や檀家制度を見通す上でも重要な意味をもつものと思われる。

なお戦国大名と顕密寺院の関係でいうと、関東天台宗や真言宗の高野山僧の動向は特に注視する必要がある。これらの勢力は天海や高野山遍照光院頼慶といった初期江戸幕府の宗教政策に大きな影響力をもった僧を輩出しており、彼らが影響力をもつにいたる過程自体は検討が進められている。ただ、その前段階にあたる室町期の鎌倉府を中心とした宗教秩序が崩壊した後の戦国期の状況については十分に明らかにされているとは言い難い。この点は史料的な問題も想定され、現実としてどこまで解明が可能なのか未知数な部分もあるが、中近世移行期を解明する上で重要な論点であることは確かであろう。

二　中央政権と中央寺社

幕府・朝廷など中央政権との関係については、室町期・戦国期という時期によっての変化、あるいは中央政府の各主体との関係など多様な論点が設定可能である。

(1)　室町幕府の造営政策と中央寺社

先に室町期の宗教政策論は京都の幕府と鎌倉府の政策論がそれぞれに発展を遂げた点を指摘したが、この二つの研究動向を比較したとき、室町幕府の宗教政策において祈禱政策が盛況な一方、造営政策に関する議論があまり進んでいない点に気づく。この点は地方寺社の研究と比較しても同様であろう。むろん幕府の造営政策としては、禅宗相国寺の造営に関する検討は近年進み、その事業の政治的・経済的な影響も指摘されているし、[100]地方の主要寺社の修造事業への室町殿の関与という動向も指摘されている。[101]しかし、室町殿が京都・奈良におけるさまざまな顕密の中央寺社の造営に関わったことも諸史料で確認できるが、その総体としての研究は必ずしも進んでいない。この分野の研究の進展は、祈禱とは別の側面から幕府の宗教政策の特質を見極めることを可能にするだけでなく、室町幕府の財政論としても重要な論点を提供するであろう。また東寺では、室町期の幕府による造営料の下付が造営面での衆中（寺家）主導体制を補強した[102]ように、幕府の造営政策は寺院組織の構成・機能を考える上でも重要である。

(2)　戦国期の武家政権・朝廷と中央寺社

前節で示したように、近年は室町幕府の成立と中央寺社の動向との関係に関する検討は進んだものの、その後の展開についてはいまだ不明な点が多い。戦国期の中央寺社は経済的には衰退期にあるものの、それはこれらの寺社に関する研究が有効な論点を提供できないことを意味しない。特に中央政府との関わりでは、以下の二点において重要な論点が提供できるであろう。

まず第一に、戦国期の武家政権や朝廷を支える勢力としての中央寺社である。

近年、戦国期畿内の細川政権・三好政権に関する研究が進展している[103]。その結果、所領安堵や禁制下付あるいは訴訟制度といった観点から、各政権の在地支配における諸段階が明らかにされ、地子銭・礼銭などを通じた経済基盤も明らかにされつつある。そして、そのなかでは都市・近郊領主（一連の研究のなかでは「荘園領主」とされる）もまたその支配を受容する勢力として登場する。ただ、以上の研究については、各政権の変容に対する在地社会側の反応の検討とその検討を通じた政権と在地との相互作用という点に課題を残すとの指摘がある[104]。ここでの「在地」とは、主に村落や町人の動向が想定されているように思われるが、「政権と在地の相互作用」を「支配者と被支配者の相互作用」と拡大してみると、政権と在地の間に位置づけられる都市・近郊領主もまた、被支配者のなかに含めて考えることができるであろう。とするならば、都市・近郊領主の検討は細川政権・三好政権の性格を具体化させていく上で一つの重要な視点を提供することであろう。

またもう一つ、近年は公武関係から中近世移行期の政治構造を解明しようとする研究も急速に進んでいる。特に織田信長の政治的位置づけをめぐる研究では、信長の朝廷改革の性格をめぐり論争が続いている。一連の論争で注意したいのは、その信長が朝廷改革の一環として関わった事例が、法隆寺内部の抗争、東大寺正倉院の蘭奢待切り取り、興福寺別当職をめぐる相論、関東真言宗・天台宗の絹衣相論、と顕密寺院に関わるものが多い点である[105]。このことは当該期の朝廷運営において顕密寺社政策が重要な位置づけを与えられていたことを示し、裏返すと顕密寺社が戦国期に朝廷の存在を強く求めた勢力の一つだったことを示している。[106] ただ戦国・織豊期の朝廷論ではその運営に携わる武家・公家側の動向に関心を寄せる一方、政策の受け手となる顕密寺社側の動向や認識を検討のなかに十分反映させるには至っていない。しかし実際、織豊政権期の寺社政策を検討した伊藤真昭氏もその解明のために寺社内部の組織・構造に関する検討が必要であることを訴えており、[107] この点は戦国期も同様であろう。その意味では本書第二部第四章で東大寺衆中が武家の紛争に対して中立的な立場をとるなかで朝廷との関係を重視した点などは、戦国期における朝廷の存在意義を顕密寺社論から導き出す上でのヒントを提示したものといえよう。

そして第二に朝廷の一員として地方大名と関わりをもつ中央寺社という視点である。柴辻俊六氏は地方の戦国大名が幕府・朝廷と交渉する際に、顕密中央寺社の僧が窓口としての役割を果たした点を指摘した。[108] ここからは朝廷の一部を構成する中央寺社の存在が浮かび上がる。このように考えると、本末相論や宗論で本寺たる中央寺社の意向を尊重しつつ大名が裁決を下す、東大寺領の周防国衙領のように領国内に所領をもつ中央寺社に安堵を下す、所領を安堵しないまでも献金の形で中央寺社との関係を維持する、といった例はあらためて注目する必要がある。これらの事例はこれまで中央寺社の経済的衰退の行く末として位置づけるにとどまっていたが、それだけでなく戦国大名と中央という政治的な関係のなかに広く位置づけることで、より豊かな顕密寺社像を提供できるのではないか。

三　組　織　論——学侶衆中論の重要性

以上のような諸課題を並べたとき、中央寺社の動向においてその解明の鍵となるのは学侶衆中の動向であるように思われる。近年の下級僧侶・聖・寺家被官人論あるいは貴種僧論の進展は中世後期の在地社会や中央政治が顕密寺社に与えた影響を明確にする上で重要な成果をあげ、それぞれの分野は近世への展望まで示しうる段階に到達している。

しかし一面、これら個別階層の研究深化は中央政治と社会の狭間で寺社の構成員が一枚岩でない現実をも明確にし、その結果、かえって寺社の立ち位置がわかりづらくなるという新たな課題をもたらした。ではその複雑な周辺環境のなかで中央寺社の舵を取ったのはだれなのか。一部の寺院では聖・行人が主導権を握ってそれらの事態に対応したことが知られている。しかし、貴種僧を通じてもたらされる中央政治の意向と下級僧侶を通じてもたらされる在地の意向との間で寺家の最終的な意思決定を求められたのはやはり学侶衆中だった、という寺院も少なくはなかったのではないか。もっともこの時期の学侶衆中は、鎌倉後期の段階のように大きな権限を掌握するというような華々しい活動をみせるわけではない。むしろ社会の矛盾の前に右往左往する存在として現れ、それが学侶の堕落という評価を生む原因ともなった。しかし、このような矛盾は中央寺社に限らず、地方寺社・武家家中・村落などこの時期のどの社会集団でも同様だった。よって学侶内部の矛盾・混迷は、中央寺社あるいは学侶の堕落と短絡的に結びつけるべきではない。むしろ中世後期社会の矛盾そのものであり、その克服の過程こそを近世的な体制を一歩一歩築き上げる過程としてみるべきではないか。その意味で学侶衆中論は中央寺社の研究という観点のみならず、日本社会の中世から近世への展開を把握する上で、重要な研究対象たりうると考える。本書での室町期における東寺・東大寺衆中の検討はいわばその序説としての位置づけなのであって、今後もさらなる検討が必要であろう。

おわりに

以上、黒田俊雄氏により寺社勢力論が提唱された後に発表された中世後期の顕密寺社に関する諸研究の成果と今後に残された課題について整理を加えてきた。中世後期の顕密寺社論は大きな可能性を有しており、その複雑な構造の解明は、新仏教勢力の動向から説明されてきた中近世移行期における宗教秩序の枠組み、武家・村落研究から形作られてきた社会集団論、戦国大名や公武関係から形作られてきた政治権力論、などさまざまな研究領域に影響を及ぼす可能性をもっている。よって今後も地道な研究の積み重ねが必要である。その点を確認して本書を閉じたい。

註

（1）黒田俊雄「中世寺社勢力論」（同『黒田俊雄著作集　第三巻』法蔵館　一九九五年、初出一九七五年）、同『寺社勢力』（岩波書店　一九八〇年）。なお本章では、特に断らないかぎり、黒田氏の見解はこれらの業績によっている。

（2）大石雅章「寺院と中世社会」（同『日本中世社会と寺院』清文堂出版　二〇〇四年、初出一九九四年）、河内将芳「宗教勢力の運動方向」（同『中世京都の都市と宗教』思文閣出版　二〇〇六年）など参照。

（3）苅米一志『荘園社会における宗教構造』（校倉書房　二〇〇四年）、坂本亮太「東寺領荘園の宗教構造」（『民衆史研究』六八　二〇〇四年）、同「戦国期公家領荘園と荘内寺社」（小山靖憲編『戦国期畿内の政治社会構造』和泉書院　二〇〇六年）、同「中世荘園と祈願寺」（『ヒストリア』一九八　二〇〇六年）、同「一三〜一五世紀における在地寺社と村落」（『歴史学研究』八八五　二〇一一年）など参照。なお坂本氏は、近年、荘園・村落史研究会編『中世村落と地域社会』（高志書院　二〇一六年）において、「室町期の荘園と地域社会」として、中世後期の荘園・村落に関する研究を総括するなかで、地方寺社に関する諸研究について整理を加えている。

（4）井原今朝男「中世の国衙寺社体制と民衆統合儀礼」（一宮研究会編『中世一宮制の歴史的展開　下』岩田書院　二〇〇四年）、井上寛司『日本中世国家と諸国一宮制』（岩田書院　二〇〇九年）など参照。

（5）長谷川賢二「聖護院門跡による熊野三山検校職の相承と熊野先達」（同『修験道組織の形成と地域社会』岩田書院　二〇一六年、初出一九八九年）、同「中世後期における寺院秩序と修験道」（同前、初出一九九〇年）。

（6）林文理「地方寺社と地域信仰圏」（『ヒストリア』九七　一九八二年）、同「戦国期若狭武田氏と寺社」（有光有学編『戦国期権力と地域社会』吉川弘文館　一九八六年）、宮島敬一「戦国期地方寺社と地域社会」（同『戦国期社会の形成と展開』吉川弘文館　一九九六年、初出一九九〇年）、榎原雅治「中世後期の地域社会と村落祭祀」（同『日本中世地域社会の構造』校倉書房　二〇〇〇年、初出一九九二年）。

（7）前掲註(2)大石論文。

（8）浅香年木「中世北陸の在地寺院と村堂」（同『中世北陸の社会と信仰』法政大学出版局　一九八四年）、前掲註(3)苅米著書、井原今朝男『増補中世寺院と民衆』（臨川書店　二〇〇九年）。

（9）もちろん例外はある。一国寺社と地方大寺社の間に位置する規模、数村が関わる寺社、あるいは宇佐宮のように九州一円に影響力をもつ寺社（田村正孝「室町期における宇佐宮の祭祀・造営再興」〔『年報中世史研究』三二　二〇〇七年〕）も考えられよう。

（10）前掲註(4)井上著書など参照。

（11）平山優「戦国期甲斐国一・二・三宮祭礼と地域社会」（同『戦国大名領国の基礎構造』校倉書房　一九九九年、初出一九九一年）、前掲註(4)井上著書、湯峯愛「中世後期の地域社会における地方寺社の存在形態」（『市大日本史』一五　二〇一二年）など。

（12）山の寺については仁木宏「日本中世における「山の寺」研究の意義と方法」（『遺跡学研究』八　二〇一一年）、同「根来寺の都市論と首都論をめぐって」（『ヒストリア』二四五　二〇一四年）、同「宗教一揆」（『岩波講座日本歴史』九　岩波書店　二〇一五年）参照。

（13）前掲註(3)坂本「一三～一五世紀における在地寺社と村落」。

（14）前掲註(6)宮島論文、山陰加春夫『新編中世高野山史の研究』（清文堂出版　二〇一一年、初版一九九七年）、前掲註(3)坂本論文。

（15）榎原雅治「荘園公領総社と一国祭祀」（前掲註(6)榎原著書、初出一九九〇年）、湯浅治久「「公方」大原氏と地域社会」（同『中世後期の地域と在地領主』吉川弘文館　二〇〇二年）、小山貴子「中世後期における如法経信仰と地域的生業」（『地方史研究』三四一　二〇〇九年）、増山智宏「相論解決回路としての山伏の通交」（蔵持重裕編『中世の紛争と地域社会』岩田書院　二〇〇九年）など参照。

（16）山伏に関する各事例の研究状況は、時枝務ほか編『修験道史入門』（岩田書院　二〇一五年）参照。なお勧進聖のネットワークについては、工藤克洋「戦国時代の勧進聖と在地の聖・山伏」（『大谷大学史学論究』一八　二〇一三年）、学侶のネットワークについては、藤井雅子「醍醐寺僧と地方住僧」（『中世醍醐寺と真言密教』勉誠出版　二〇〇八年）、「醍醐寺僧による付法の実態」（同前）で言及がある。
(17)前掲註(2)大石論文など参照。
(18)前掲註(6)宮島論文、前掲註(12)仁木論文。
(19)前掲註(3)坂本「一三～一五世紀における在地寺社と村落」。
(20)貴田潔「地方寺社の存立と地域社会への結合」（『歴史学研究』八六四　二〇一〇年）、前掲註(3)坂本「一三～一五世紀における在地寺社と村落」、前掲註(12)仁木論文、湯浅治久「室町期南武蔵における寺社の転換」（佐藤博信編『中世東国の社会と文化』岩田書院　二〇一六年）など参照。
(21)前掲註(15)湯浅論文、前掲註(16)『修験道史入門』「本山派」、前掲註(12)仁木論文など参照。
(22)前掲註(6)宮島論文。
(23)前掲註(12)仁木論文参照。
(24)川岡勉『室町幕府と守護権力』（吉川弘文館　二〇〇二年）。
(25)近年では、田村正孝「中世後期における信濃国一宮諏訪社と地域」（『ヒストリア』一九九　二〇〇六年）が、信濃一宮の諏訪社において武家領主が村落間連合（一揆）とともに神役を勤仕していた様子を明らかにしている。
(26)坂本正仁「中世関東における真言宗教団の展開」（『日本仏教史学』二〇　一九八五年）、『茨城県史　中世編』（茨城県　一九八六年）、内山純子『東国における仏教諸宗派の展開』（そしえて　一九九〇年）、鈴木芳道「戦国期常陸国江戸氏領絹衣相論に窺う都鄙間権威・権力・秩序構造」（『鷹陵史学』二五　一九九九年）。
(27)湯浅治久「日本中世の在地社会における寄進行為と諸階層」（『歴史学研究』七三七　二〇〇〇年）、前掲註(15)湯浅著書参照。
(28)井上寛司「中世諸国一宮制と地域支配権力」（『日本史研究』三〇八　一九八八年）。
(29)前掲註(4)井原論文。
(30)井上寛司「中世諸国一宮制の変質と形骸化」（前掲註(4)井上著書）。
(31)前掲註(3)坂本「戦国期公家領荘園と荘内寺社」。
(32)井上寛司「戦国期一宮の類型区分と中世諸国一宮制の解体」（前掲註(4)井上著書）。

(33) 前掲註(11)平山論文、西田かほる「武田氏の神社政策」(萩原三雄ほか編『定本・武田信玄』高志書院　二〇〇二年)。
(34) 前掲註(11)湯峯論文。
(35) 長谷川弘道「戦国大名と地域寺社」(『戦国史研究』別冊　二〇〇一年)、深谷幸治「戦国期地域寺院への諸役賦課とその負担」(藤木久志・蔵持重裕編『荘園と村を歩くⅡ』校倉書房　二〇〇四年)、新谷和之「戦国期六角氏の地域支配構造」(『市大日本史』一三　二〇一〇年)など参照。
(36) 前掲註(35)新谷論文。
(37) 朴秀哲「織田政権における寺社支配の構造」(『史林』八三―二　二〇〇〇年)。
(38) 大田壮一郎「室町殿と宗教」(同『室町幕府の政治と宗教』塙書房　二〇一四年、初出二〇一一年)。
(39) 細川武稔「足利将軍家祈願寺の諸相」(同『京都の寺社と室町幕府』吉川弘文館　二〇一〇年、初出二〇〇三年)。
(40) このような研究動向については、大田壮一郎「室町幕府宗教政策論」(前掲註(38)大田著書、初出二〇〇七年)で整理を加えている。
(41) 伊藤俊一『室町期荘園制の研究』(塙書房　二〇一〇年)など参照。
(42) 辰田芳雄『中世東寺領荘園の支配と在地』(校倉書房　二〇〇三年)、前掲註(41)伊藤著書、酒井紀美『戦乱の中の情報伝達』(吉川弘文館　二〇一四年)など。
(43) 前掲註(41)伊藤著書、荘園史研究会編『荘園史研究ハンドブック』(東京堂出版　二〇一三年)。
(44) 今谷明「細川・三好体制研究序説」(同『室町幕府解体過程の研究』岩波書店　一九八五年、初出一九七三年)、同「門前検断と釘貫」(同『戦国期と室町幕府』角川書店　一九七七年)。
(45) 伊藤毅「中世都市と寺院」(同『都市の空間史』吉川弘文館　二〇〇三年、初出一九八九年)。
(46) 下坂守『描かれた日本の中世』(法蔵館　二〇〇三年)、前掲註(39)細川著書など。
(47) 土一揆との関係については、神田千里『土一揆の時代』(吉川弘文館　二〇〇四年)参照。なお、延暦寺・興福寺の山門領や大和における守護的機能は強力な③の機能が幕府機構に組み込まれたものと位置づけられる。この守護的な機能については、下坂守『中世寺院社会の研究』(思文閣出版　二〇〇一年)、田中慶治『中世後期畿内近国の権力構造』(清文堂出版　二〇一三年)参照。

(48) 以上(1)については、特に触れていない限り以下の研究によった。安田次郎『中世の奈良』(吉川弘文館　一九九八年)、前掲註(47)下坂著書、阿諏訪青美『中世庶民信仰経済の研究』(校倉書房　二〇〇四年)、前掲註(2)大石著書、勝俣鎮夫編『寺院・検断・徳政』(山川出版社　二〇〇四年)、前掲註(2)河内著書、五味文彦ほか編『中世の寺院と都市・権力』(山川出版社　二〇〇七年)、鍛代敏雄『戦国期の石清水と本願寺』(法蔵館　二〇〇八年)、前掲註(8)井原著書、前掲註(39)細川著書、三枝暁子『比叡山と室町幕府』(東京大学出版会　二〇一一年)。

(49) 前掲註(47)下坂著書、同『京を支配する山法師たち』(吉川弘文館　二〇一一年)、同『中世寺院社会と民衆』(思文閣出版　二〇一四年)。

(50) 前掲註(48)三枝著書。

(51) 前掲註(38)大田論文。このほか前掲註(47)田中著書も参照。

(52) 前掲註(48)鍛代著書、前掲註(39)細川著書。

(53) 前掲註(49)下坂『京を支配する山法師たち』、本書第二部第三章。

(54) 前掲註(39)細川著書、本書第二部第三章。

(55) 「室町殿と天皇」(『日本史研究』三一九　一九八九年)。

(56) 武家政権の宗教政策に関する研究動向は前掲註(38)大田論文参照。

(57) 室町殿の正月参賀に関する細川武稔「室町幕府年中行事書に見える寺社の参賀」(前掲註(39)細川著書、初出二〇〇一年)、偏諱授与に関する水野智之「室町将軍の偏諱と猶子」(同『室町時代公武関係の研究』吉川弘文館　二〇〇五年、初出一九九八年)、寺院の長官補任に関する前掲註(5)長谷川「聖護院門跡による熊野三山検校職の相承と熊野先達」、本書第一部第一章など。

(58) 前掲註(38)大田著書など参照。

(59) 森茂暁「三宝院賢俊について」(同『中世日本の政治と文化』思文閣出版　二〇〇六年、初出一九九〇年)、同『満済』(ミネルヴァ書房　二〇〇四年)、前掲註(16)藤井著書、大田壮一郎「室町殿の宗教構想と武家祈禱」(前掲註(38)大田著書)など。なお近年は、代々の門主について、急速に精緻な研究が積み重ねられているが、近年の研究動向については、藤井雅子「中世における三宝院門跡の確立と存続」(永村眞編『中世の門跡と公武権力』戎光祥出版　二〇一七年)で整理されている。

(60)［金剛乗院俊尊］前掲註(38)大田著書、［将軍家御師］太田直之「室町幕府の神祇政策」(同『中世の社寺と信仰』弘文堂 二〇〇八年、初出二〇〇七年)、［聖護院門跡］黒嶋敏「山伏と将軍と戦国大名」(『中世の権力と列島』高志書院 二〇一二年、初出二〇〇四年)など、［大覚寺門跡］高梨真行「将軍足利義輝の側近衆」(『立正史学』八四 一九九八年)、同「戦国期室町将軍と門跡」(前掲註(48)五味文彦ほか編『中世の寺院と都市・権力』)、木村真美子「大覚寺義俊と近衛家」(『室町時代史研究』三 二〇一一年)など。なお前掲註(59)『中世の門跡と公武権力』でも、諸門跡の研究動向について整理が加えられている。

(61)佐藤博信『中世東国の支配構造』(思文閣出版 一九八九年)、同『古河公方足利氏の研究』(校倉書房 一九八九年)、山田邦明『鎌倉府と関東』(校倉書房 一九九五年)。なお、東国・鎌倉府の歴史と寺社の歴史の関係については、小森正明「中世東国史研究の現状と課題」(同『室町期東国社会と寺社造営』思文閣出版 二〇〇八年)参照。

(62)前掲註(61)小森著書。

(63)佐藤博信「雪下殿に関する考察」(前掲註(61)『古河公方足利氏の研究』、初出一九八八年)、小池勝也「室町期鶴岡八幡宮寺寺僧組織の基礎的考察」(佐藤博信編『中世東国の社会と文化』岩田書院 二〇一六年)。

(64)前掲註(61)山田著書、前掲註(43)『荘園史研究ハンドブック』。

(65)前掲註(39)細川論文、前掲註(59)大田論文。

(66)前掲註(63)佐藤論文、同「鎌倉府による寺社支配の一様態」(『［千葉大学］人文研究』四五 二〇一六年)、柘植信行「中世品川の信仰空間」(『品川歴史館紀要』六 一九九一年)など参照。

(67)近藤祐介「戦国期関東における幸手不動院の台頭と鎌倉月輪院」(『地方史研究』五五―三 二〇〇五年)。

(68)杉山一弥「室町期の箱根権現別当と武家権力」(同『室町幕府の東国政策』思文閣出版 二〇一四年、初出二〇〇四年)、森幸夫「鎌倉・室町期の箱根権現別当」(二木謙一編『戦国織豊期の社会と儀礼』吉川弘文館 二〇〇六年)。

(69)新井敦史「室町期日光山の組織と運営」(『古文書研究』四〇 一九九五年)。

(70)下坂守「むすびにかえて」(前掲註(47)下坂著書)、同「結」(前掲註(49)『京を支配する山法師たち』)、同「中世天台宗寺院における衆徒」(『歴史評論』七九七 二〇一六年)参照。

(71)前掲註(38)大田論文など参照。
(72)永村眞「中世延暦寺と若狭神宮寺」(河音能平ほか編『延暦寺と中世社会』法蔵館 二〇〇四年)、前掲註(2)河内著書など参照。
(73)大社町史編集委員会編『大社町史 上巻』(大社町 一九九一年)、科学研究費成果報告書(研究代表者井上寛司)『出雲鰐淵寺の歴史的・総合的研究』(二〇一二年)、上嶋康裕「戦国期の中央―地方の法秩序」(『年報中世史研究』三八 二〇一三年)。
(74)絹衣相論については、膨大な先行研究が残されているが、ここでは直近の研究として金子拓「天正二年~五年の絹衣相論」(同『織田信長権力論』吉川弘文館 二〇一五年)をあげるにとどめておく。千妙寺と宗光寺の本末相論については、前掲註(26)内山著書参照。
(75)近藤祐介「修験道本山派における戦国期的構造の出現」(『史学雑誌』一一九―四 二〇一〇年)。
(76)関口真規子『修験道教団成立史』(勉誠出版 二〇〇九年)。
(77)以上の研究動向は前掲註(16)『修験道史研究入門』でも整理されている。
(78)根来寺・高野山は厳密にいえば本章でいう「中央寺社」の範疇には含まれないのであるが、その動向は一地方の情勢変化にとどまらない真言宗僧団全体に大きな影響を及ぼすものであったということで、便宜上ここで触れておくことにする。
(79)網野善彦『中世東寺と東寺領荘園』(東京大学出版会 一九七八年)、本書第一部第二章。
(80)櫛田良洪「中世関東東寺教団の成立」(同『続真言密教成立過程の研究』山喜房仏書林 一九七九年)、坂本正仁「史料紹介「亮恵僧正門弟名帳」」(『豊山学報』四四 二〇〇一年)、宮野純光「戦国期における真言僧関東下向の一考察」(『大正大学大学院研究論集』二八 二〇〇四年)、同「中世末真言宗における法会執行と寺僧の活動」(佐藤成順博士古稀記念論文集刊行会編『東洋の歴史と文化』山喜房仏書林 二〇〇四年)。
(81)前掲註(59)大田論文。
(82)前掲註(16)藤井論文。
(83)鏑木紀彦「中世後期の安祥寺流について」(『ヒストリア』二五七 二〇一六年)。
(84)坂本正仁「長善房祐宜年譜考」(『鴨台史学』三・四 二〇〇二年・二〇〇四年)、同「中世後期における根来寺と地方寺

院・僧侶」(『根来寺文化研究所紀要』二　二〇〇五年)。

(85)　圭室文雄「天文一一年~元和二年における相模国月牌帳」(『寒川町史研究』四　一九九一年)など。

(86)　鈴木芳道「戦国大名権力と寺社・公家・天皇」(『日本歴史』五五九　一九九四年)、同「後北条氏と寺社」(『ヒストリア』一五八　一九九七年)、山口博「戦国大名後北条領における東寺門末の本末相論について」(清水眞澄編『美術史論叢　造形と文化』雄山閣出版　二〇〇〇年)。

(87)　以上の研究動向については、太田直之「研究史と本書の課題」(前掲註(60)太田著書)で整理が加えられている。

(88)　前掲註(60)太田著書。

(89)　吉井敏幸「近世初期一山寺院の寺僧集団」(『日本史研究』二六六　一九八四年)、下坂守「中世的「勧進」の変質過程」(前掲註(46)『描かれた日本の中世』、初出一九九一年)、前掲註(2)河内論文、村上紀夫『近世勧進の研究』(法蔵館　二〇一一年)など。

(90)　前掲註(60)太田著書、前掲註(16)工藤論文など参照。

(91)　検注については、岡野友彦「「応永の検注帳」と中世後期荘園制」(『歴史学研究』八〇七　二〇〇五年)、高橋傑「中世後期荘園における検注と検注使」(『ヒストリア』二六三　二〇一七年)参照。高野山の検討については、前掲註(14)山陰著書、小倉英樹「室町期高野山領荘園における「分田支配」の確立過程」(『地方史研究』五四　二〇〇四年)、同「室町期高野山領荘園における荘園制的収取体系の変質をめぐって」(『ヒストリア』二〇二　二〇〇六年)参照。

(92)　この点は延暦寺を核とした関係として、①垂直的な関係として北野社・祇園社、②水平的な関係では戦国期の延暦寺が天文法華の乱で他宗惣寺勢力に合力要請した例、などが示されている(前掲註(2)河内著書、前掲註(48)三枝著書参照)。しかし全体的にみると、あまり検討が進んでいない点である。

(93)　この点については、たとえば戦国期に寺内町で活動した真宗門徒が石清水八幡宮の神人でもあり、畿内において真宗と石清水八幡宮が協調関係にあったとする指摘が示されている(馬部隆弘「戦国期における石清水八幡宮勢力の展開と寺内町」『熊本史学』八九・九〇・九一　二〇〇八年)など参照)。

(94)　ここでは近年の一向宗・一向一揆に関する先行研究を総括した安藤弥「戦国期宗教勢力論」(中世後期研究会編『室町・戦国期研究を読みなおす』思文閣出版　二〇〇七年)をあげるにとどめておく。

(95) 湯浅治久『戦国仏教』(中央公論新社　二〇〇九年)、河内将芳『日蓮宗と戦国京都』(淡交社　二〇一三年) など参照。
(96) 井上智勝『吉田神道の四百年』(講談社　二〇一三年) など参照。
(97) 島尾新「五山でなにが起こったか」(同編『東アジアのなかの五山文化』東京大学出版会　二〇一四年) など参照。
(98) 河内将芳「「戦国仏教」論再考」(『仏教史学研究』五八―一　二〇一六年)。
(99) 前掲註(73)上嶋論文では、戦国大名は地域秩序の維持・追認を目的としたため、「地域」の枠をこえる問題には、明確な判断を避ける傾向にあったことを指摘している。このような寺社をとりまく各勢力の意識について今後も検討が必要であろう。
(100) 伊藤俊一「相国寺の造営と造営役」(前掲註(41)伊藤著書)、早島大祐『室町幕府論』(講談社　二〇一〇年)。
(101) 前掲註(38)大田著書。
(102) 前掲註(60)太田著書など参照。
(103) 近年の成果として天野忠幸『戦国期三好政権の研究』(清文堂出版　二〇一五年) をひとまずあげておく。このうち「戦国期畿内権力研究の成果と課題」においてこれまでの研究が整理されている。
(104) たとえば、馬部隆弘「戦国期畿内政治史と細川権力の展開」(『日本史研究』六四二　二〇一六年) の〈討論と反省〉における仁木宏氏の発言参照。
(105) 前掲註(74)金子著書。
(106) なお織田政権の畿内進出以前に畿内を支配した三好政権も朝廷の裁許に関与しており、そのなかでは織田政権におけるほど多数の例ではないが、顕密寺社に関する判断にも関与している(天野忠幸「三好政権と将軍・天皇」前掲註(103)天野著書、初出二〇〇六年)。
(107) 伊藤真昭『京都の寺社と豊臣政権』(法蔵館　二〇〇三年)。
(108) 柴辻俊六「本山系大寺院外交」(同『戦国期武田氏領の形成』校倉書房　二〇〇七年、初出二〇〇三年)。

あとがき

高校生の頃、日本史は得意科目だったが、それほど思い入れがあるわけではなかった。大学院に進むことを考え始めたのは、まわりが就職のことでざわつき始める大学三年の冬頃のことだったと思う。ある日、本屋で大学院への進学案内の本が目に入り、ペラペラめくっているうちに、ふと大学院で日本史の勉強でもしてみるか、と思った。そして、高校で勉強したときに、荘園などよくわからないことがたくさんあったから、学ぶなら中世史かな、と、かなり安易に自分の進路を決定してしまったように記憶している。

そこから、徒手空拳で中世史の書籍や論文を読みあさり、古文書の読み方を勉強してみたところ、運よく大学院に入学することができ、大学院生になってしまった。ただ、自己流の勉強で何もわからないまま入学してしまった私にとって大学院での生活はいろいろな意味で衝撃的だった。

当時のゼミでは、文献史料に基づく研究にとどまらず、荘園の現地調査を取り入れた研究、絵画史料の徹底した分析を行う研究、世界の習俗にまで目配りした研究など、多種多様な分析方法を駆使した研究スタイルの先輩方が切磋琢磨していた。歴史学というのは文献史料から歴史を積み上げていくものらしい、という認識にようやくたどり着いたばかりだった私にとって、これは大きな衝撃だった。ゼミで議論していることが全くわからないということも少なくなかった。また大学院のゼミや勉強会では、学部生と接する機会もあったが、そのなかには歴史に関してとんでもない知識量を誇る人たちがいた。のんべんだらりと大学四年間を消費してしまっていた私は、そういった意欲に満ちあふれた同世代を前に圧倒されるばかりだった。

いま考えると、最初にこういう刺激があったのはよかったと思う。ただ当時は、正直なところ、場違いなところに来てしまったな、と少し後悔した。そんなわけで、修士課程の間は、研究というより、とにかく基礎的な知識を積み上げることで精一杯だったように思う。

研究者としての立ち位置を本格的に考え始めたのは、博士課程に入ってからで、そこで行き着いたのが寺院史であった。修士論文のときから寺院の史料を扱い、興味がなかったわけではないが、研究対象として取り上げるうえで、大きなきっかけとなったのは東寺寺僧の引付との出会いであったように思う。史料のなかで寺僧たちが中世後期の混沌とした時代に四苦八苦しながらもがいている姿に単純に引きつけられていったのである。しかし、研究者はその彼らに「堕落」「停滞」と手厳しい評価を与えていた。そんな研究者たちの論文を見て、なんだか寺僧の人たち一生懸命頑張ってるのにこんなことを言われてかわいそうだな、と感じつつ、少しずつ史料を読み始めた。

ただ、そこからの研究者としての歩みは決して順調ではなかった。普通の人が一度で通過するところで二度、三度と跳ね返され、そのなかで自分の研究者としての人生は終わったと観念しかけたことも何度かあった。それでもなんとか一冊の本を出せるところまでたどりつくことができたのは、多くの人に励ましの声をいただき、いろいろな機会を与えていただいたことによるのだと思う。

学部時代は、他学部から上杉和彦先生の授業に出ていたが、毎回変な質問をする私のような学生にも先生は中世史のイロハを懇切に教えてくださった。法制史のゼミでは島善高先生から史料の読み方、論文の書き方といった、歴史の研究者として必要な基本的なことがらについていろいろと教えていただいた。

史学科を卒業したわけでもなく、事前に面談に来るでもなく、いきなり大学院入試の面接に現れた、どこの誰だかわからない私に、大学院で学び、研究する機会を与えてくれたのは瀬野精一郎、海老澤衷両先生である。両先生の器の大きさはいま考えてもすごいなあ、と感心する。当時のゼミの先輩方には自主独立の風が漂っていたが、両先生はそれを寛容に包み込む度量があったように思う。また修士課程のときは大先輩として、博士過程では教員と学生という関係で接することになったのが久保健一郎先生である。飲み屋での柔和な表情から一転、ゼミでは眼光鋭い表情から重厚な口調でコメントが繰り出され、圧倒されることもしばしばであったが、それらのコメントからは多くの示唆を与えていただいたように思う。

また大学院のゼミや勉強会では、諸先輩方から、ときには厳しい叱責を交えつつ、的確な助言を与えていただいた。特に黒田智氏には、ご自宅で私の論文の問題点について懇切丁寧に指摘をいただき、一泊させていただいたこともあった。黒田氏の後輩に対する慈愛に満ちた対応は私に限ったことではなく、氏の存在は、間違いなく当時の早稲田中世史ゼミの支えとなっていた。

アルバイトでお世話になった東京大学史料編纂所の高橋敏子氏、遠藤基郎氏には、東寺・東大寺の史料に関することはもちろん、論文の内容や私生活にいたるまで、公私にわたってさまざまなアドバイスや励ましの言葉をいただいた。また、同所で行われていた「経覚私要鈔を読む会」では、多種多様な史料解釈が飛び交い、史料とはこのように深く読むものなのだ、と大きな刺激を受けた。日本学術振興会の特別研究員として同所にお世話になったおりには、同僚研究員の方々からも大きな刺激を受けた。

このほかさまざまな勉強会でも多様な分野の方々から多くのことを学んだが、とりわけ東寺文書研究会では、寺院史料を読み解くうえで重要なことを教えていただいた。

そして本書は、海老澤先生から吉川弘文館での出版をおすすめいただき、刊行にいたるまでには、堤崇志氏ほか吉川弘文館のスタッフの皆様に支えていただいた。

以上のような出会いによって本書を世に送り出すことができた。感謝のひとことに尽きる。

最後に、大学入学とともに東京に出て以来、二十年以上気ままな生活を続けながら、特に咎めることもなくそれを許してくれている懐の深い両親に、心配かけてすみません、と陳謝するとともに、大きな感謝を捧げたい。また、異国の地での生活というだけでさえ不安なところ、さらに甲斐性のない夫の世話をしてくれている妻、その甲斐性のない人間にいちおう父として接してくれる娘にもこの場を借りて感謝の言葉を伝えたい。

二〇一七年十月

西尾知己

初出一覧

序章　本書の問題意識と内容（新稿）

第一部　室町期東寺寺僧集団の変容

第一章　南北朝期から室町期の東寺長者と三宝院門跡（原題「中世後期の真言宗僧団における三宝院門跡」『仏教史学研究』第五五巻第二号　二〇一三年）

第二章　南北朝後期から室町期における東寺衆中の変容（『ヒストリア』第二四三号　二〇一四年）

第三章　室町期東寺衆中における常住重視の進展と矛盾（新稿）

第四章　室町期東寺衆中における宿老・若衆（原題「室町期東寺寺僧の自治と老若」『日本歴史』第六八二号　二〇〇五年）

第二部　室町期東大寺寺僧集団の変容

第一章　東大寺衆中の本寺意識高揚と弘安徳政（原題「弘安徳政と東大寺別当の性格変化」『史観』第一五六冊　二〇〇七年）

第二章　室町期の東大寺寺家運営と学侶方（『古文書研究』第八三号　二〇一七年）

第三章　室町期の足利氏・東大寺西室と南都（『日本史研究』第六一二号　二〇一三年）

第四章　室町・戦国期の東南院と九条家・東大寺衆中（新稿）

終章　中世後期顕密寺社の構成と機能（第一節〜第四節、原題「中世後期寺社勢力の構成と機能」『歴史評論』第七九七号
二〇一六年、第五節、新稿）

なお、既発表論文については、増補や部分的に改稿した箇所がある。

室町期顕密寺院の研究（オンデマンド版）

Digital Publishing

2024年10月1日　発行

著　者　西尾知己《にしおともみ》

発行者　吉川道郎

発行所　株式会社 吉川弘文館
〒113-0033　東京都文京区本郷7丁目2番8号
TEL　03(3813)9151(代表)
URL　https://www.yoshikawa-k.co.jp/

印刷・製本　株式会社 デジタルパブリッシングサービス
URL　https://d-pub.sakura.ne.jp/

西尾知己（1976～）
ISBN978-4-642-72943-7

著者略歴

一九七六年　岡山県に生まれる
二〇〇八年　早稲田大学大学院文学研究科史学（日本史）専攻博士後期課程単位取得退学
現在　聖学院大学非常勤講師、早稲田大学本庄高等学院非常勤講師、博士（文学）

〔主要論文〕
「室町期東寺の寺院運営に関わる夫役と膝下所領」（東寺文書研究会編『東寺文書と中世の諸相』思文閣出版、二〇一一年）
「中世東大寺における堂舎の防災と興福寺」（『寺社と民衆』第七輯、二〇一一年）

室町期顕密寺院の研究

二〇一七年（平成二十九）十二月二十日　第一刷発行

著者　西《にし》尾《お》知《とも》己《み》

発行者　吉川道郎

発行所　株式会社　吉川弘文館
郵便番号一一三—〇〇三三
東京都文京区本郷七丁目二番八号
電話〇三—三八一三—九一五一〈代〉
振替口座〇〇一〇〇—五—二四四番
http://www.yoshikawa-k.co.jp/

印刷＝株式会社 理想社
製本＝株式会社 ブックアート
装幀＝山崎　登

索　　引

1) 人名・地名・寺社名・事項名について項目をとった.
2) 東大寺・東寺・学侶・衆中のように頻出する語句および肩書きとしての寺院名・院家名, 文書名中の人名・寺社名は除いた.
3) 註は, 索引対象外とした.

あ　行

か　行

賢俊(東大寺寺僧)　160
賢春(東大寺寺僧)　184
賢舜(乾，東大寺寺僧，与田保納所)　192
賢助(醍醐寺宝池院・三宝院)　31, 38, 39
顕助(仁和寺真乗院)　38
賢性(醍醐寺観心院)　34
賢紹(醍醐寺寺僧)　113, 114
賢性(観心院，東寺御影供執事)　105
原清(東寺正覚院)　131
賢仲(宝清，東寺宝厳院)　80, 82, 83, 106, 114, 142
賢仲(亮恵，東寺宝菩提院)　9, 87, 130, 303～305
賢長(醍醐寺妙法院)　35, 113, 114
賢珍(禅那院，東寺御影供執事)　106
賢宝(東寺観智院)　9, 66, 68, 69, 73, 74, 76, 80, 83, 113, 116, 118
賢融(勝円，東寺寺僧)　130
顕誉(仁和寺宝持院)　39
賢耀(醍醐寺西方院)　68, 73, 74, 76, 80, 83, 107
源隆(東大寺寺僧，大井荘下司)　190, 221
公怡(東大寺尊勝院)　169
光為(宝護院，東寺御影供執事)　105
光意(安祥寺)　304
弘　尹　113
興胤(勧修寺)　170, 214
公恵(東大寺西室)　16, 20, 169, 170, 211～217, 222, 225～236, 263, 266, 268
弘英(弘賢，無量寿院，東寺寺僧)　79, 131
弘縁(仁和寺花厳寺)　84
弘雅(仁和寺花厳院)　66, 68, 72, 73, 76, 77
興雅(安祥寺)　108
光海(醍醐寺金剛王院)　36
光海(大覚寺法悟院)　83
光海(東大寺東室)　254, 255, 259
杲覚(東寺宝性院)　82, 105
宏寛(宏済，東寺宝菩提院)　105
光経(東大寺尊勝院)　106, 170, 214
公暁(東大寺尊勝院)　162, 170
杲暁(性徳院，東寺普光院)　80, 114
弘経(大覚寺西輪院)　85
弘継(勧修寺慈尊院)　35, 106
興継(勧修寺浄土院)　35
杲慶(東寺金蓮院)　79, 81
公顕(東大寺西室)　16, 170, 212, 214～218, 220～222, 224, 225, 232
弘賢(西南院，東寺長者)　37, 108
弘賢→弘英
光賢(大覚寺西輪院)　83
杲憲(真淳，東寺金勝院)　130
恒弘法親王(勧修寺)　170, 214, 247～251
公杲(公禅，東寺実相寺)　79, 104, 105, 119, 130
弘豪(醍醐寺寺僧)　115
光済(醍醐寺三宝院)　37, 41, 45, 48, 51, 54, 108
宏済→宏寛
宏寿(東寺宝厳院)　73, 74, 76, 113
杲守(石山寺)　108
光俊(醍醐寺妙法院)　115
光舜(東大寺寺僧)　254
弘舜(仁和寺花厳院)　39
公淳(勝宝院，東寺御影供執事)　106
公順(東大寺西室)　169, 234, 235, 268～270
杲恂(宗諄，東寺宝輪院)　130
光助(醍醐寺三宝院)　36, 37, 48, 51, 53, 107
公紹(醍醐寺無量寿院)　39
弘承(宣経，性徳院，東寺宝輪院)　80, 142
公深(東大寺尊勝院)　170, 214
弘真(文観，東寺長者)　38, 41, 50
光真(東大寺寺僧)　194
杲琛(東寺寺僧)　131
宏清(東寺宝厳院)　131
光宣(児島智蓮光院)　104
公禅→公杲
弘禅(威徳寺，東寺御影供執事)　107
後宇多上(法)皇(後宇多院)　30, 40, 41, 44, 54, 65, 66, 71, 74, 78, 132, 158, 159
弘忠(醍醐寺寺僧)　114
光超(醍醐寺妙法院)　34, 52, 106, 107
光通(東大寺東室)　169
弘典(密教院，東寺御影供執事)　105
講堂(東大寺)　269
講堂(東寺)　133
光任(東大寺東室)　169, 214, 231, 236, 258
興福寺(大和国)　4, 10, 16, 18, 20, 21, 200, 210～212, 216～220, 224～226, 229, 232～234, 236, 237, 246, 257, 258, 297, 298, 303, 316
公遍(東寺妙観院)　81
公遍(仁和寺慈雲寺)　167
弘法大師→空海

さ　行

た　行

な　行

は　行

ま　行

や　行

ら　行

わ　行